WILHELM NYSSEN · VERBORGENES LICHT

WILHELM NYSSEN

VERBORGENES LICHT

THEMEN KÖLNISCHER ROMANIK

LUTHE-VERLAG · KÖLN

ISBN-Nr. 3 922727 19 8

Herstellung: Luthe-Druck, Köln, Lithos: Fröbus, Köln

Martin Kochen
und allen im
zweiten Weltkrieg
gefallenen Gefährten
meiner Heimat
Sankt Kunibert
in Köln
zum Gedächtnis

VORWORT

Die romanischen Kirchen in Köln sind auch nach der jetzigen Restaurierung zu allererst Räume des Glaubens und der Innewerdung des Heils. Jeder, der eintritt, erfährt sich selbst als ein Wesen, auf welches die Heilstat Gottes bezogen ist. Im Durchschreiten erlebt man eine eigentümliche Befreiung von aller Enge und Verkettung in den eigenen kleinen Alltag. Man kann in diesen Räumen wieder atmen, schauen und hören. Das romanische Mittelalter sah darin die Grundfunktion des in seinen Sinnen erweckten Menschen, der so erst fähig wird, das Lob Gottes zu singen, bis zu der Steigerung im täglichen Chorgebet. Der Festrhythmus des ganzen Kirchenjahres und die Ordnung des Tagesablaufs in heilige Gezeiten ließ ihn das Wirken Gottes an seiner Welt durch den Menschensohn leibhaft spürbar erleben.
Nicht der Mensch selbst, sondern der Menschensohn, der in den Geheimnissen des Heils nahetrat, war das Maß für alle Regungen und Kräfte des Einzelnen. An ihm allein richtete man sich auf. Das neue Ordnungsgefüge der Erlösung, das jeden umschloß, wurde in diesen Bauten in äußerster einzelner Individualität und Unvertauschbarkeit zum räumlichen und zeithaften Ereignis, das jeden, auch den Einfachsten und Ärmsten betraf.
Wir laufen heute Gefahr, diese Räume nur als Kunstwerke einer vergangenen Zeit und als Ausdruck reicher Kirchen- und Bürgergesinnung mit Staunen zu betrachten, weil wir den Rhythmus, in den sie eingebunden waren, nicht mehr wahrnehmen können, vor allem aber, weil seine Bilder nur noch in spärlichen Resten zu sehen sind. Wir wundern uns über sie und versuchen, sie gleichzeitig aus

unserer vermeintlichen, flüchtigen Geschichtskenntnis zu beurteilen, manchmal sogar mit spöttischen Epitheta zu versehen. Wir gehen mit ihnen um, als könnten wir mit ihnen machen, was wir wollen. Wir laufen Gefahr, die große, uns fremdgewordene Vergangenheit in unser klein gewordenes Gesichtsfeld einzuschränken. Die Räume wehren sich nicht. Sie lassen sich sogar von uns zerstören. Aber sie entziehen uns ihr Geheimnis, das dann leicht für immer verloren sein kann.

Die romanischen Kirchen in Köln wirken heute, während sie früher wie durch Prozessionswege miteinander verbunden waren, nur noch wie Inseln, die aus unserer flutenden Geschäftigkeit zwischen Ampeln und Beton herausragen. Sie sind räumlich nicht mehr miteinander verbunden. Sie wirken wie ausgesparte Reservate der Erinnerung.

Zudem waren die frühen Räume im Innern in einer Form ausgemalt, die wir nur spärlich rekonstruieren können. Auch das restaurative 19. Jahrhundert konnte mit all seinen Rekonstruktionen die mittelalterliche Welt nur leblos vergegenwärtigen.

Sobald man eintrat, befand man sich in einem neuen Kosmos, unter farbigen Lichtbögen jener Ereignisse, die der Menschensohn in dieser Welt aufleuchten ließ. Man mußte sich ihnen stellen, aber zugleich unterwarf man sich ihnen in aller Demut des Herzens, weil man wußte, daß Unterwerfung im Glauben erst ungeahnte Freiheit vermittelte.

Die Bildprogramme der Kirchen und Krypten, der liturgischen Bücher, der Portale und Türen, ja aller Zeichen in Stein und Holz, waren die verborgene Einweisung in diese Freiheit. An den wenigen erhaltenen Beispielen ausgemalter früher Räume, an Bildern und Skulpturen, kann man erkennen, wie abenteuerlich vielfältig der Mensch vom Geschehen des Heils umgeben und getragen war.

Die Kirche von Schwarzrheindorf aus hohenstaufischer Zeit, der frühe Raum von Oberzell auf der Reichenau, die Allerheiligenkapelle in Regensburg, die Krypta von St. Andreas in Fulda oder die Krypta des Domes von Aquileja zeigen heute noch, wie sich ein Raum in den Farben der Geheimnisse des Heils auf den Menschen hin verwandeln kann. Das Verweilen im Schauen führte zur Unmittelbarkeit der Einsicht in das Heil, bedeutete also eine erweckende und beglückende Kraft, die man erstrebte. Die Glaubenskenntnis und das Wissen um die Ereignisse der Erlösung ge-

mäß der Heiligen Schrift waren so groß, daß man keines Führers bedurfte. Man schaute, lebte auf und wußte sich geborgen.
In den folgenden neun Kapiteln dieses Buches ist ein erster Versuch gemacht, die noch verbliebenen Bildprogramme der romanischen Kirchen in Köln in Malereien, Fenstern, Schreinen und Skulpturen anzuschauen und streng aus ihrer frühen Herkunft zu deuten.

Köln, zu Ostern 1985

Wilhelm Nyssen

DER EINKLANG VON WORT UND BILD

Die Tituli des Hitda-Meisters zu den Mysterien des Neuen Bundes

In der frühmittelalterlichen Welt ist es nicht ungewöhnlich, daß durch ein künstlerisches Werk in Stein oder Holz oder durch die Tafeln einer Handschrift oder durch eine Stickerei plötzlich im Bild eine Summe jener gläubigen Erfahrung ersteht, die an einem Ort bis dahin gehütet wurde und nun gleichsam ihr gültiges Siegel mitten im Ablauf der Zeit erhält.

In Köln ist in ottonischer Zeit in einem verhältnismäßig kurzen Zeitraum zwischen den Jahren 990 und 1030 diese äußerste Form der bildhaften Aussage durch ihre Buchmalerei und namentlich durch die beiden Handschriften des sogen. Hitda-Meisters, der für die Äbtissin Hitda von Meschede arbeitete und durch sie mit einem Namen benannt werden konnte, hervorgetreten. Der Hitda-Codex für Meschede und das Sakramentar von St. Gereon entstanden in Köln um 1000. Der Name des Malers oder der Maler ist genauso unbekannt wie der Ort der Malschule. Manche vermuten das Stift St. Gereon, manche die Abtei von St. Pantaleon als Stätte der Schule und ihrer kurzen Blüte, aber bisher gab es dazu nur Hypothesen.

Natürlich muß in allem bedacht werden, daß auch die ottonische Welt in Köln ungemein reicher war als die uns verbliebenen Zeugnisse vermuten lassen. Der Fortgang der Geschichte hat mit der in der Gotik beginnenden Neuzeit eine Kluft des Vergessens aufgetan, die man gewiß nicht durch Hypothesen zu überbrücken vermag. Dennoch schenken die verbliebenen Werke die einzige Einsicht in die geistliche Erfahrung der Frühe nicht nur durch die Darstellungen der großen Themen des Heils im Neuen Bund, sondern

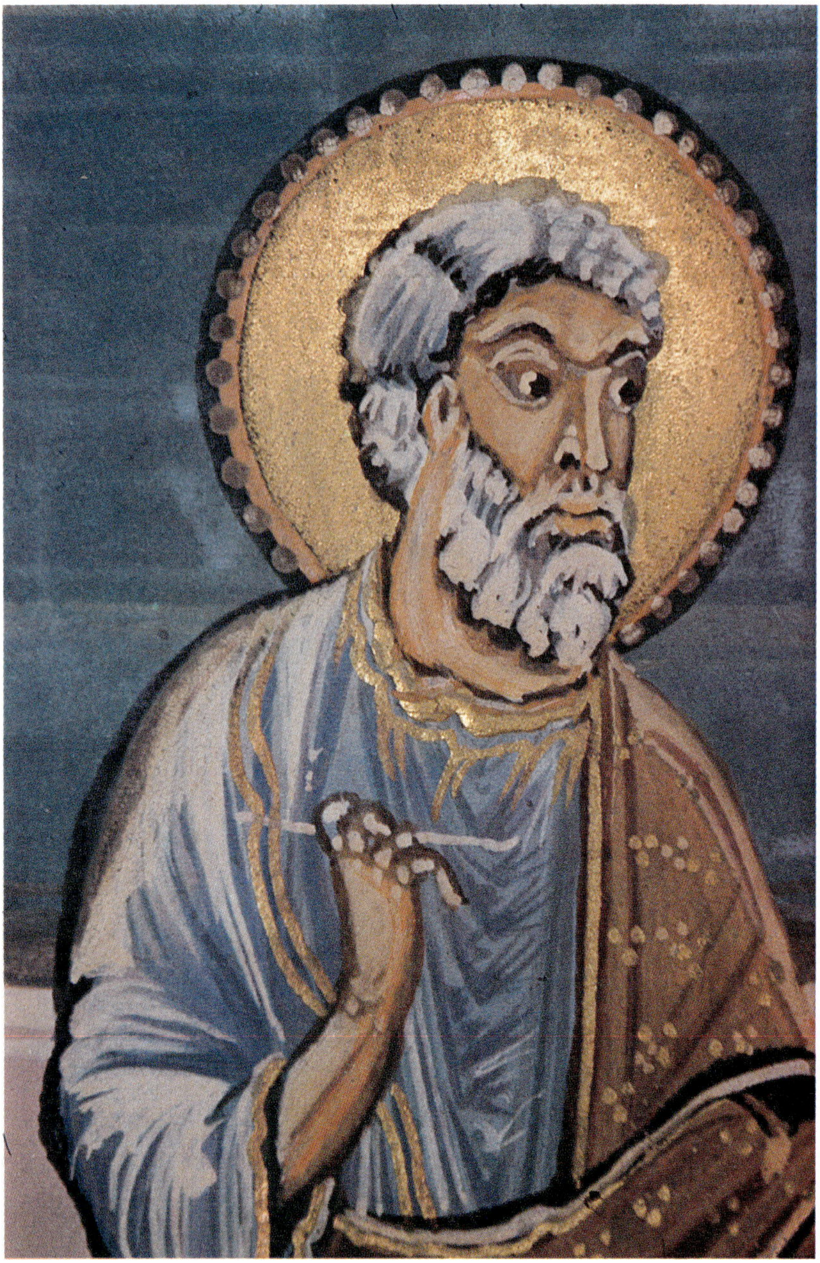

Evangelist Matthäus, Hitda-Codex

auch durch die ihnen in künstlerischer Form gegenübergestellten, höchst eigenwilligen und prägnanten Tituli, lateinischen Deuteworte zu den gemalten Tafeln. Man gewinnt an ihnen den Eindruck, daß Bild und Wort sich in der jeweiligen Kühnheit ihrer Aussage nicht nur die Waage halten, sondern sich gegenseitig in dem Hinweis zu steigern suchen, daß das Eigentliche der jeweils zugrundeliegenden Heilstat weder durch ein Bild noch durch ein Wort ganz ausgelotet werden kann. Aber eine solche deutlich gemachte Erkenntnis bedeutet für die ottonische Zeit nicht Resignation, sondern Ansporn und Anruf zu äußerster Variation des selbst nicht zu fassenden Geheimnisses oder Grundes. Daraus erwächst der künstlerische Reichtum dieser Zeit, der in seiner Vielfalt lauter Augenblicke jedeinzelner Innewerdung sammelt und hervorhebt.

An fünf Beispielen von Tafeln und Tituli der beiden genannten Handschriften mag dieser Vorgang erläutert werden. Für die Tafeln ergibt sich dabei als Grundzug eine Art ekstatische Steigerung in den Gestalten und eine nahezu expressionistische Steigerung in der Kühnheit der Zeichnung und im Reichtum der jeweils von einer Grundfarbe her entfalteten Skalen. Ein Beispiel für die Ekstatik einer Gestalt bietet die Darstellung des Matthäus aus dem Hitda-Codex auf dem Umschlagbild dieses Buches. Der weißhaarige Kopf zeigt glühende, im Schauen hervortretende Augen, als müsse ein inneres Gesicht nach außen dringen und mitgeteilt werden. Die in äußerster Gespanntheit erhobene Rechte hat den Griffel wie ein Speerwerfer den Speer umfaßt und zeigt damit an, daß das Wort sich durch die Ergriffenheit des schauenden Zeugen selbst niederschreiben will, als müsse der ins Schauen gebannte Evangelist ihm gänzlich dienen.

Schon seit der Frühzeit des Christentums war es Brauch, ein gemaltes oder in Mosaik angefertigtes Bild des Heils, das den Kirchenraum schmückte oder im Evangelienbuch erstand, mit den Namen der wesentlichen Gestalten oder auch mit einer Umschrift zu versehen, die das jeweilige Bild in einem tieferen als szenischen Zusammenhang deutete. Die Grundlage für solche Tituli bot im Westen das Antiphonale Romanum, das Buch der Strophen zu den Festtagen, die im Stundengebet die Psalmen begleiteten und die Festgeheimnisse hervorhoben. Trotz der Kürze der Strophen ist die Kühnheit der inhaltlichen Beziehung jeweils so groß, daß das

einzelne Festgeheimnis dadurch als Mysteriengeschehen angesprochen wird.
Für diese Tituli, also die begleitenden Inschriften, ergeben sich drei wesentliche Momente: einmal die Zusammenfassung von Zeiträumen gemäß dem Heilshandeln Gottes im Wort; dann die Sprache des Paradoxes, um etwas Unfaßliches nahezubringen; drittens oftmals ein jäher und bestürzender Anruf an den Menschen, obwohl die Bilder kaum für Betrachter gemalt sind. Sie dienen ja als solche dem Wort der Evangelien und seiner Verkündigung in der Liturgie.

VERKÜNDIGUNG AN MARIA

Diese Tafel entstammt dem Hitda-Codex von Meschede und ist nahe an den Anfang des Buches hinter die Gestalt des Evangelisten Matthäus und das „Bildwort" des Anfangs seines Evangeliums gesetzt.

Das Bild eröffnet im lachsroten Rahmen einen Doppelraum, dessen Teilung auf dem Schollenberg des Vordergrundes durch einen illusionistisch gestalteten Vorhang geschieht. Das Auge wird durch den Eindruck bestimmt, als wäre der Vorhang durch einen Sturm von links nach rechts geöffnet und ließe dahinter einen farbigen Streifengrund sichtbar werden, die bekannte Darstellungsform für den Weltraum. Die rechte obere Seite wird durch die Vorstellung einer Stadt bestimmt, offensichtlich die Stadt Nazareth. Wenn gemäß der frühen Bildsprache eine Stadt oder einzelne Gebäude zu Häupten einer Gestalt sichtbar werden, so ist damit die Vorstellung gegeben, daß die Gestalt sich im Inneren der Stadt befindet. Im Bild der Verkündigung ist dieser Vorhang zum dramatischen Geschehen geworden, weil der Engel, der von außen kommt und als Hintergrund den Weltraum hat, selbst dem eindringenden Sturm gleicht, Maria aber, die sich der Vorstellung nach im Inneren der Stadt befindet, diesem Engel in gesammelter Erwartung entgegengeht. Der Sturm der Ankunft Gottes im Bild des Engels wird zur Sprache in seiner ausgestreckten Rechten. Die Bereitschaft Mariens dagegen ist im Schreiten und in der unnachahmlichen Tiefe ihres Angesichtes zum Ausdruck gebracht. Dadurch hat der Maler, der die bisherigen Vorbilder östlicher und westlicher Tradition in großer Kühnheit umformt, das Ereignis der Verkündigung als den Anfang des Heils in der Welt so Bild werden lassen, daß das Auge des Betrachters von der Dramatik der farbigen Komposition der Räume, besonders aber von der Kühnheit der beiden Gestalten ergriffen ist. Auf der linken Seite sieht man in kostbarer Goldschrift folgenden Titulus auf Purpurgrund gemalt:

S. 6 Titulus der Verkündigung, Hitda-Codex ▶
S. 7 Verkündigung an Maria, Hitda-Codex ▶

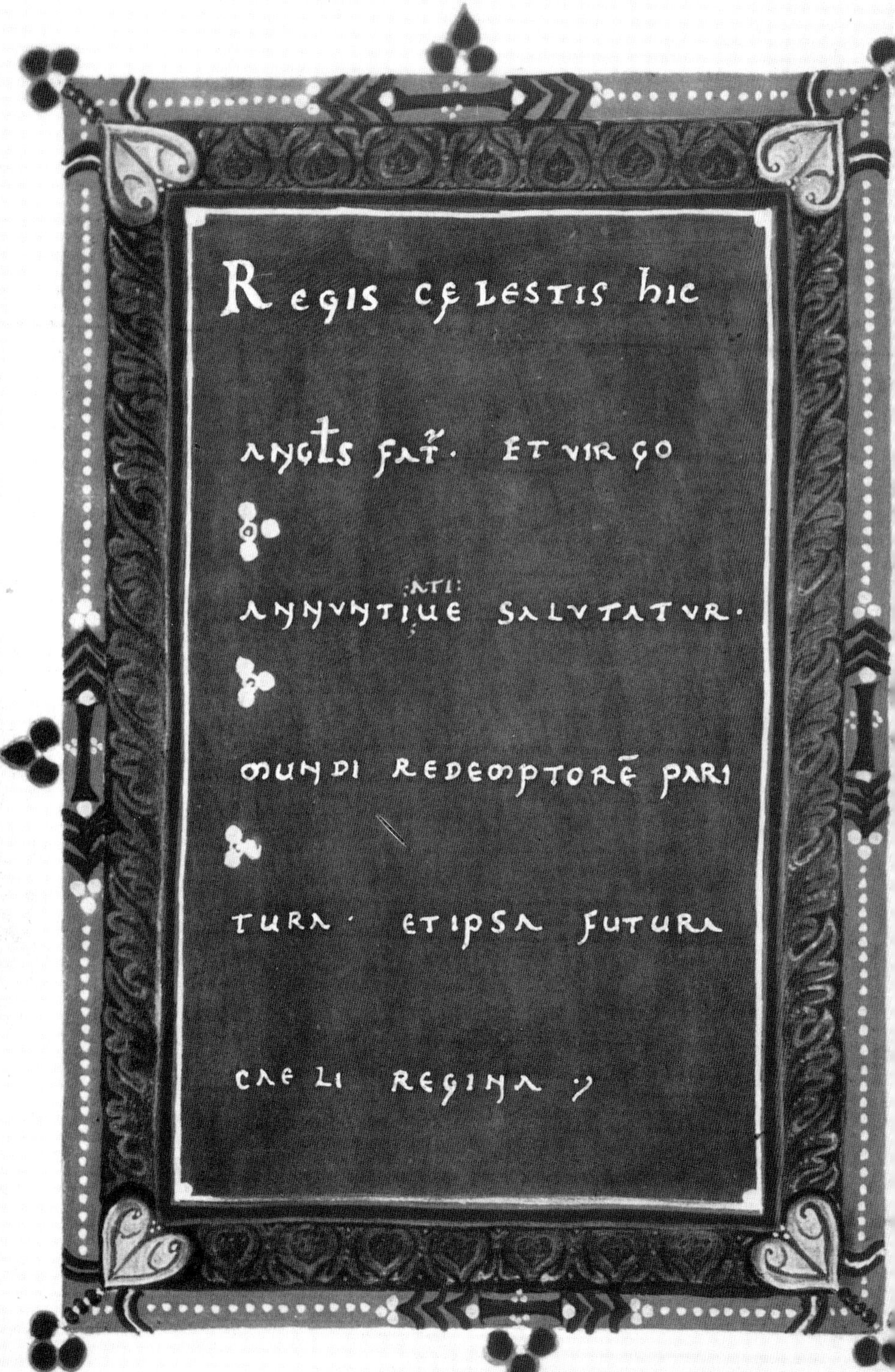

Regis cęlestis hic
angls fatr. et virgo
annuntiatione salutatur.
mundi redemptorē pari
tura. et ipsa futura
caeli regina.

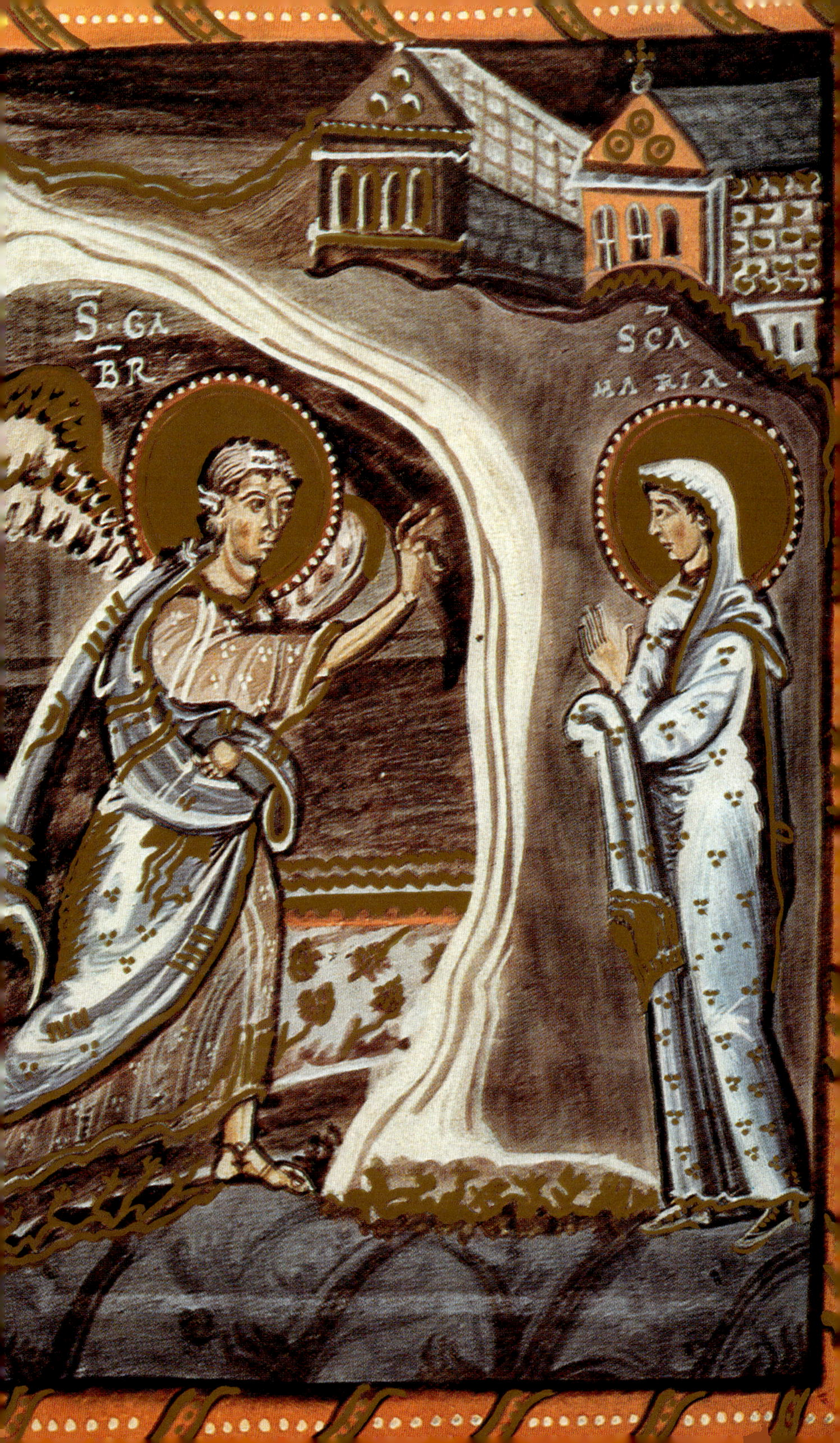
S·GA
BR
SCA
MARIA

REGIS CAELESTIS HIC
ANGELUS FATUR ET VIRGO
ANNUNTIATIVE SALUTATUR
MUNDI REDEMPTOREM PARI-
TURA ET IPSA FUTURA
CAELI REGINA.

Des himmlischen Königs
Engel weissagt hier,
und die Jungfrau wird
lobpreisend gegrüßt
als die Gebärerin des
Welterlösers und
als künftige
Königin des Himmels.

Der Titulus bezieht sich also ganz auf den Engel und läßt den Sturm seiner Ankunft zu einem feierlichen Schreiten und Sprechen werden. Sein Sprechen ist Weissagen, seine Anrede ist lobpreisendes Grüßen der Jungfrau und Aussage des Inhaltes der Weissagung: Sie ist die Gebärerin des Welterlösers und die künftige Königin des Himmels. Es ist erstaunlich, wie zu diesem Bild nicht irgendein Titulus genommen wird, sondern ein Wort, das jene Ereignishaftigkeit in der Sprache hervorhebt, die das Auge im Bild erkennt.

WEIHNACHT

In der gleichen künstlerischen Ausdrucksweise wie das Bild der Verkündigung wird auch das Bild der Weihnacht hervorgehoben und in seinem inneren Geschehen zum Ausdruck gebracht. Der bläuliche und violette Grundton erinnert an die Stille der Nacht und an das Wort aus dem Buch der Weisheit, das in der Festfeier der Frühzeit von besonderer Bedeutung war:

DUM MEDIUM SILENTIUM TENERENT OMNIA, ET NOX IN SUO CURSU MEDIUM ITER HABERET, OMNIPOTENS SERMO TUUS, DOMINE, DE CAELIS A REGALIBUS SEDIBUS VENIT.

Als nächtliches Schweigen alles bedeckte und die Nacht in ihres Laufes Mitte war, da stieg dein allmächtiges Wort, o Herr, vom Himmel von den königlichen Sitzen hernieder (Sap 18,14 f).

Wieder sind oben Giebelfelder eingesetzt, und in drei gestaffelten Bögen entsteht der Eindruck des Inneren einer Stadt. In der Mitte ist ein kleiner Bau wie eine offene Säulenkrypta angeordnet, vor ihr ruht auf einem altarähnlichen Gebilde das Kind der Weihnacht, in dessen Glorie das Wort *Lux – Licht* eingeschrieben ist. Aus den Bögen der Säulenkrypta erheben sich oben die Köpfe von Ochs und Esel, die in der Frühzeit nach dem Wort des Propheten Habakuk (3,2) als Zeichen der beiden Völker, der Kirche aus den Juden und der Kirche aus den Heiden, angesehen werden. Habakuk sagt: *Inmitten von zwei Lebendigen tust du dich kund.* Durch die größte Nähe der Tiere zu diesem Kind wird dessen eigene Einsamkeit noch erhöht und damit das Sicheinschließen in Raum und Zeit eindrucksvoll ins Bild gebracht. Im rechten Bogen sitzt schlafend und sinnend Joseph, der in dieser Form oftmals als Zeuge für die Unbegreiflichkeit des Geschehens genommen wird. Vorne liegt auf einem lachsroten Bett, ganz eingehüllt in kostbare Gewandung, Maria mit abgründig offenem Auge, aber vom Kinde abgewandt. Die Einsamkeit des Kindes bleibt im ganzen Bild als sinnenfälliges Zeichen bestehen, während das staunende Antlitz Mariens so in sich gesammelt ist, als wäre der links wieder mit Gold in Purpur kostbar geschriebene Titulus ihr eigenes Wort:

S. 10 Titulus der Weihnacht, Hitda-Codex ▶
S. 11 Weihnacht, Hitda-Codex ▶

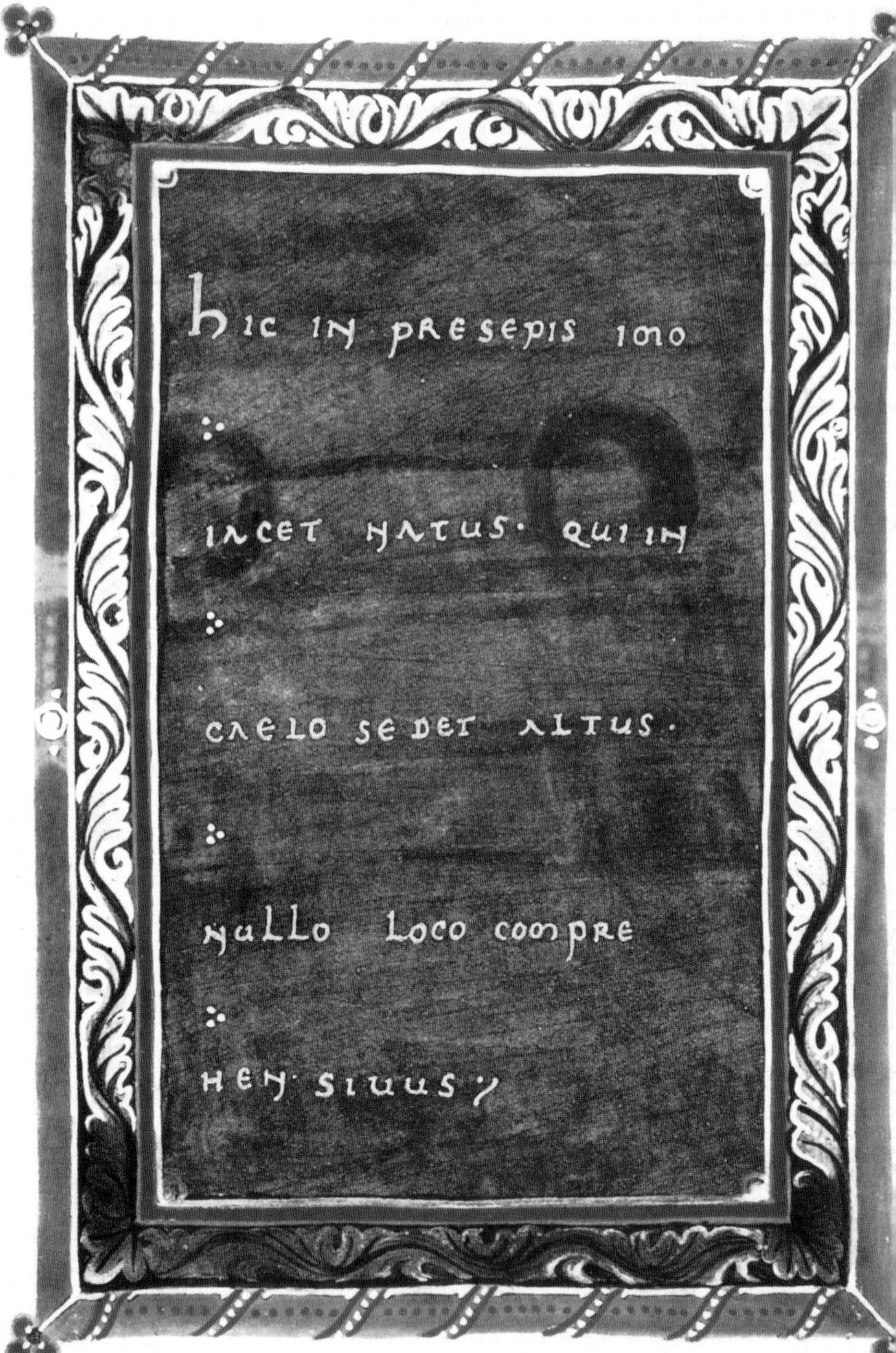
hic in presepis imo
iacet natus· qui in
caelo sedet altus·
nullo loco compre
hen· siuus

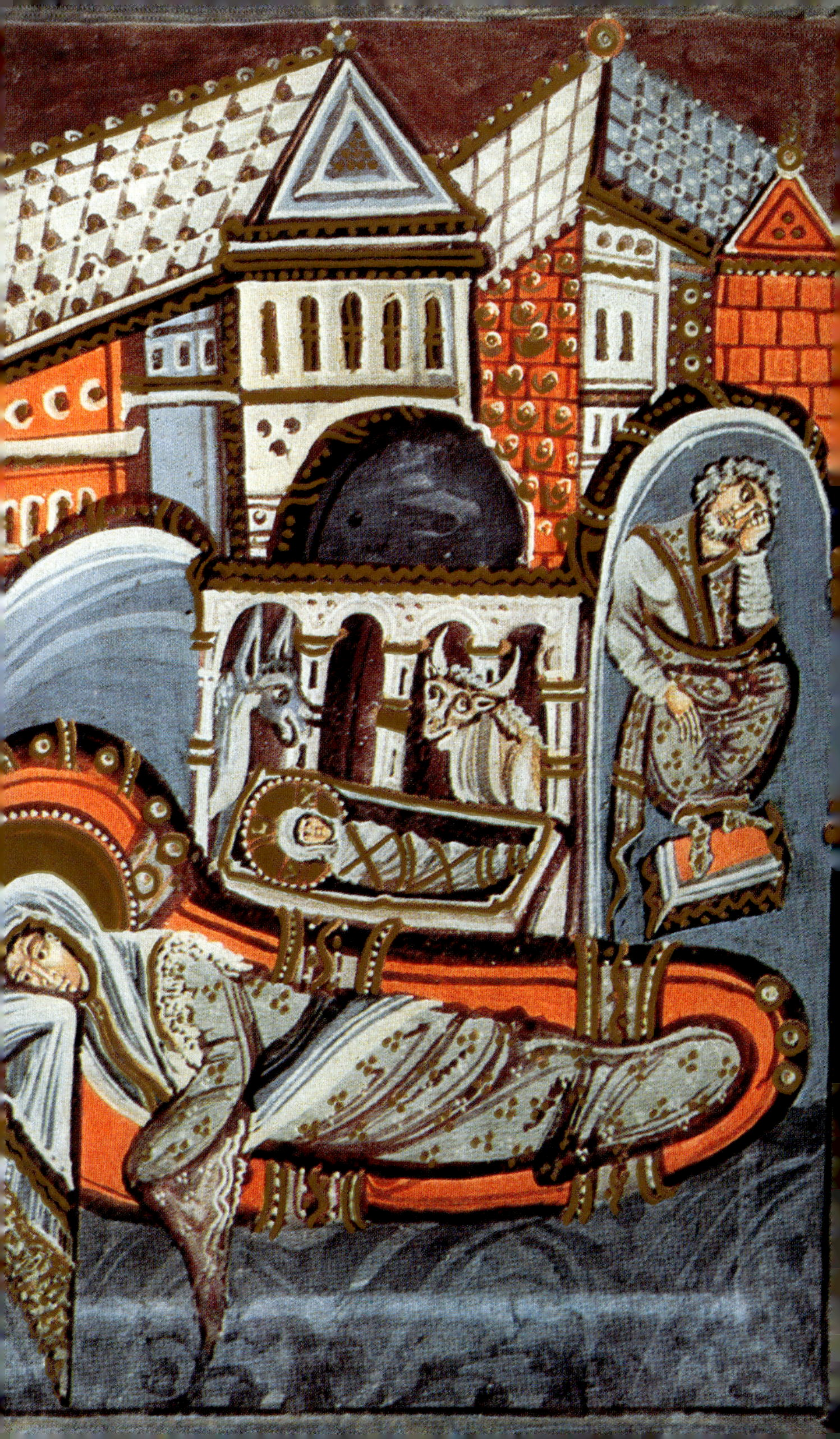

HIC IN PRAESEPIS IMO
IACET NATUS QUI IN
CAELO SEDET ALTUS,
NULLO LOCO COMPRE-
HENSIVUS.

Geboren liegt in
der Tiefe der Krippe,
der in der Höhe
des Himmels thront.
An keinem Orte
zu begreifen.

Dieser Titulus bedient sich der Sprache des Paradoxes. In der Tiefe der Krippe liegt der geboren, der in der Höhe des Himmels thront und doch an keinem Orte zu begreifen ist. Das Bild bringt das tatsächliche Geschehen einschließlich der Vorstellung der Nacht genau zum Ausdruck und läßt doch für das betrachtende Auge das dahinterliegende Unbegreifliche des Vorganges so deutlich werden, wie es der Titulus in prägnanter Kürze ausdrückt.

TAUFE JESU IM JORDAN

Auch in der Taufe Jesu hat sich der Maler des Hitda-Codex gleichsam in Kühnheit überboten, da er das Ereignis des Hinabsteigens der Gestalt Jesu in die Wasser des strömenden Jordan und Jesu Taufe durch Johannes zum Ausdruck bringt, dennoch aber das Auge zum Nachsinnen auf die Hintergründigkeit dieses Geschehens führt. Der Bildgrund ist in drei Räume aufgeteilt, oben als herabhängender Halbkreis der Sternengrund, in der Mitte die angedeutete Wüstenlandschaft, unten der blaue Strom des Jordan mit der Personifikation des Flusses selbst, der als Gestalt auf seiner Gewandung bezeichnet am Boden liegt und in seinem Schoß einen riesigen Krug hält, aus dem die Wasser strömen. Links steht Johannes der Täufer im illusionistischen Kleid aus Kamelhaar mit den Füßen im Wasser, um mit ausgestreckten Händen die Taufe am Menschensohn zu vollziehen. Jesus steht bis zur Hälfte seiner Gestalt im Wasser, sein Antlitz ist geneigt, seine Arme sind von den Ellenbogen an ausgebreitet, so daß man schon in diesem Ereignis den Anfang eines Weges erkennt, der sich am Kreuz vollendet. Aus der Tiefe des Sternengrundes stürzt eine Taube in die Glorie des im Wasser stehenden Jesus, genau bezeichnet als Heiliger Geist. Die Gestalt Jesu ist so im Bild gefunden, als müsse sie eine große Last auf sich nehmen und mehr noch als in der Weihnacht die Wasser der Welt durchdringen. So sehr die Last dieses Geschehens zum Ausdruck gebracht ist, so sehr ist doch auch die Schöpfung, dargestellt in den Fischen, in Fröhlichkeit über die Ankunft des Menschensohnes gewandelt. Nur in der armenischen Kirche gibt es ähnliche Bilder solcher Zuordnung. „Wer ist dieser Jesus, der hier getauft wird?" möchte man fragen. Darauf gibt der Titulus die Antwort:

S. 14 Titulus der Taufe Jesu, Hitda-Codex ▸
S. 15 Taufe Jesu im Jordan, Hitda-Codex ▸

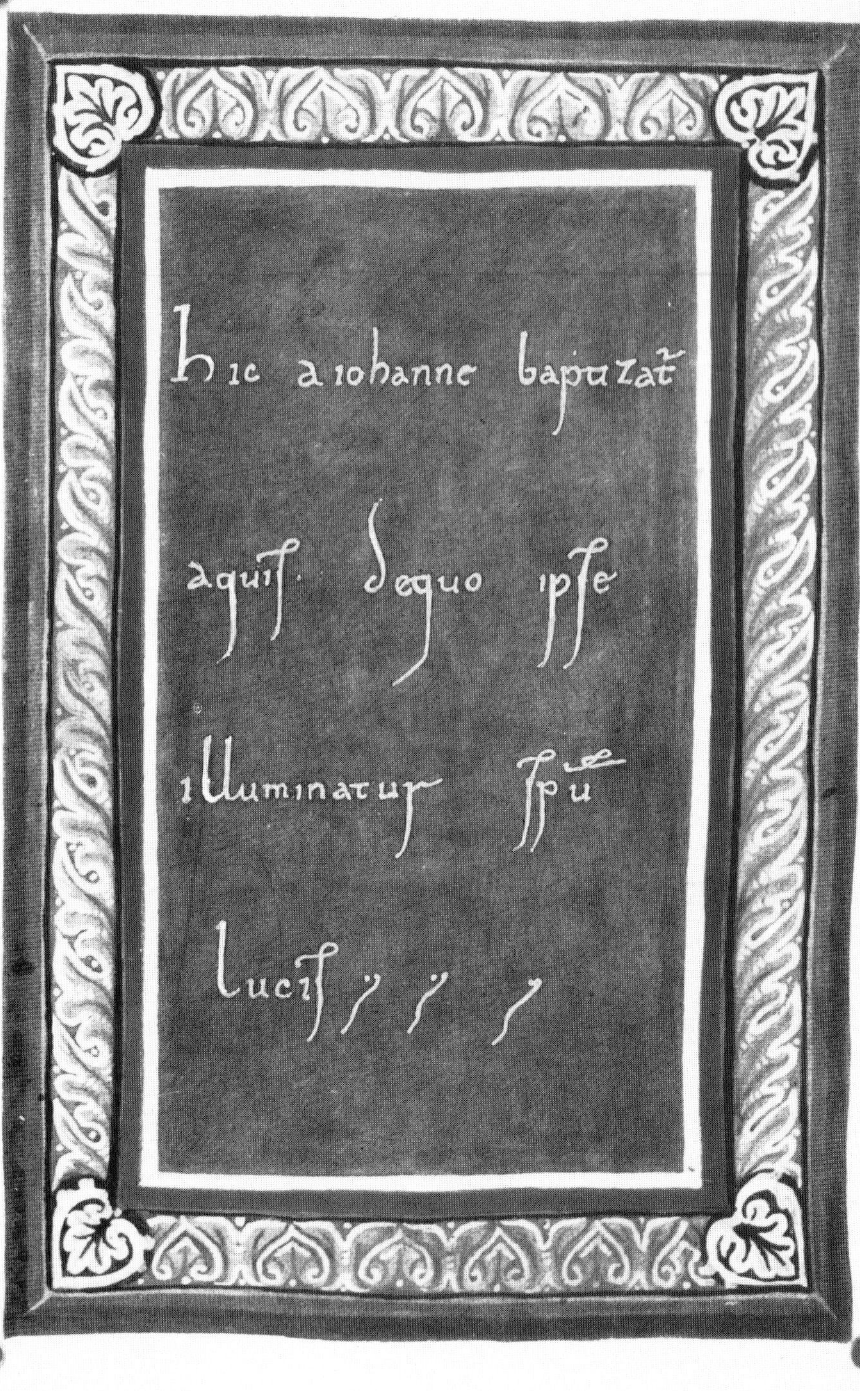
Hic a iohanne baptizat
aquis· de quo ipse
illuminatur spu
lucis

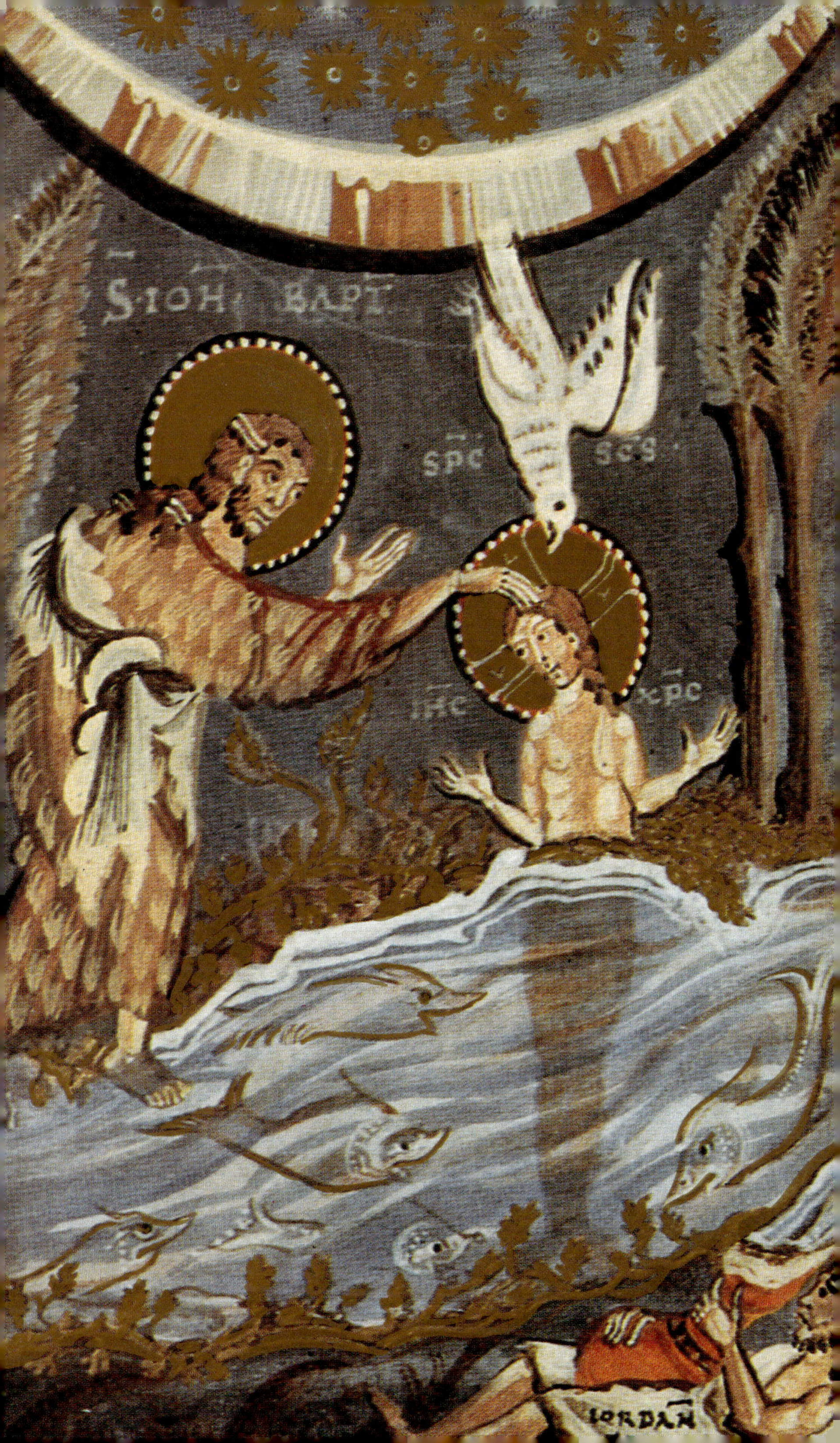
S·IOH BAPT
SPC
SCS
IHC
XPC
IORDAN

HIC A JOANNE
BAPTIZATUR AQUIS
DE QUO IPSE
ILLUMINATUR SPIRITU
LUCIS.

Hier wird von Johannes
mit Wasser getauft,
von dem jener selbst erleuchtet wird
durch den Geist des Lichtes.

Jesus ist der, der trotz der Verborgenheit seiner Menschwerdung Johannes erleuchtet und zu seinem Dienst befähigt. Jesus ist also der, der in Johannes die Weissagung des gesamten Alten Bundes ins Wort gebracht hat und der jetzt in größter Erniedrigung in seiner eigenen Gestalt die Zeichen löst, die er im Heilsplan des Vaters in die Welt sprach.

Augustinus bezieht in seinen Predigten in dieses Sprechen Christi alle die ein, die von seinem Wort berührt sind und also ihn lautwerden lassen. Er sagt:

Er hat auf vielerlei Weisen gesprochen. Durch Engel hat er selbst gesprochen, durch Propheten hat er selbst gesprochen, durch seinen eigenen Mund hat er selbst gesprochen, durch seine Apostel hat er selbst gesprochen, durch seine Gläubigen spricht er selbst, durch unsere Niedrigkeit, wenn wir etwas Wahres sagen, redet er selbst. Ihr seht also: vielfältig redend, auf viele Weisen, durch viele Gefäße, durch viele Organe, tönt noch immer überall Er, anrührend, umwandelnd, einwehend (Augustinus, Das Antlitz der Kirche, Ed. v. Balthasar, 61).

KREUZIGUNG JESU

Die Sprache des Paradoxes, deren sich der Hitda-Meister, wie man bisher an wenigen Beispielen sehen konnte, in Bild und Wort mühelos zu bedienen vermag, müßte eigentlich da zu ihrer Steigerung gelangen, wo das Zusammentreffen von Leben und Tod im Bild ausgesagt werden soll, also in der Darstellung des Todes Jesu am Kreuz.

Im Sakramentar von St. Gereon ist dieses Ereignis über purpurfarbenem Grund feierlich ausgebreitet. Jesus ist sterbend und in der Todesqual seines leicht gedunsenen Antlitzes an das goldene Kreuz des Sieges über den Tod angenagelt, das zugleich wie ein Lebensbaum mit goldenen Ästen aus der Erde sprießt. Sonne und Mond sind über seinen ausgebreiteten Händen als Zeichen dafür in den Purpurgrund gesetzt, daß er selbst, obwohl angenagelt, das Weltall umspannt. Seine Füße sind auf das gestirnblaue Suppedaneum gesetzt, damit dadurch, wie später Rupert von Deutz sagt, angedeutet ist, daß er Herr ist über den Kosmos. Auf dem unteren Schollenberg der Erde, dem Zeichen des eigentlichen Bildgeschehens steht aufgeschrieben:

Golgotha Locus – das ist der Ort Golgotha. Also der weltverwandelnde Ort, an dem der Tod des Menschensohnes zum Sieg über den Tod wird. In Maria und Johannes erstehen irdische Klagegestalten, die doch wie in ein Geheimnis des Erkennens entrückt sind. Die irdischste Gestalt des Bildes bleibt der sterbende Christus. Er ist nicht naturalistisch vergegenwärtigt, wie es dem Bild einer historisierenden Szenerie entspräche, sondern expressiv und illusionistisch zugleich, so daß hier in einem irdischen Sterben ein größeres Geschehen im Schauen geahnt werden kann. Die abwärts gekehrten Hände seiner ausgebreiteten Arme umfassen die irdische Welt einschließlich aller Menschen. Obwohl die Bildaussage in sich verhalten erscheint, birgt sie doch den Anblick eines Wehs, das nur durch das begleitende Wort des Titulus auf der linken Seite gesteigert werden kann. Der Titulus lautet:

S. 18 Titulus der Kreuzigung, Sakramentar von St. Gereon ▶
S. 19 Kreuzigung Jesu, Sakramentar von St. Gereon ▶

HUIUS CRUCIS SC̄I
TAS PERSE GENERALIS
SIMA · TUI CORDIS IMŪ
O HOMO · CŌPELLAT GRA
TULATIUE TRAHERE
GEMITŪ EX SE IPSO · OM̄IŪ
INMUTABILITER POTEN
TEM · TE IN SCEPTRŪ SUI
REGNI REPONENDŪ ·
SUS TULIS SE AMA
RE MOR TIS PAS
SIUUM ; ; ;
XXX XXX XXX XXX XXX ·

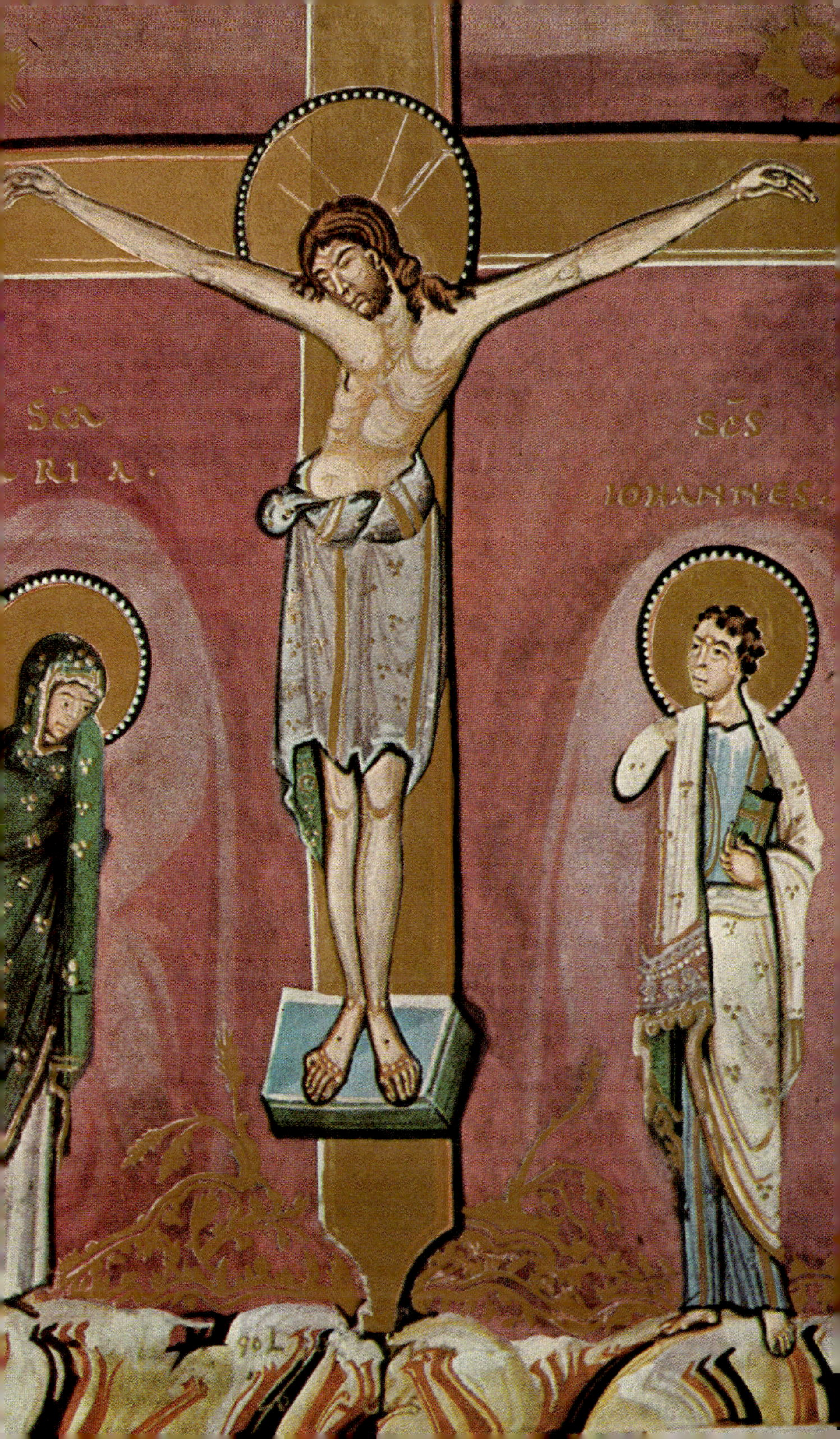
SCS
IOHANNES

HUIUS CRUCIS SANCTITAS
PER SE GENERALISSIMA
TUI CORDIS IMUM
O HOMO COMPELLAT,
GRATULATIVE TRAHERE
GEMITUM EX SE IPSO,
OMNIUM IMMUTABILITER POTENTEM,
TE IN SCEPTRUM SUI REGNI REPONENDUM,
SUSTULISSE AMARE MORTIS PASSIVUM.

Dieses Kreuzes Heiligkeit,
durch sich selbst der Urgrund,
bewege das Innerste
deines Herzens, o Mensch,
danksagend ganz aus dir
das Seufzen hervorzubringen,
da der von allen unwandelbar Mächtige,
um dich in das Zepter seines Reiches
zurückzuführen,
das bittere Todesleiden auf sich nahm.

Dieser Titulus entspricht einem jähen und nahezu ungebändigten Anruf an den Menschen, daß er im Anblick des Gekreuzigten das Stöhnen seines Gebetes aus seinem Innern hervorbringe, da der von allen unwandelbar Mächtige das bittere Todesleiden auf sich nimmt, um ihn, den Menschen, in die geheimnisvolle Macht seines Reiches zurückzuführen.
Darin wird deutlich, daß auch hier Bild und Wort sich nicht nur hervorheben, sondern sich im Anblick eines unfaßlichen Geschehens gegenseitig steigern, damit Auge und Ohr des Menschen erfassen können, wie man sich von diesem Geschehen ergreifen lassen muß.

WIEDERKUNFT DES HERRN

Die letzte Tafel unserer Beispiele zeigt das eigentliche Bild der Sehnsucht der romanischen Welt, aber auch aller östlichen Kirchen, das Bild des Christus Pantokrator, des wiederkehrenden Herrn. Im christlichen Osten wie im gesamten Westen war es in unzähligen Variationen in die Apsiden der Kirchen oder in ihre Kuppelräume gesetzt, kaum ein Evangeliar blieb ohne das Bildzeichen dessen, der nach seinem Heimgang zum Vater den Seinen seine endgültige Wiederkunft verheißen hatte. Noch bei seinem Heimgang sagten gemäß dem Bericht der Apostelgeschichte die auf dem Ölberg erschienenen Engel zu Maria und den Aposteln: *Ihr Männer von Galiläa, was steht ihr da staunend und schaut? So wie ihr ihn habt auffahren sehen, so wird er auch wiederkehren* (Apg 1,11).

Die Erwartung seiner Wiederkehr war der innerste Ausdruck des Harrens in der frühen Kirche. Man lebte aus der johanneischen Gewißheit, daß der zum Vater heimgekehrte Sohn seinen Getreuen beim Vater eine Stätte bereiten werde, um dann wiederzukehren zu seiner ewigen, endgültigen Ankunft. Die junge Christenheit ersehnte diese letzte Wiederkehr des Herrn und erfand für ihre Sehnsucht das Bildzeichen des thronenden Allherrschers, das in Kuppeln und Apsiden der Kirchen, aber auch in den Büchern der Evangelien an die Neugestaltung des Kosmos durch den Menschensohn gemahnen sollte.

Das Schema dieses Bildzeichens blieb überall gleich, während die Details variierten. Wie schon in den ältesten Bildern der Himmelfahrt des Herrn, etwa im Rabula-Codex des 6. Jahrhunderts, verband man auch dieses Thema mit den Gesichten des Propheten Ezechiel, der den herannahenden Wagen der Glorie Gottes im nächtlichen Gesicht schaute. Von diesen großen Zuordnungen ist auch die vorliegende Tafel, die erste Tafel nach dem Dedikationsbild des Hitda-Codex, erfüllt. Es geht in dieser Darstellung um eine frontal sitzende Gestalt, die zugleich körperhaft und visionär hervortritt. Die Körperhaftigkeit ist durch das Bild des Menschensohnes mit dem großen Kreuzesnimbus um sein Haupt gegeben, das Visionäre wird durch die vielfach gestaffelte Raumtiefe erreicht. Auf dem vom rechteckigen Rahmen begrenzten Purpur-

S. 22 Titulus der Wiederkunft Christi, Hitda-Codex ▶
S. 23 Wiederkunft Christi, Hitda-Codex ▶

Hoc uisibile imaginatum.

figurat illud inuisibile uerū.

cuius splendor penetrat mundū.

cum bis binis candelabris.

ipsius noui sermonis

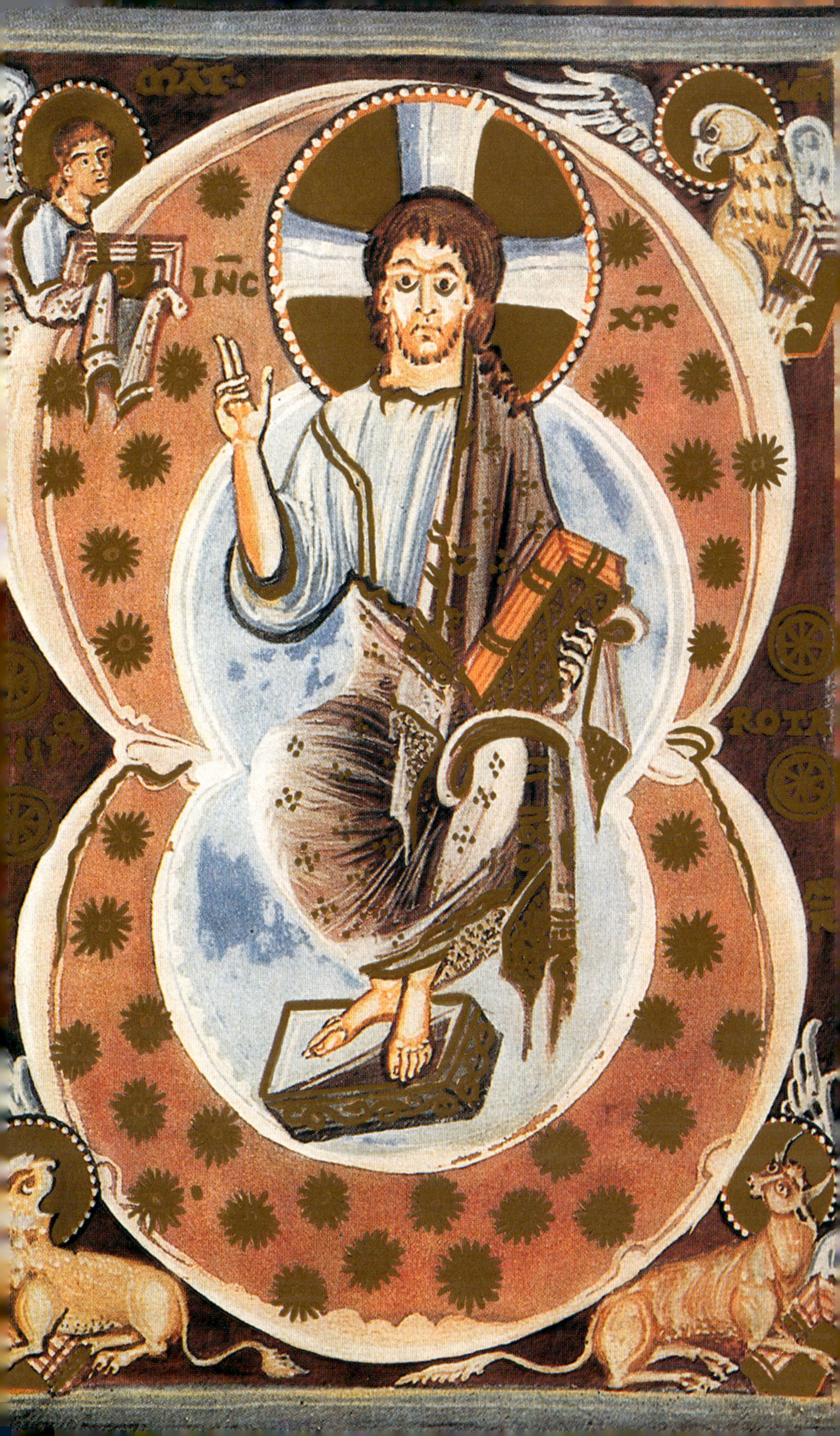
MAT.
XPC
ROTA

grund stoßen in Rot und Blau zweimal zwei Kreise aufeinander, die sich im letzten Teil ihrer Rundung ineinander verschlingen. Der lachsrote Doppelkreis ist als Sternengrund des Himmels sichtbar gemacht, der blaue Doppelkreis als dessen innerste Tiefe, aus der der Sohn hervorgeht. Dunkel und Licht seines Fußschemels zeigen Erde und Himmel, Gottheit und Menschheit an.

Vier goldene Räder in der Kreisbuchtung verweisen auf den Wagen der Gottesglorie nach dem Propheten Ezechiel (im ersten Kapitel), vier geflügelte Wesen, Engel, Stier, Löwe und Adler, die eigentlich zu den Rädern des prophetischen Gesichtes gehören, erscheinen in den Ecken außerhalb der Kreise und tragen die Namen der vier Evangelisten, des vierfachen Wortes Gottes im Ablauf der Zeit. Das vierfache Wort hat sich in vier prophetische Zeichen verhüllt, während der ersehnte Menschensohn körperhaft gegenwärtig wird, mit dem Buch des Lebens in seiner Linken und mit der erhobenen Rechten der Macht und Kraft des Wortes Gottes. Sein durchdringendes Auge gemahnt an den ewigen Richter, vor dem sich nichts verbergen kann.

In genauester Entsprechung zu dieser Frontalerscheinung aus geheimnisvollen Raumtiefen des Bildes ist auf der linken Seite das deutende Wort, der Titulus kostbar aufgeschrieben:

HOC VISIBILE IMAGINATUM
FIGURAT ILLUD INVISIBILE VERUM,
CUIUS SPLENDOR PENETRAT MUNDUM
CUM BIS BINIS CANDELABRIS
IPSIUS NOVI SERMONIS.

Dieses vorgestellte Sichtbare
gibt Gestalt dem unsichtbar Wahren,
dessen Glanz durch die Welt bricht
mit den zweimal zwei Leuchtern
seiner neuen Verkündung.

Die zweimal zwei Leuchter, das sind die vier Wesen, die der Prophet Ezechiel im Gesicht schaute, jetzt umgewandelt zu den vier Evangelisten und ihrer vierfachen Botschaft, die im Ablauf der Zeit auf den Wiederkehrenden am Ende der Tage verweist.

ZUSAMMENSPIEL DER MYSTERIEN IM NEUEN BUND

Die Holztüren von Sankt Maria im Kapitol

Am Fest Mariä Heimsuchung, am 2. Juli 1049, wurde durch den gerade inthronisierten Papst Leo IX., im Beisein Kaiser Heinrichs III. und in Gegenwart von 72 Bischöfen, des Erzbischofs Heriman von Köln und seiner Schwester, der Äbtissin Ida, der Kreuzaltar von St. Maria im Kapitol, der sich vermutlich am Anfang der Konchenanlage, ganz sicher nicht in der Vierung, die immer freibleiben mußte, befand, feierlich eingeweiht. Die Kirche war noch nicht vollendet, erst 1065 konnte die Weihe der gesamten Kirche unter Erzbischof Anno vollzogen werden, aber dieses Ereignis zeigt, daß dieser Kirche eine besondere Bedeutung, nicht nur für Köln, sondern für das ottonische Reich innewohnte. Der Ruhm dieser Kirche war so groß, daß der Kaiser durch die ältesten Stiftungsstatuten verpflichtet war, *bei einem Aufenthalt in Köln zuerst die Kirche St. Maria im Kapitol zu besuchen*[1]. Es war ruhmreich genug, daß sie sich auf den Fundamenten eines römischen Reichsheiligtums, des Tempels des Jupiter Capitolinus aus dem 1. Jh. auf dem südlichen Hügel der Stadt erhob, aber ihr Grundriß zeigt an, daß sie an Größeres als an die dem Haupte Jupiters entsprungene Minerva erinnern sollte. Ihr Grundriß ging weit über Rom hinaus zur Basilika von Bethlehem, die der Überlieferung nach in sich die Geburtsgrotte des Erlösers barg. Köln, das Rom des Nordens, erhielt in ottonischer Zeit nicht nur den Maßen nach ein neues Bethlehem, einen weihnachtlich-mitternächtlichen Prozessionsort der Anbetung der göttlichen Menschwerdung. Bethlehem in Köln, das war in ottonischer Zeit der Inbegriff für die Vergegenwärtigung des

[1] R. Wesenberg, Frühe mittelalterliche Bildwerke, Düsseldorf 1972, 32, Anm. 129.

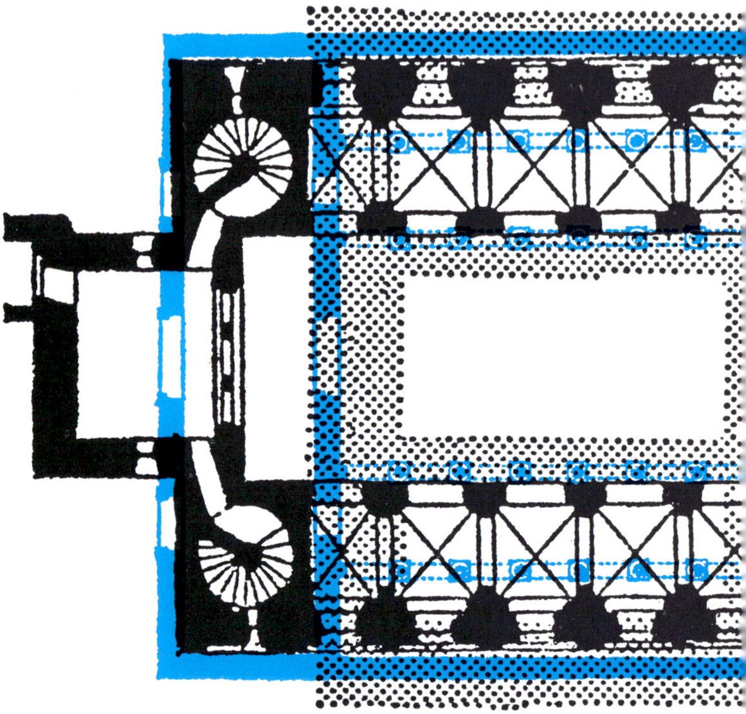

Im blauen Grundriß der Geburtskirche in Bethlehem zeigt sich erstmalig der Ansatz zu einer sogenannten Dreikonchenanlage, d. h. einem kleeblattförmigen Chorgrundriß mit zwei Eckzonen zwischen den Konchen. Inmitten des Chorraumes ist die sogenannte Grotte von Bethlehem, die ein körperhaftes Maß hat, eingezeichnet. Der schwarze Grundriß von St. Maria im Kapitol in Köln zeigt, wie dieser Bau eine Erweiterung der Geburtskirche von Bethlehem darstellt, also ein Kölnisches Bethlehem, das stärker ist als das Erbe Roms. In den Grundriß ist die Tempelzone des Jupiter-Capitolinus-Tempels eingezeichnet. Dieser römische Tempel sollte an jedem hervorgehobenen Ort des Imperium Romanum die eigentliche Gegenwart Roms und seiner auf einer Götterwirklichkeit beruhenden Stärke darstellen. Hier zeigt sich schon am Grundriß: Bethlehem hat Rom besiegt.

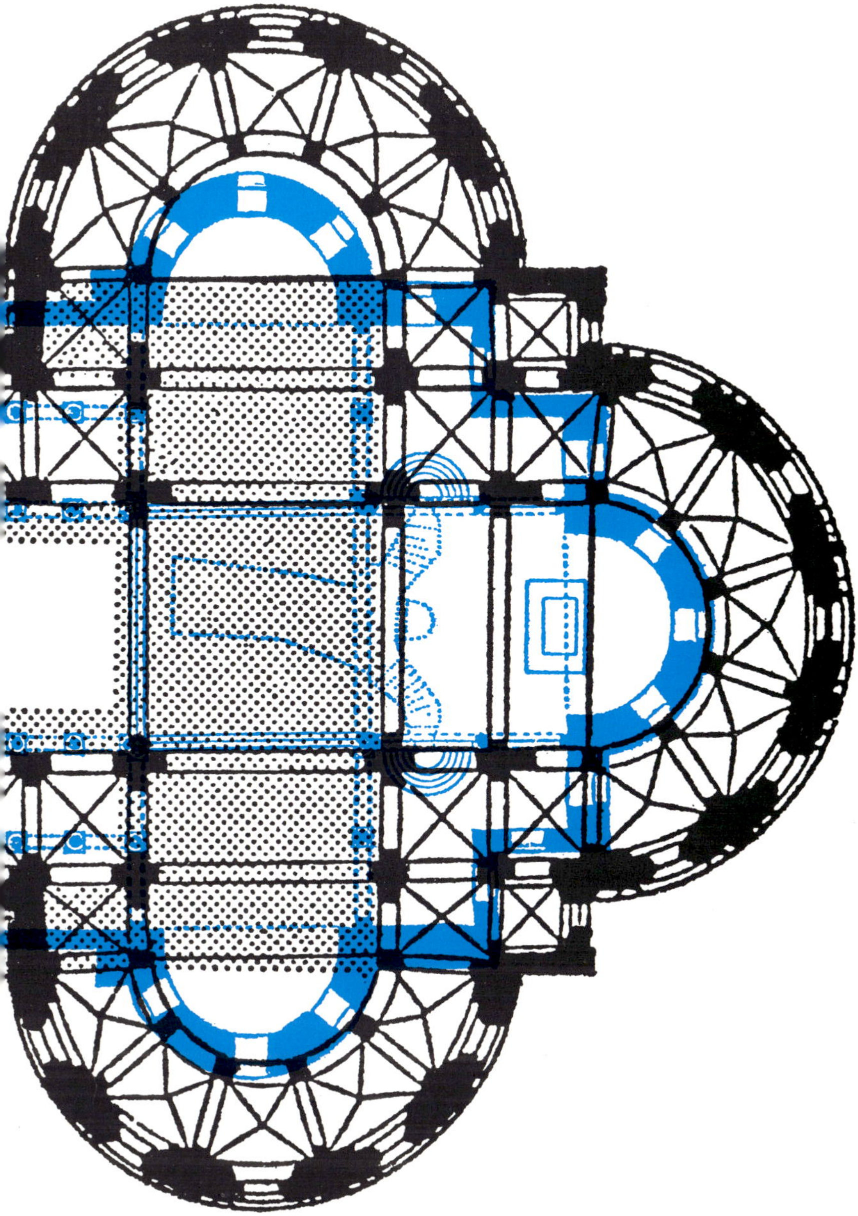

Heils im Neuen Testament. Raumhaft und bildhaft wurde, was für heutige Verhältnisse ganz unbegreiflich ist, den Menschen vor 1000 Jahren, die sich selbst als Wandernde und Pilgernde verstanden, das Heil als ihr eigentliches Erfahrungsmoment vor Augen gestellt und in der vielfältigen liturgischen Feier vor Augen geführt. Die ottonische Zeit insgesamt war weniger reich an theologisch spekulativen Werken, als vielmehr an Hymnen und ausgedehnten liturgischen Feiern, vor allem auch des Stundengebetes.

Wir hören nicht mehr die Gesänge der frühen Prozessionen in Köln, die Kraft der Liturgie und die Glut der frühen Predigten sind uns verloren gegangen, aber neben der Ahnung an frühe Räume sind uns einige Bilder der Zeit erhalten geblieben, die sich gerade unseren suchenden Augen wie Merkzeichen eingraben.

In St. Maria im Kapitol blieben nicht nur einzelne Bilder erhalten, sondern ein großer Bildzyklus, der fest in den Rahmen der Architektur einbezogen war und das fast 5 m hohe Tor des Eingangs zur nördlichen Konche darstellte. Es ist die einzige aus ottonischer Zeit erhaltene Holztür des Abendlandes, die wie durch ein Wunder alle Zerstörungen und Brände der Jahrhunderte überdauert hat, dafür aber auch wie kaum ein anderes Monument Aufschluß über den geistigen Bildsinn dieser Zeit zu geben vermag.

Die Türen sind fast unversehrt erhalten geblieben. Nur an der Unterseite finden sich Zerstörungen, trotzdem läßt sich die Thematik dieser untersten Stufe auf beiden Seiten erkennen. H. Schnitzler hat nachgewiesen, daß in vier Feldern der Sockelzone auf beiden Seiten die Versuchungen Jesu dargestellt waren[2].

Auf dem untersten linken Feld muß man durch einen im Holz angedeuteten Steinhaufen die Versuchung des Widersachers erkennen: *Sprich, daß diese Steine Brot werden* (Mt 4,3). Das zerstörte Feld daneben muß demnach die Versuchung auf der Zinne des Tempels dargestellt haben.

Auf dem dritten Feld ist ein Berg zu erahnen, jener Berg, auf dem der Versucher Jesus alle Reiche der Welt zeigte.

Das vierte Feld unten ganz rechts zeigt, allerdings nur in Andeutung, Jesus von Engeln umgeben, nach jenem Wort: *Da ließ der Versucher von ihm ab und siehe, Engel kamen und dienten ihm* (Mt 4,11).

[2] H. Schnitzler, Die Holztüren von St. Maria im Kapitol, Bonn 1937, 5 f.

Die Türen sind in beiden Flügeln aufeinander bezogen. Der linke Flügel stellt das *Kommen* des Sohnes Gottes in die Welt dar, seine Epiphanie, von der Verkündigung an Maria bis zur Taufe im Jordan, der rechte Flügel die Vollendung dieses seines Kommens in die Zeit, sein Pascha, d. h. die Einheit seines Todes und seiner Erhöhung vom Einzug in Jerusalem bis zur Geistsendung am Pfingsttag. Dabei wird deutlich, daß es bei der Anordnung der einzelnen Heilsgeheimnisse beider Türflügel eine sehr verschwiegene, aber aus dem Gebetsrhythmus der frühen Kirche genau ablesbare Entsprechung gibt.
Reste einer Umschrift, die als tituli zu einzelnen Feldern auf beiden Flügeln erhalten geblieben sind, versuchen, wie etwa die Hymnen Notkers von St. Gallen, den Heilsinhalt streng auszusagen, ohne ihn zu deuten. Es handelt sich dabei um folgende Texte[3]:

linker Türflügel:
ANGELUS AFFATUR – STERILIS CUI
LETIFICATUR
HIC DEUS ARTATUR – PASTORIBUS
INSINUATUR
REX IUBET HII PERGUNT – STELLA DUCE
MUNERA PROMUNT
DISCIT UT IN SOMNIS – HOS DUCIT NON PEDE
SEGNIS
REX DERIDETUR – SIBI VERUM SCRIBA
FATETUR
PRECIPIT INSONTES – P(UEROS) . . .

Der Engel bringt das Wort – durch ihn wird die
Unfruchtbare voll Freude
Hier schränkt Gott sich ein – den Hirten wird er
kundgetan
Der König befiehlt – diese ziehen fort – im Geleit des
Sternes bringen sie ihre Gaben dar
Wie er im Traum lehrt – führt er diese nicht
säumigen Fußes

[3] Der lateinische Text (nach B. Bischoff) wurde veröffentlicht bei P. Bloch, Die Türflügel von St. Maria im Kapitol, Mönchengladbach 1959, 62. Der deutsche Text wurde von mir teilweise neuübersetzt.

Verkündigung und Heimsuchung		Einzug in Jerusalem	
Verkündigung an die Hirten	Weihnacht	Heilung des Blindgeborenen	Auferweckung des Lazarus
Könige vor Herodes	Anbetung der Könige	Ölberg	Petrusbekenntnis
Flucht nach Ägypten		Abendmahl	
Kindermord	Kindermord	Himmelfahrt	Kreuzigung
Kindermord	Rachel	Apostel bei der Himmelfahrt	Frauen am Grabe
Darstellung und Taufe im Tempel im Jordan		Pfingsten	
Versuchung Jesu	Versuchung Jesu	Versuchung Jesu	Anbetung Jesu

Holztüren von St. Maria im Kapitol, Gesamtansicht ▶

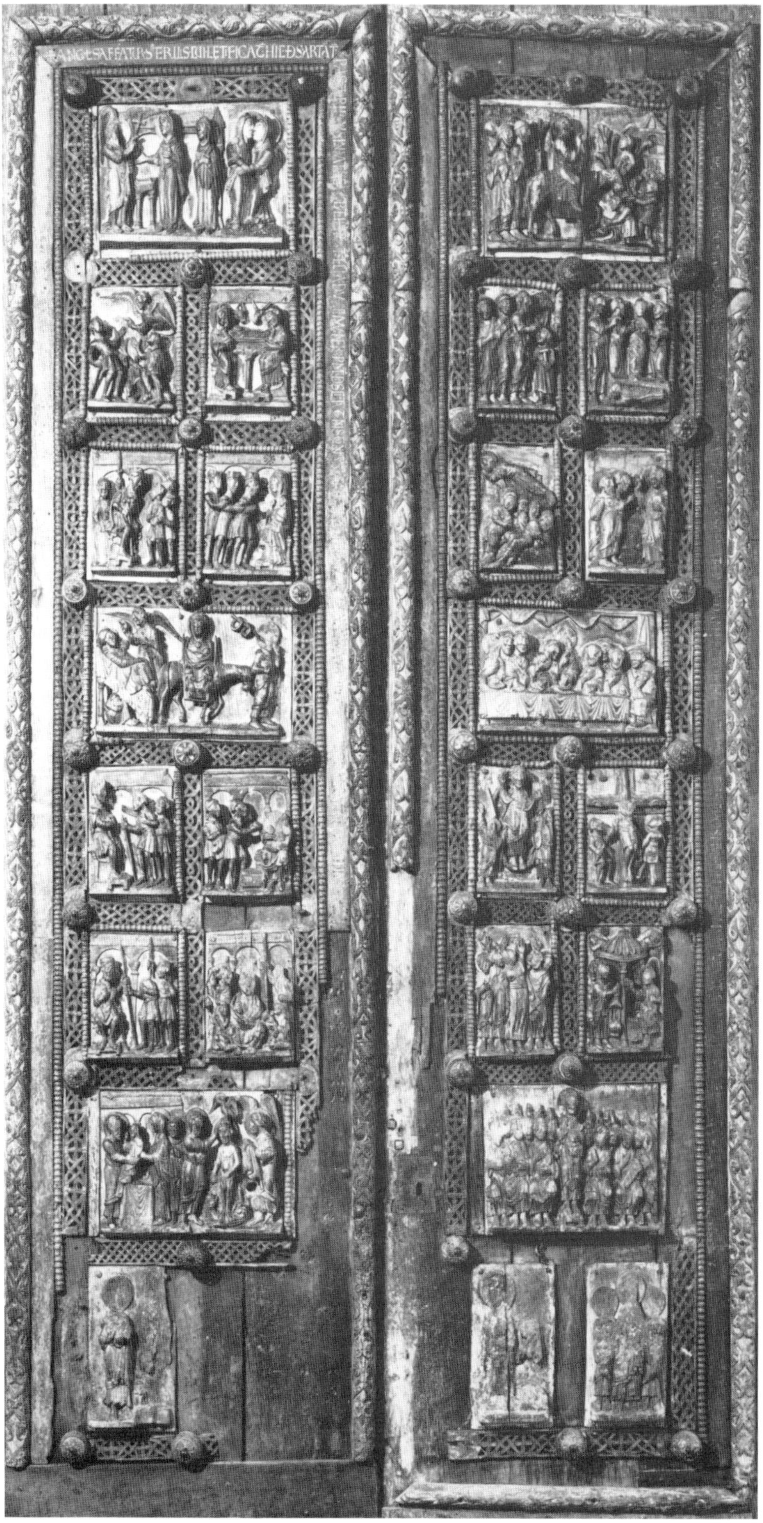

Der König wird verspottet – ihm eröffnet der Schriftgelehrte die Wahrheit
Er befiehlt die Unschuldigen (Knaben) . . .

rechter Türflügel:
. . . – . . .
. . . VITE REDDIT – QUI CECO LUMINA LIVIT
EST ALIIS SOMNUS – DU(M) PETRO PETRA PROFATUR(S?)
CUM PURIS CENAT – QUI IUDAM PECTORE CELAT (CECAT?)
HIC OBIT EST POSITUS – TUMULO TUMULOQUE LEVATUS
DUM SCANDIT CELOS . . .

Er gibt dem Leben zurück – der dem Blinden die Augen salbte
Auf allen liegt Schlaf – da (?) er zu Petrus sagt: Fels
Mit den Reinen hält er das Mahl – der Judas im Herzen verblendet
Hier stirbt er, wird ins Grab gelegt und aus dem Grabe erhoben
Da er die Himmel übersteigt.

Die Darstellungsform ist, wenn es auch Anlehnungen an bestimmte Darstellungen der Buchmalerei oder der Elfenbeinkunst gibt, im wesentlichen lokal originell. Dadurch werden überlieferte Themen so neu begriffen, daß man von einer kölnischen Eigensprache reden kann. Eigenartig ist, daß neben der Präzision des jedeinzelnen Themas eine solche Bewegtheit in den Antlitzen zum Ausdruck gebracht ist, daß diese Bewegtheit, wenn man sich ihr aussetzt, wie eine beständige Flutung das Thema inständig nahebringt.
Auf Seite 31 sieht man die Türen ganz. Zwischen Flechtbandstücken, Wirbelstäben und Rankenwülsten ist auf jedem Flügel die Anordnung von drei Querfeldern zu erkennen, zwischen die auf beiden Seiten zweimal je vier aufgerichtete Felder gesetzt sind. Die

Reihenfolge beginnt jeweils oben und hält durchweg die Chronologie des Heilsgeschehens ein. Daraus ergibt sich die auf Seite 30 abgebildete Aufteilung.
Wenn man die Reihenfolge der Darstellungen mit den Umschriften der erhaltenen Tituli vergleicht, müssen auf dem linken Flügel Weihnacht und Verkündigung an die Hirten miteinander vertauscht werden, rechts in gleicher Höhe die Lazarus-Szene mit der Heilung des Blindgeborenen, weiter unten gehören Kreuzigung und Frauen am Grabe nach links, Himmelfahrt und Apostel bei der Himmelfahrt dagegen nach rechts[4].
Aus Liturgie und Stundengebet der frühen Zeit, aus den antiphonalen Gesängen und den Schriften der Väter, vor allem den Sermones Augustins, lassen sich einerseits die einzelnen Themen in ihrer Einprägsamkeit verdeutlichen, anderseits aber vor allem die Entsprechungen der Felder zueinander aus beiden Flügeln erklären.

[4] R. Wesenberg hat gemäß der Reihenfolge der Tituli die kleinen Umstellungen in den Feldern vorgeschlagen, Wesenberg, a. a. O., 33.

S. 34-43 Holztüren von St. Maria im Kapitol
Abfolge ihrer Entsprechungen zwischen der linken Seite der göttlichen Ankunft und der rechten Seite der Vollendung der göttlichen Ankunft. ▶

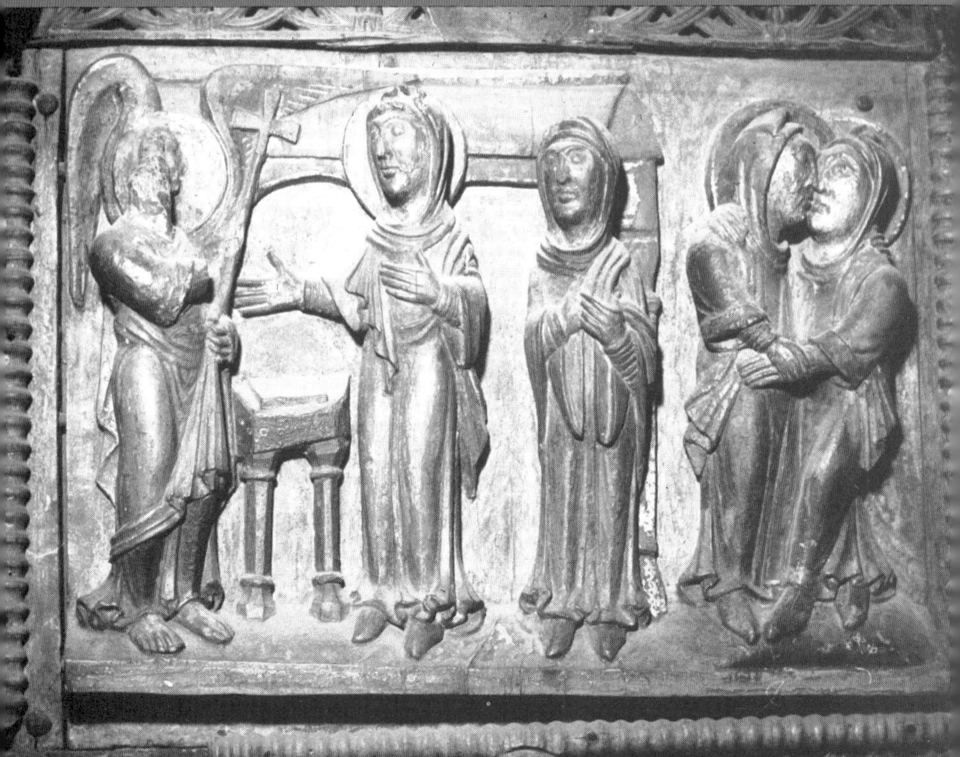

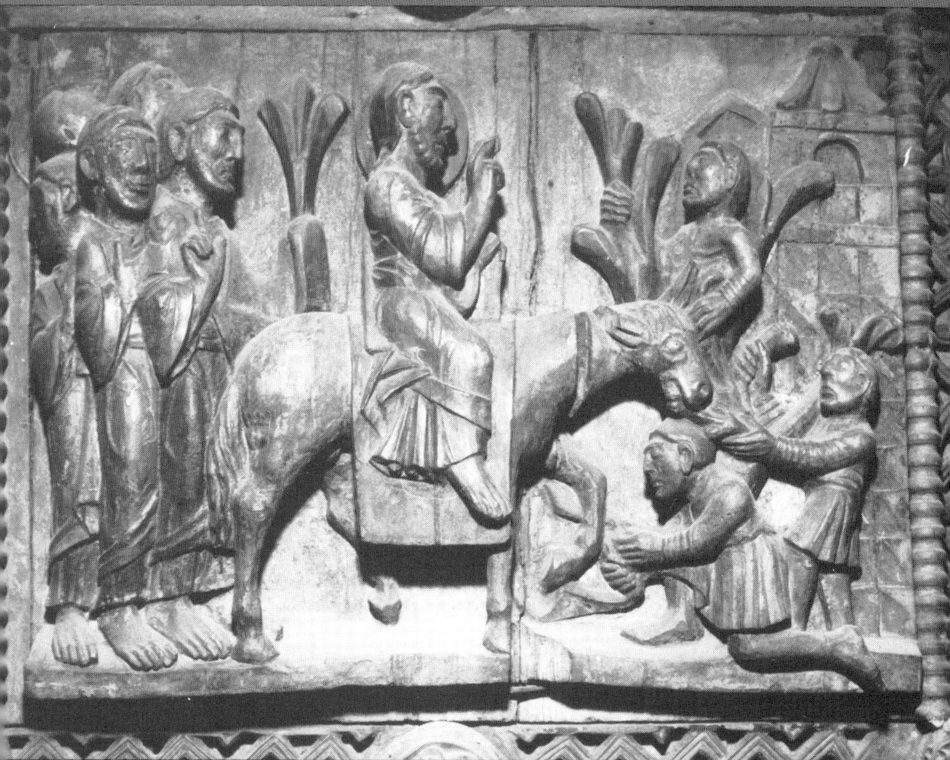

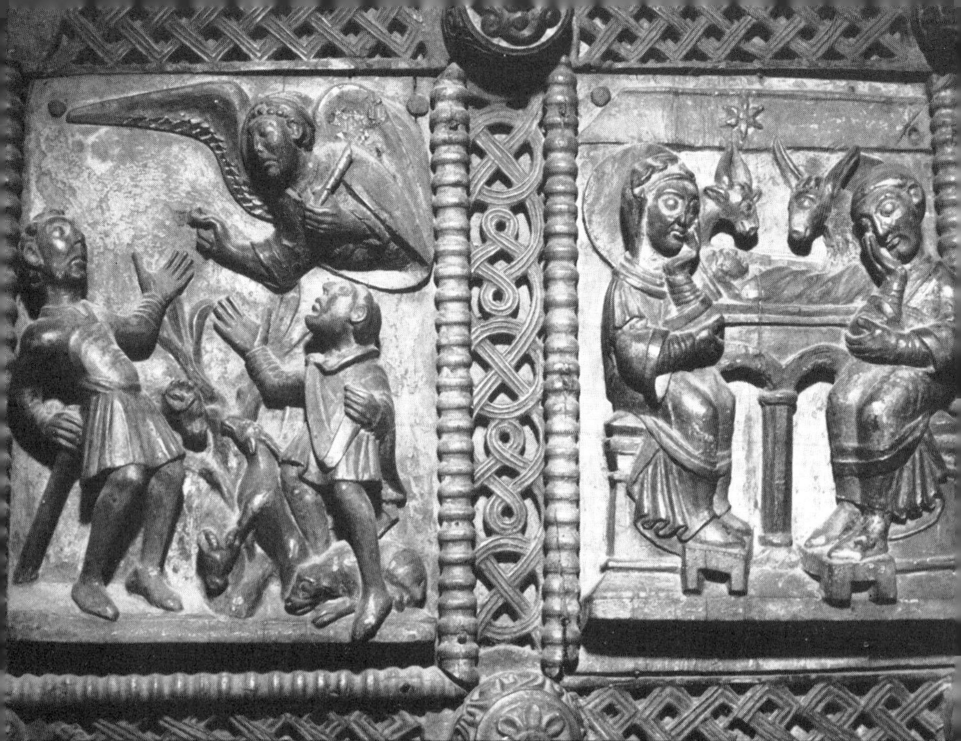

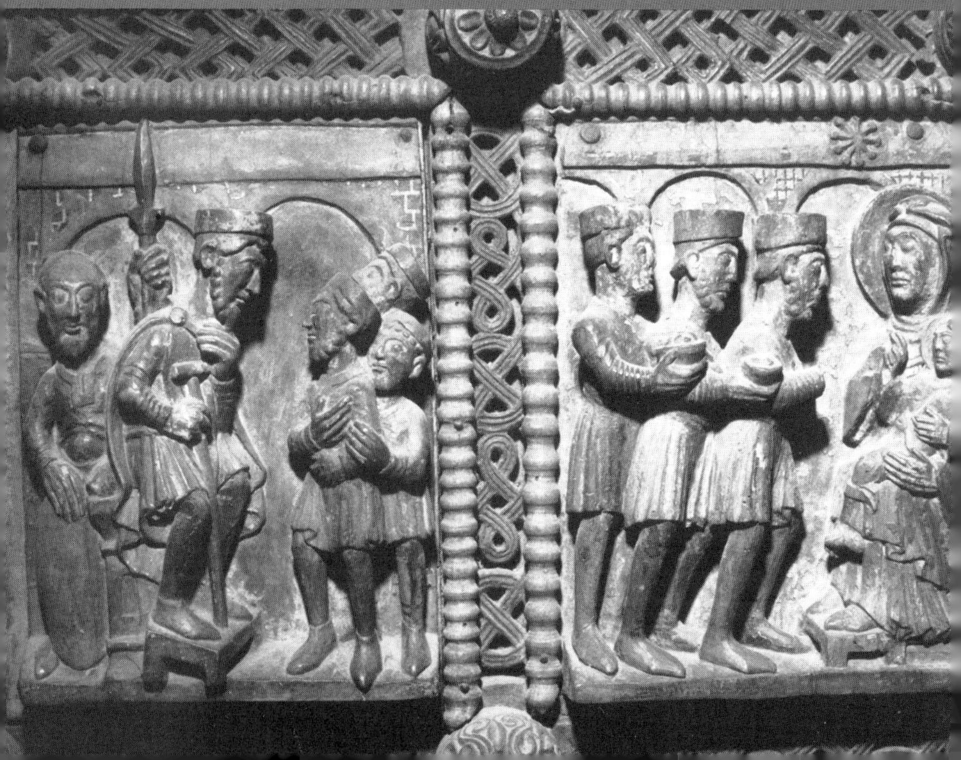

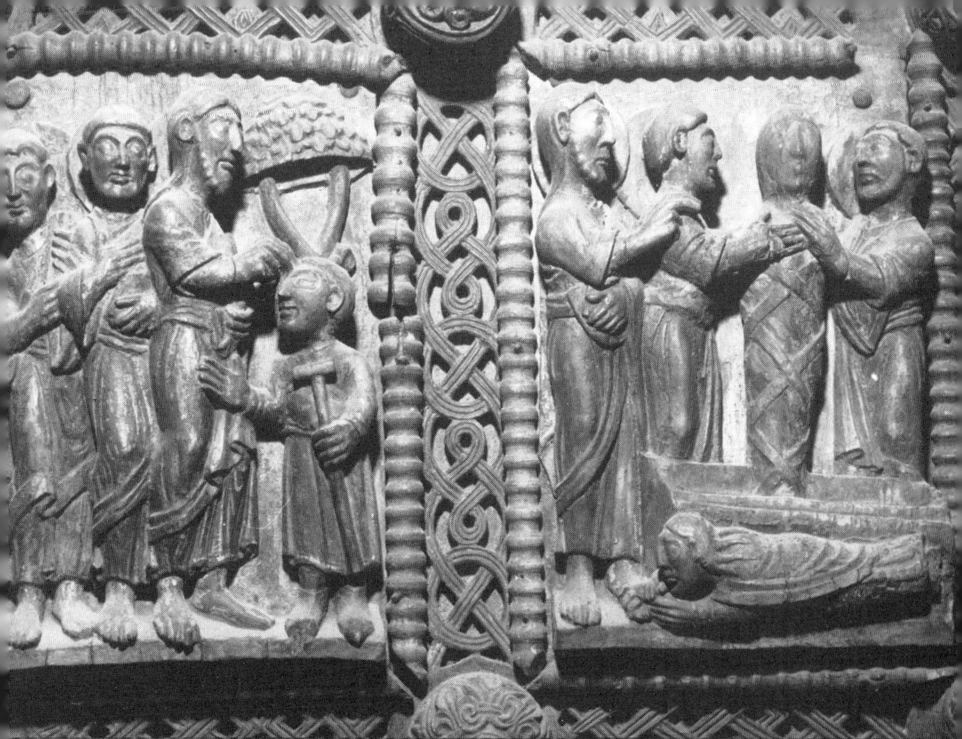

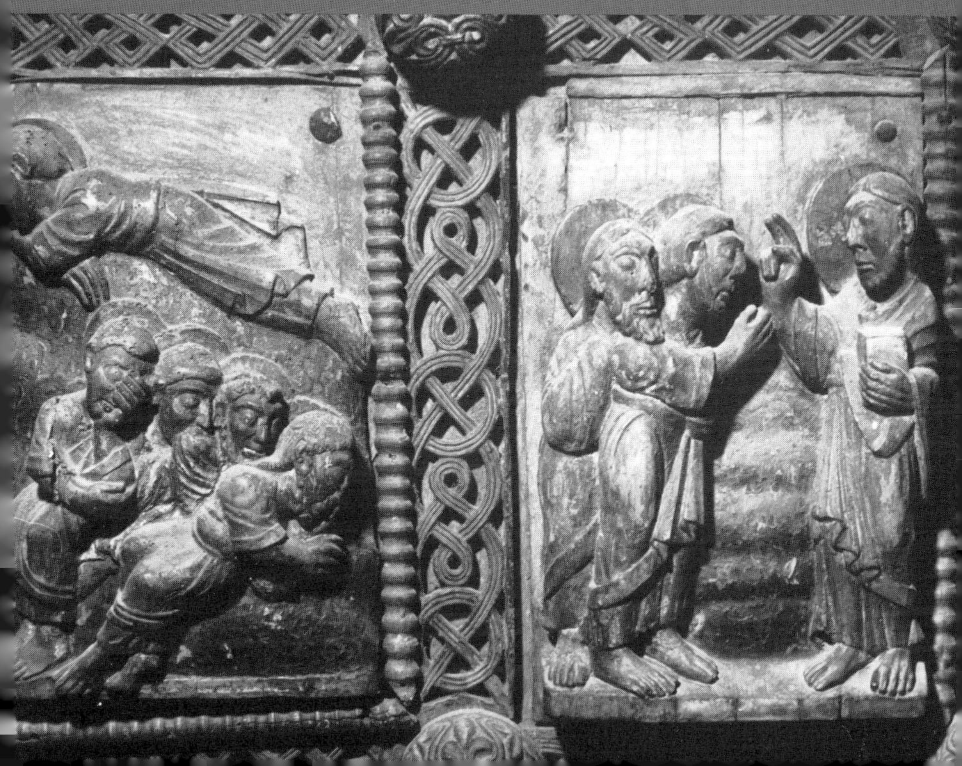

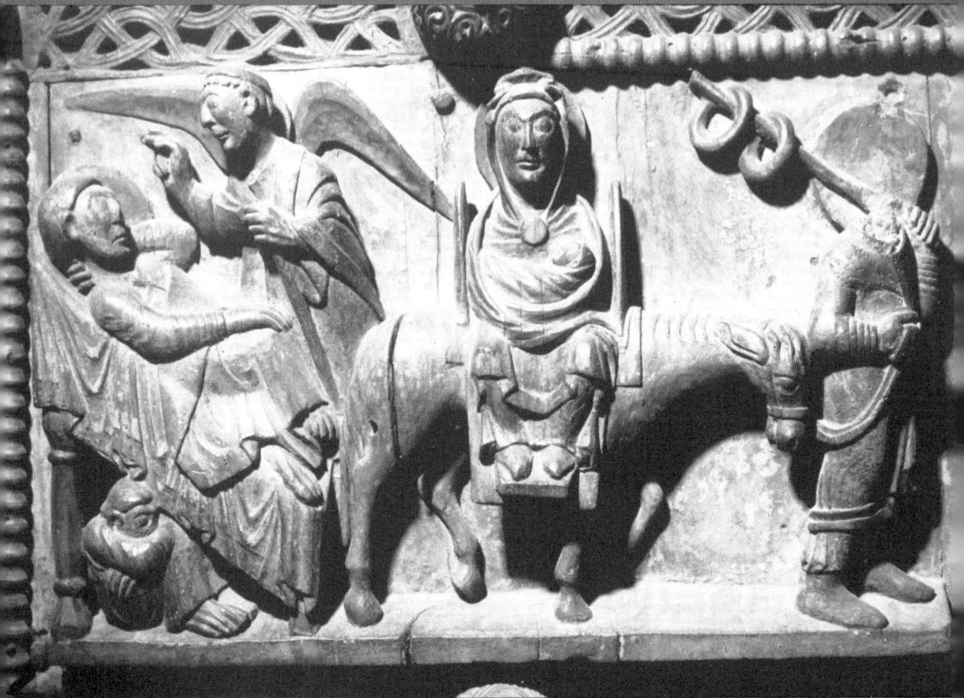

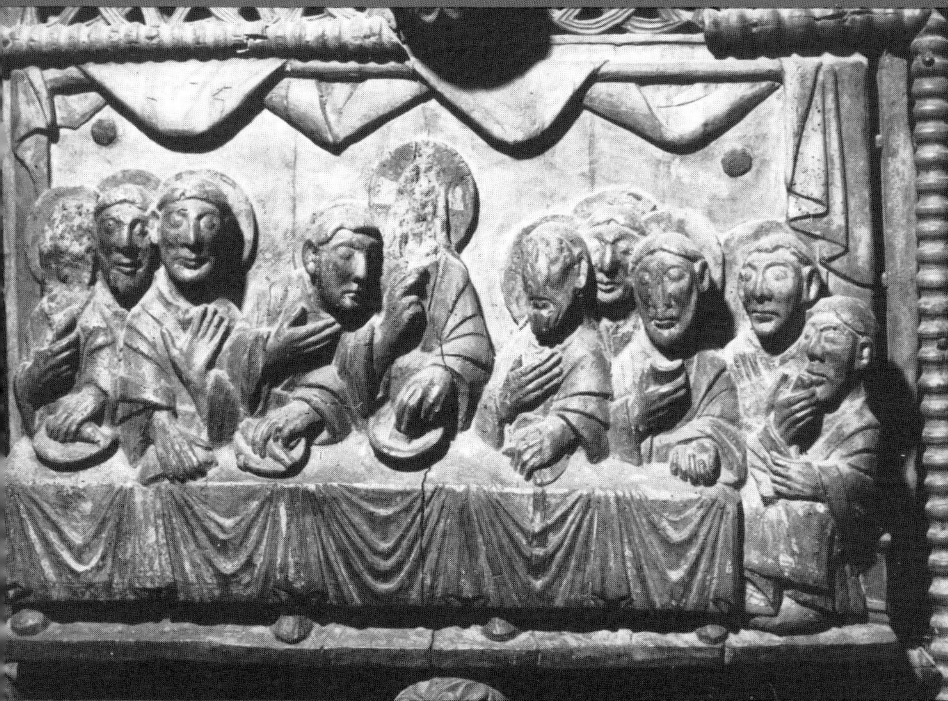

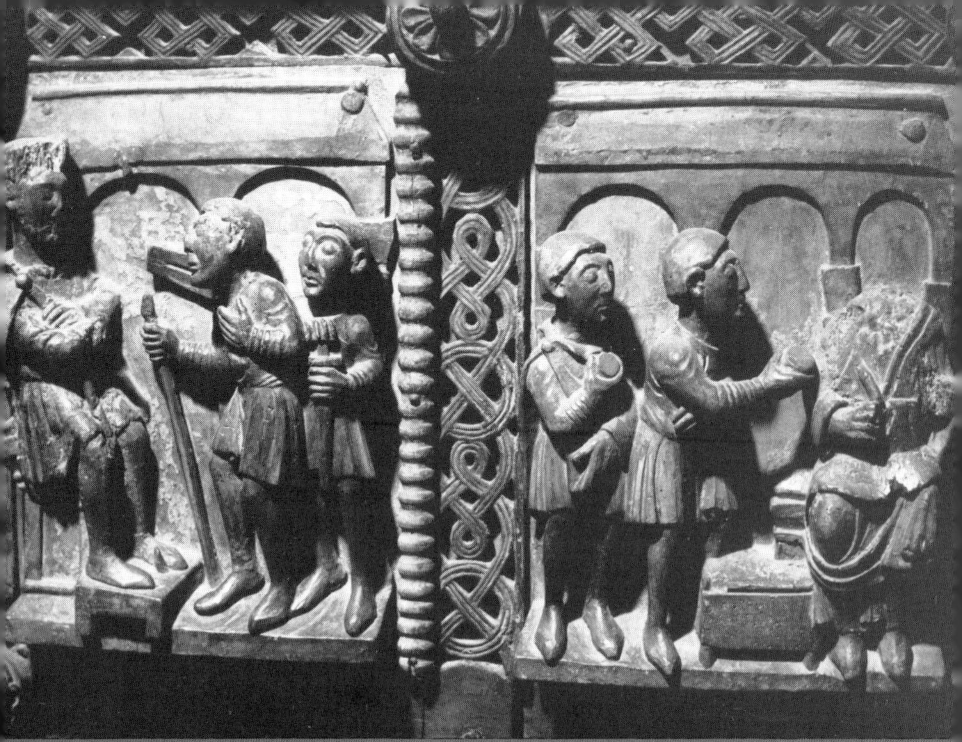

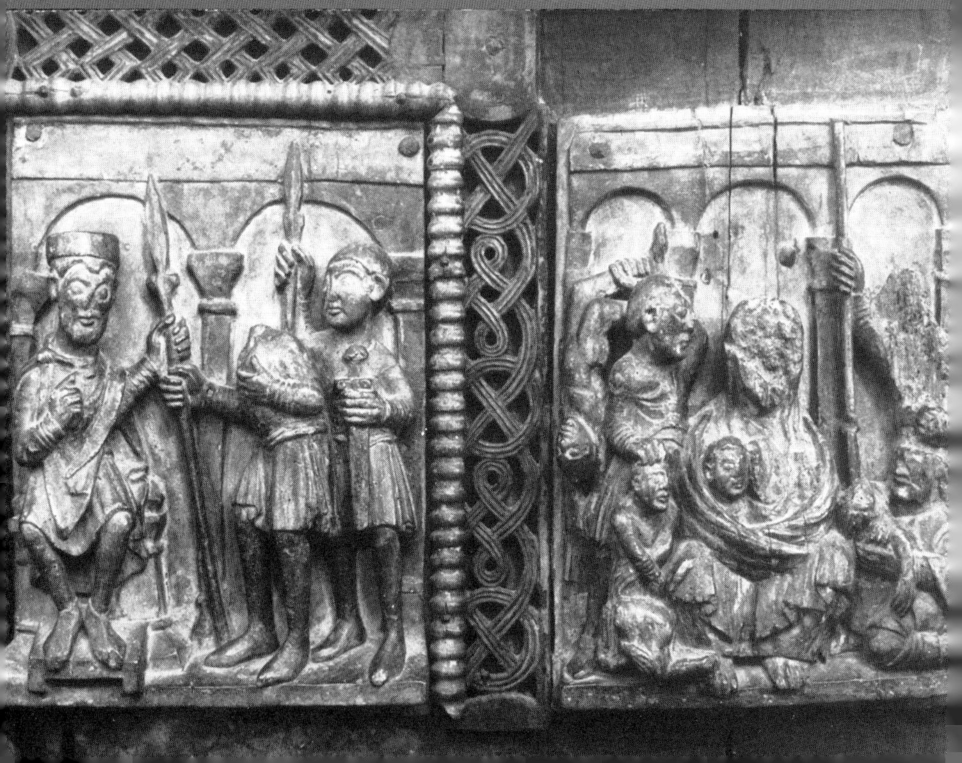

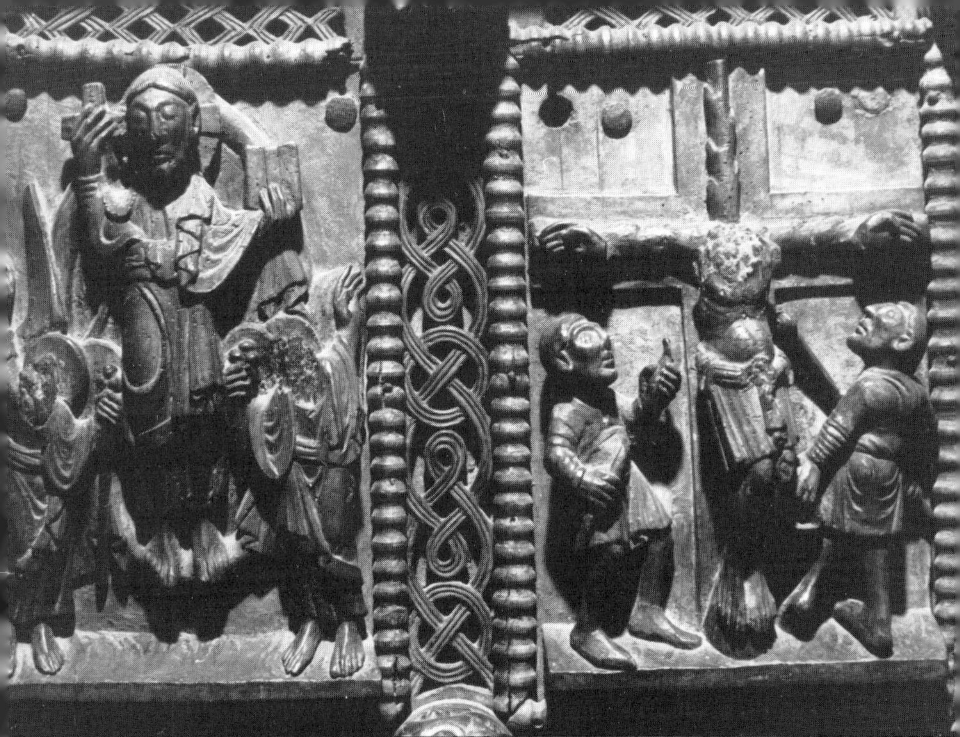

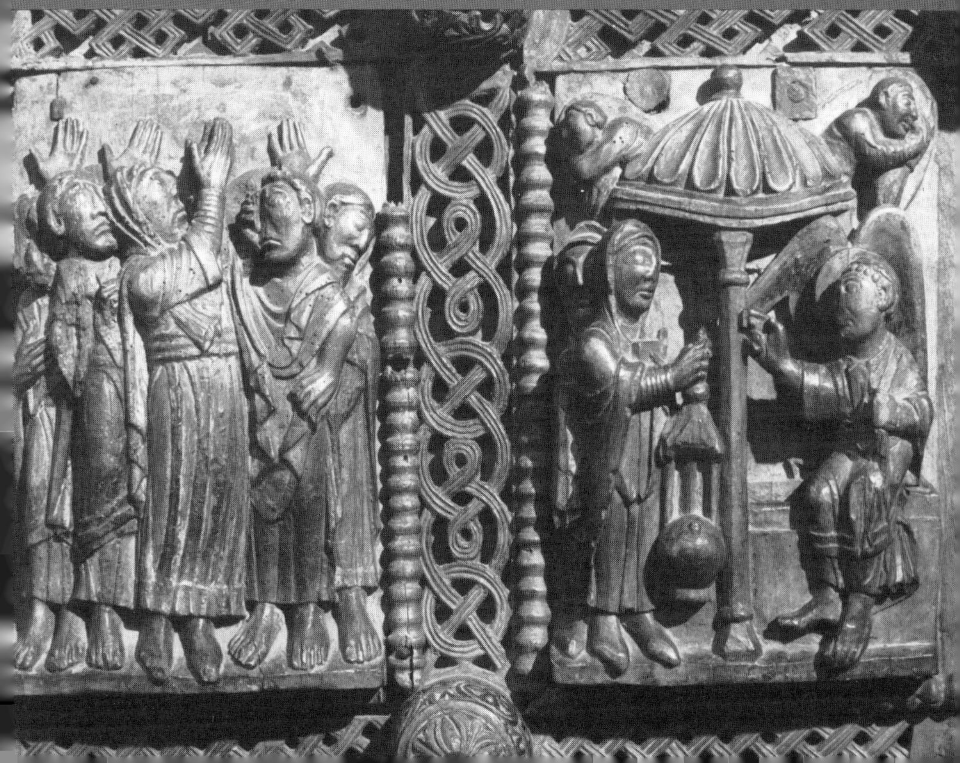

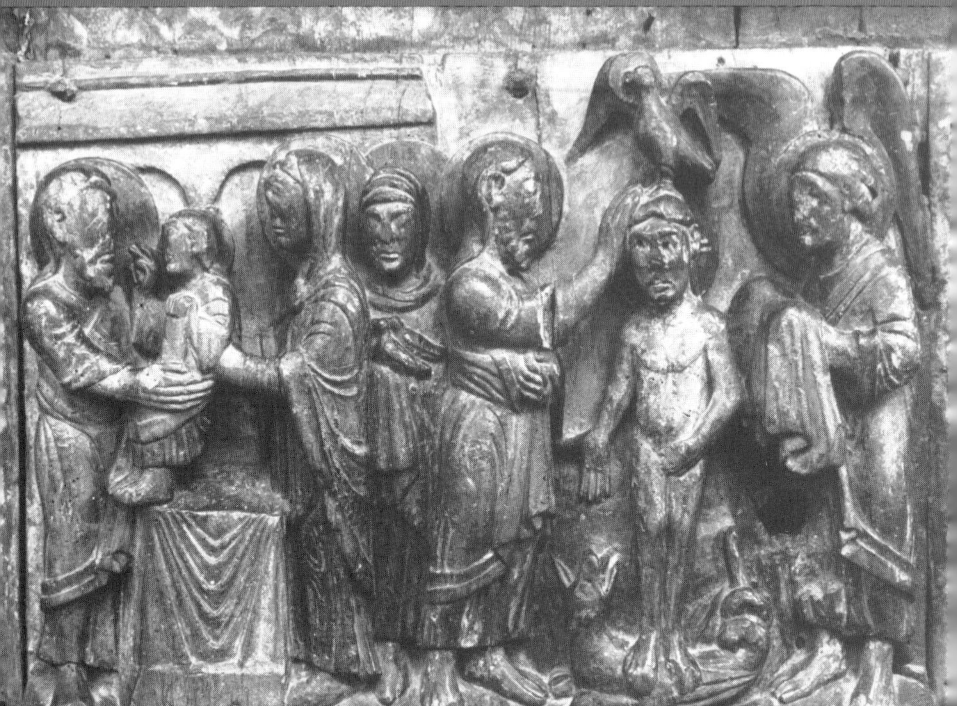

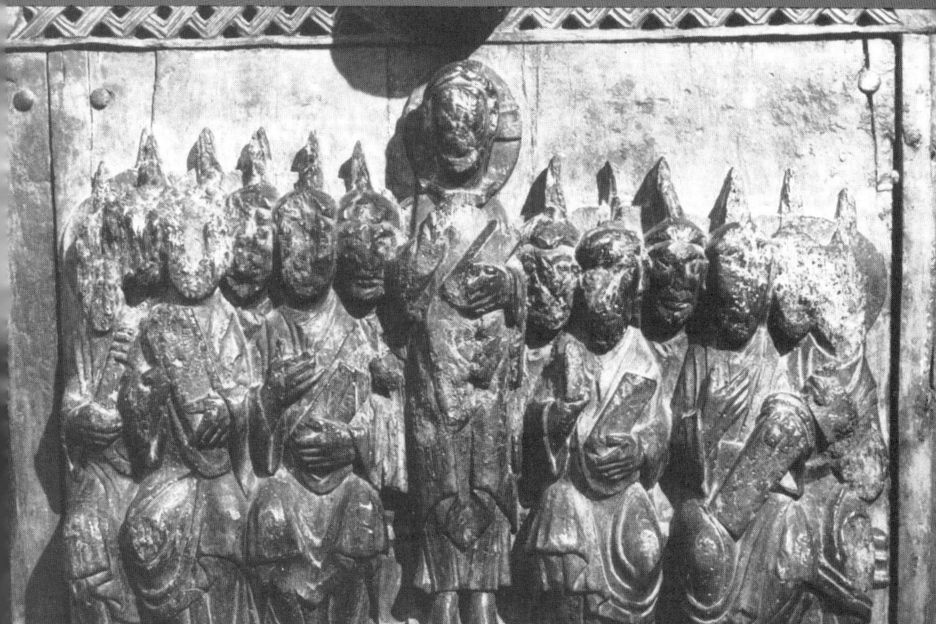

Dabei wird deutlich, daß diese Entsprechungen nicht intellektuell-schematisch durchgeführt sind, sondern von innen her sehend. Dem Einzug Jesu in Jerusalem oben rechts, der Erfüllung des Psalmwortes: *Saget der Tochter Sion: Siehe dein König kommt . . .* entspricht links in Verkündigung und Heimsuchung die Bereitung des Brautgemaches zu seiner ersten Ankunft in Maria, dem reinen Bilde Sions: *Schmücke aus dein Brautgemach, Sion, empfange Christus den König, umarme Maria, sie ist die Pforte des Himmels* (Antiphon zur Prozession am Lichtmeßtag).

Die Heimsuchung, also die Begegnung von Maria und Elisabeth, vollzieht sich in Umarmung und Kuß, wie es der frühe Psalter von Saint-Germain-des-Prés (um 820) durch das Psalmwort im Bild deutet:

MISERICORDIA ET VERITAS OBVIAVERUNT SIBI, IUSTITIA ET PAX OSCULATAE SUNT.

Begegnen werden sich Erbarmen und Treue, Gerechtigkeit und Friede küssen sich[5].

Seinem Kommen in der Weihnacht und der Erleuchtung der Hirten links entspricht rechts die Heilung des Lazarus vom Tode und das wiedergewonnene Augenlicht des Blindgeborenen.

Darin wird angedeutet, daß die Weihnacht (links) zur Auferweckung des Lazarus (rechts) in Beziehung gesetzt ist, die Erleuchtung der Hirten in der heiligen Nacht dagegen (links) zur Heilung des Blindgeborenen (rechts).

Während auf der linken Seite nur einmal das in Windeln eingeschnürte Kind auf dem Altare seiner Krippe im Gehege seiner schlafenden Eltern, die die mitternächtliche Stunde anzuzeigen scheinen, wahrgenommen wird, also eine irdische Ohnmacht in der Gestalt eines Kindes, steht auf der rechten Seite jeweils links im Bildfeld ein mächtiger Christus auf, der Lazarus (noch als Mumie) aus dem Grabe gebietet und der dem Blinden das Augenlicht schenkt.

Man fragt sich unwillkürlich, wie diese beiden Darstellungen auf jeder Tür zueinander in Beziehung gebracht werden können. Das Zusammenspiel von *Verkündigung an die Hirten* und *Heilung des Blindgeborenen* ergibt sich leicht, da bei den Vätern nach den Worten des Evangeliums die Verkündigung an die Hirten als eine

[5] Ps 84,11 (vulg.) dazu das Bild im Stuttgarter Bilderpsalter, Bibl. Fol. 23, fol 100 V unten.

Erleuchtung, als ein Lichtwerden der Erde aus der Herrlichkeit Gottes angesehen wird: „*In derselben Gegend waren Hirten auf dem Felde, die Nachtwache hielten bei ihrer Herde. Da trat ein Engel des Herrn zu ihnen, und die Herrlichkeit Gottes umleuchtete sie.*“ (Lk 2,8 f)

Diese Worte werden in der Weihnachtsliturgie der Kirche, vor allem in der *Missa in aurora*, der Messe in der Morgenröte, die dem Gedächtnis der Hirten gewidmet ist, und in der Tagesmesse, der *Missa in die*, zum jährlich wiederkehrenden Ereignis.

Das Eingangslied der Messe in der Morgenröte lautet:

LUX FULGEBIT HODIE SUPER NOS: QUIA NATUS EST NOBIS DOMINUS –

Ein Licht strahlt heute über uns auf, denn geboren ist uns der Herr.

In der Messe des Tages lautet der Alleluja-Vers:

DIES SANCTIFICATUS ILLUXIT NOBIS; VENITE GENTES, ET ADORATE DOMINUM, QUIA HODIE DESCENDIT LUX MAGNA SUPER TERRAM –

Ein geheiligter Tag hat uns erleuchtet; kommt, Völker, betet an den Herrn, denn heute stieg ein großes Licht zur Erde nieder.

Wie die Hirten in der Weihnacht dieses Licht stellvertretend für ganz Israel empfangen dürfen, so empfängt der Blindgeborene vom Menschensohn das Licht der Augen, seine Sehkraft, stellvertretend für die ganze Menschheit, wie Augustinus sagt: *Den Blinden gab er einst sehende Augen, die doch der Tod einmal wieder schließen sollte; den Lazarus erweckte er von den Toten, der doch wieder sterben mußte. Und was er immer zum Heil der Leiber tat, das tat er nicht dazu, daß es immerwährend sei, wenngleich er doch auch dem Leib am Ende das immerwährende Heil geben wird. Aber weil man das, was man nicht sah, nicht glaubte, so baute er durch dieses Zeitliche den Glauben auf an das, was man nicht sah.*[6]

Kein Geringerer als Augustinus nennt also in den vor 1000 Jahren der ganzen Kirche bekannten Worten seiner Predigten in einem Atemzug mit dem Kommen des Sohnes die Heilung des Blinden und die Auferweckung des Lazarus.

So sehr unsere Holztüren eine innere Eigenständigkeit in der Zu-

[6] Augustinus, aus Sermo 88; ed. Heilmann, II, 188.

ordnung ihrer Themen zeigen, so sehr wissen sie sich doch in den Einklang des geistlichen Denkens ihrer Zeit gebunden.
Dennoch fragt man sich, ob sich eine genauere Beziehung zwischen dem Thema der Weihnacht, links, und dem Thema der Auferweckung des Lazarus ergeben kann. Im begleitenden Schriftband auf dem inneren Rahmengrund wird zum Ereignis der Weihnacht das selten gebrauchte Wort *artare* oder *artari, gering werden, sich einschränken,* gebraucht: *deus artatur: hier schränkt Gott sich ein,* buchstäblich, wie Notker sagt, *in pelagus saeculi – in die Fluten von Raum und Zeit . . .* (ed. v. d. Steinen, 51,5).
Dagegen wird Lazarus durch das Geheiß dessen, der sich eingeschränkt hat in unser zeiträumliches Wesen, von dessen letzter Konsequenz, dem Tod, für alle sichtbar, befreit, wenngleich er hier im Bild noch wie eine in Grabestücher gefesselte Mumie ersteht.
Im großen Chor der frühen lateinischen Überlieferung läßt Zeno von Verona diesen Zusammenhang deutlich werden: *Das ist eine neue Weltordnung. Durch die Liebe zu seinem Ebenbild läßt sich Gott bestimmen, ein Kind zu werden, das da weint. Er, der gekommen ist, die Schuld der ganzen Welt zu lösen, läßt sich in Windeln wickeln. In die Krippe eines Stalles läßt er sich legen, um anzuzeigen, daß er Hirt und Weide sein werde für die Völker. Er, dessen Ewigkeit den Begriff von Alter ausschließt, unterwirft sich den Stufen des Alters. Im Widerspruch mit seinem (göttlichen) Bewußtsein nimmt er wie ein schwacher Mensch alle Leiden auf sich; er tut es, damit dem Menschen, der dem Gesetz des Todes verfallen war, die Unsterblichkeit zuteil werde. Denn darin besteht die Macht Gottes, daß er sein kann, was er nicht ist, und doch bleibt, was er ist. Er ist unser Gott, der gleich ewige Sohn des ewigen Vaters. Er ist Gott und Mensch; denn er steht in der Mitte zwischen dem Vater und den Menschen und zeigt in seinen Schwachheiten die Wirklichkeit seines Fleisches, in seinen Wundertaten die Wirklichkeit seiner Majestät. Er ist unsere Sonne, die wahre Sonne, welche die helleuchtenden Feuer der Welt, die Brüder der Sterne und der glänzenden Himmelsstriche an der Fülle des eigenen Lichtes entzündet* (ed. Heilmann, II, 112 f).
Merkwürdig und seltsam mutet in den beiden Feldern auf beiden Türen unterhalb der Weihnacht die Gegenüberstellung (links) der fragenden Könige vor Herodes und (rechts) ihrer Ankunft beim Kind der Weihnacht mit der im rechten Flügel gegebenen Dar-

stellung der schlafenden Apostel am Fuße des Ölbergs und der Verheißung des Herrn an Petrus, den Schlüsselträger des Reiches Gottes, an: Den fragenden Weisen, die aus der Ferne kommen, entspricht das Schlafen, das Nicht-Begreifen der Nahen, der erwählten Apostel, Petrus, Jakobus und Johannes und eines vierten, am Ölberg, während der Herr in der Qual seiner Verlassenheit im Gegenzug des Bildes quer ausgestreckt über dem Berge liegt, mit der Kraft seiner Rechten noch (versteckt unter seinem linken Arm) die Glorie des schlafenden (schnarchenden) Petrus berührend. Wenn also links die Könige fragen: *Wo ist der neugeborene König der Juden? Wir haben seinen Stern im Morgenland gesehen und sind gekommen, ihn anzubeten* (Mt 2,2), dann lautet im Bild die Antwort auf der rechten Seite, in großer Kühnheit in Hinsicht auf die ganze Erlösung: dort, auf dem Ölberg seht ihr ihn, den die Menschen nicht annahmen, nicht einmal die Seinen, ausgestreckt in der Qual der Ahnung seiner kommenden Passion.

Während dann, auf dem zweiten Feld der linken Seite, die Könige in der zum Zeichen gewordenen Demut ihres Sich-Nahens das Kind der Welt auf dem Schoße der ganz zum Thronsitz gewordenen Mutter finden, erweist sich auf der rechten Seite dieses Kind als der wahre König, als der Menschensohn, in der Kraft seiner Sendung durch den Vater, der die Seinen, stellvertretend in Petrus, zur Aufnahme der Menschen in die Dimension seines geheimnisvollen Reiches befähigt: *Dir will ich die Schlüssel des Himmelreiches geben* (Mt 16,19).

Als ob sich nun das bisherige Geschehen von verschiedenen Entsprechungen in größere Felder der Zuordnung entfalten müsse, entstehen nun auch im Fortgang zwei größere Themen als Quertafeln in neuer Zuordnung: links die Flucht nach Ägypten, gleichzeitig erzählend und geheimnishaft, rechts das Abendmahl mit dem herausragenden Johannes an der Brust des Herrn.

Die Flucht nach Ägypten zeigt in köstlichen Szenen vom Traum des Josef und dem Reiseweg mit dem Esel, sowie dem Reiseproviant, den Josef am Stecken trägt, an, daß der Sohn, der in sein Eigentum kam, von den Seinen nicht angenommen wurde. Nur wer wie Maria ist, begreift ihn. Maria ist selbst wie die Wiege des Kindes. Ihr Antlitz zeigt nichts Erzwungenes oder demonstrativ Bekennendes, es erscheint wie gelöscht und ist vollkommen nach innen gewandt,

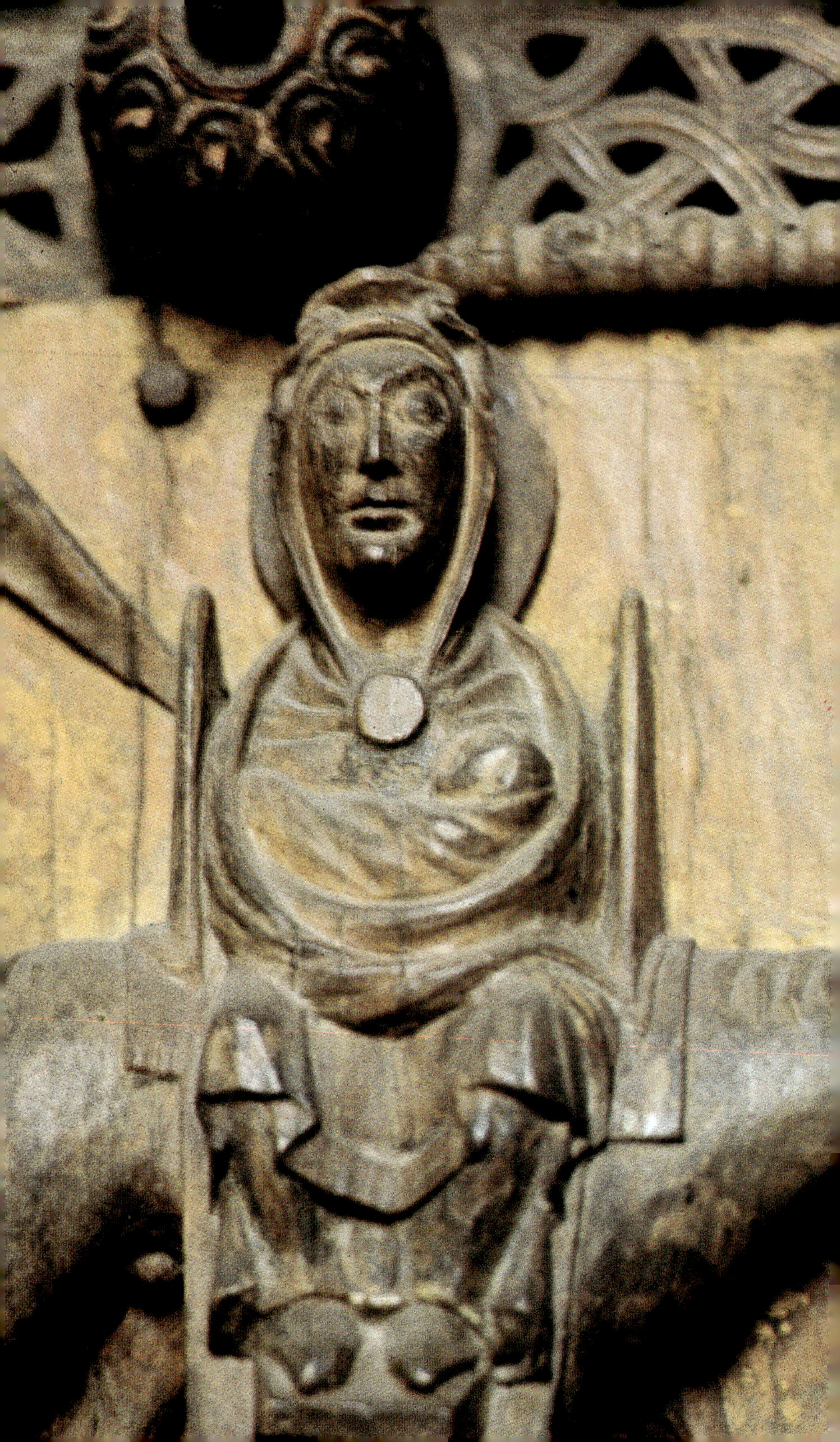

dadurch aber so strahlend gegenwärtig, daß man die Tiefe ihres ahnenden Erkennens verspürt.
Man ist von dem Gedanken berührt, daß man hier nach tausend Jahren verflossener Geschichte die Empfindung genau wahrnehmen kann, die die Frühzeit bewegte. Konrad Weiß hat in seinem Gedicht: *Die Flucht nach Ägypten* die Aussage dieses Antlitzes Mariens in eine gegenwärtige Form gebracht, wenn er Maria am Ende jeder Strophe den Refrain singen läßt: *Kummerlos steht die im Hoffen unerschrockne Rose offen* (ed. Kösel, 191).
Ein Blick auf das gleichgroße Querfeld der rechten Tür zeigt, daß das einzige Antlitz, das dem Bild Mariens auf der Flucht nach Ägypten in seiner unauslotbaren Tiefe zu entsprechen vermag, das Antlitz des Johannes an der Brust Christi beim Abendmahl darstellt. Während die übrigen Apostel in ihren Antlitzen Zeichen der Ergriffenheit, der Berührung durch den Menschensohn und ihrer stummen Beteiligung zum Ausdruck bringen, hat das Antlitz des Johannes in der Mitte einen solchen Grad von innerlicher Versunkenheit erreicht, daß es nicht nur dem Marienantlitz bei der Flucht nach Ägypten ebenbürtig erscheint, sondern selbst zu einer gänzlich neuen Aussage oder Mitteilung führt. Auch diese ist schwer ins Wort zu fassen, aber wir wissen, daß die Frühzeit in Johannes das Zeichen der unmittelbaren Christuserfahrung erkannte, das über Glauben und Bekennen hinaus wie eine Verwundung durch Berührung erschien. Das Christusantlitz dieser Darstellung des Abendmahles wurde zerstört. Natürlich überliefern die Kölner die Sage, es habe sich ins Holz zurückbegeben, da auf dem Antlitz des Johannes dessen reiner Spiegel zu sehen sei. Das Antlitz des Johannes ist geblieben. Die Aussage einer innersten Erfahrung macht es zu einem gegenwärtigen Ereignis. Nichts an ihm ist vergangen oder durch ehrwürdiges Alter betrachtenswert, sondern weil es einer künstlerischen Erfahrung entsprang, die sich einem Urverstehen hingab, wird es zu reiner Gegenwart. Notker von St. Gallen sagt in seinen Hymnen von Johannes:

. . . Dir war vergönnt an seiner Brust vom heiligen
Quell zu trinken; . . .
du, auf der Erde stehend, schautest eindringlich
die Glorie des Sohnes Gottes . . .

◂ S. 48 Maria mit dem Kind auf der Flucht nach Ägypten

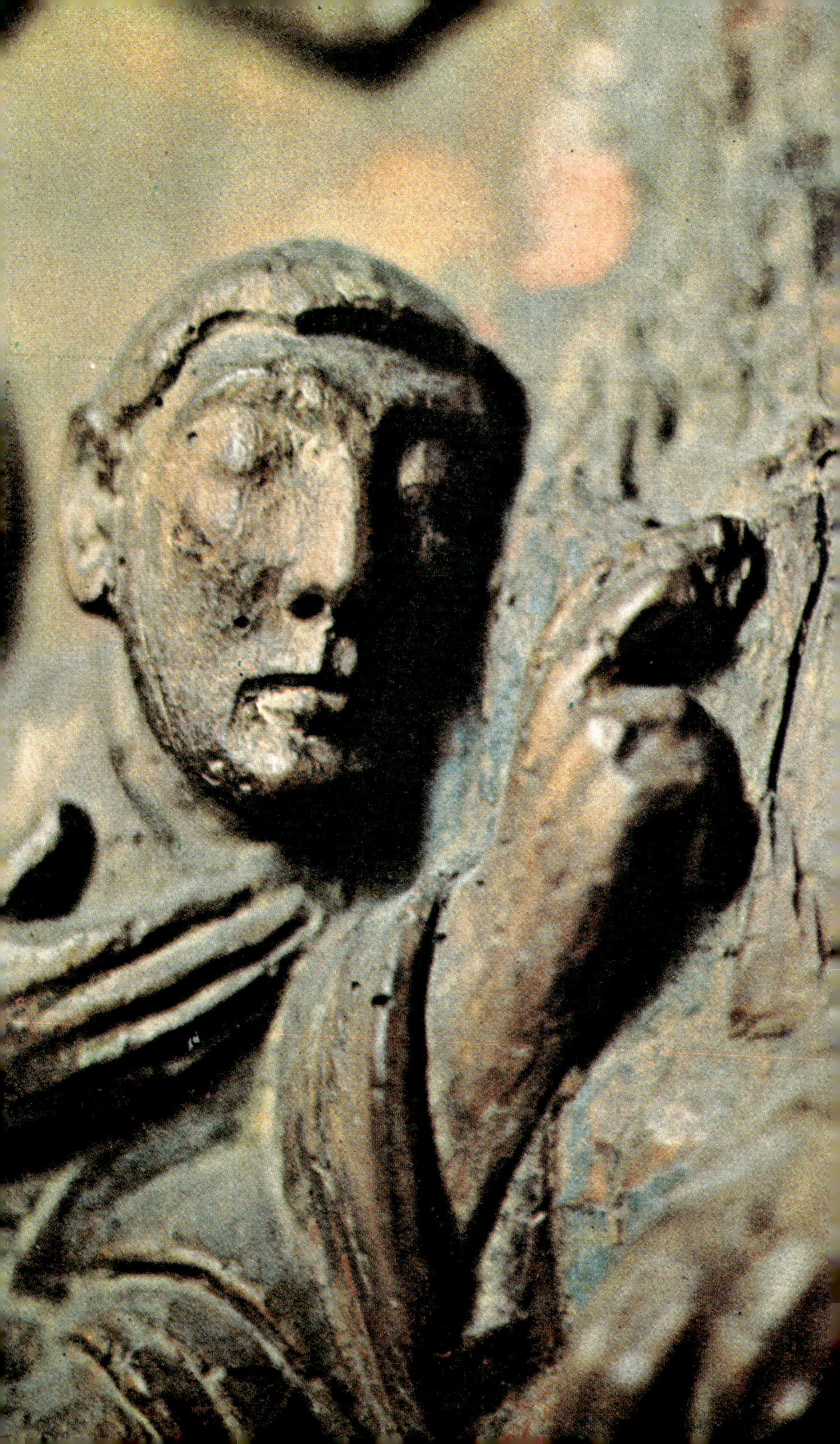

Dir entschleiert aus der Höhe sein allen übrigen
verschwiegenes Wort der Vater . . .
Johannes, Freund Christi, teurer . . . (ed v. d. Steinen, 16).

Zum ersten Mal scheint hier in der abendländischen Welt das Bild der Gottesfreundschaft, der Nähe des Sohnes und ihrer schrankenlosen Annahme durch den Menschen beschworen, das die kommenden Jahrhunderte vielfältig bewegte.

Auf diese Doppelung des Querfeldes in den Türen, die in den Antlitzen wie verborgene Siegel wirken, folgen auf beiden Seiten weitere vier Felder, die sich dem Todesgeschehen um den Menschensohn zuwenden. Auf der linken Tür steigert sich die Darstellung des Verhängnisses vom bestürzten, fragenden und Waffen austeilenden Herodes bis zum vierten Feld grausamer Tötung der Neugeborenen bis zu zwei Jahren, das in seiner Form der Darstellung an Realistik von damals bis heute den gleichen Grundzug verrät. Man muß sich vor Augen halten, daß das frühe Mittelalter den Tag der Unschuldigen Kinder am 28. Dezember mit dem Stephanustag am 26. Dezember so festlich und hymnisch erkennend beging, daß schon dadurch für die Feier der Weihnacht keine Möglichkeit zu idyllischer Verkürzung bestand. Die liturgischen Texte des Tages der Unschuldigen Kinder besingen diese als die apokalyptischen Zeugen, die dem Lamme folgen, wohin immer es geht. Die Schuldlosigkeit der Getöteten wird zum ergreifenden Feierereignis der ganzen Kirche. Augustinus nennt die Kinder in den Lesungen des Festtages *Blüten der Märtyrer, erste aufblitzende Edelsteine der Kirche* (Serm. 10 de sanctis). Dennoch ist in der letzten Tafel im Bild der Tötung der Kinder alles Weh in der Gestalt Rachels als der Stammutter gesammelt, ein klarer und eindringlicher Ausdruck für das Wort des Propheten Jeremia, das die Kirche an diesem Fest auf den gewaltsamen Tod unschuldiger Kinder um den gerade geborenen Menschensohn bezieht:

VOX IN RAMA AUDITA EST, PLORATUS ET
ULULATUS MULTUS: RACHEL PLORANS FILIOS SUOS
ET NOLUIT CONSOLARI, QUIA NON SUNT.

Eine Stimme wird in Rama gehört, voll
von Weinen und Wehklagen: Rachel beweint
ihre Kinder und will sich nicht trösten
lassen, weil sie nicht mehr sind (Jerem 31,15).

◀ S. 50 Johannes an der Brust des Herrn beim Abendmahl

Während nun die linke Seite das Todesmysterium der unschuldigen Kinder, strahlender Zeugen um das menschgewordene Lamm Gottes, in aller Grausamkeit des wütenden Herodes und in aller Tiefe des Schmerzes in der klagenden Gestalt der Stammutter Rachel in vier Einzelfeldern spiegelt, wird auf der rechten Seite jener qualvolle Tod zur Sprache gebracht, der für die Völker zur Rettung vom Tode führen sollte und der letztlich die Befreiung von Grausamkeit und Tod darstellt: rechts das Kreuzesgeschehen des Menschensohnes, der in der Einsamkeit seines Sterbens auf ein grünes, knorriges Marterholz unter dem breiten Siegeszeichen der Erlösung allein zwischen den beiden Soldaten, die Schwamm und Lanze tragen, angenagelt ist. Die rechts und links unter dem Bildrahmen sichtbaren Löcher verweisen auf die Zeichen von Sonne und Mond, die über dem Kreuz angeheftet waren und die seit früher Zeit die Umfassung des ganzen Kosmos durch den sterbenden Menschensohn anzeigen, wie schon Hippolyt von Rom im 2. Jahrhundert in seiner Passah-Homilie vom Gekreuzigten sagt: *Er rührt an die höchsten Spitzen des Himmels und festigt mit seinen Füßen die Erde, und die weite mittlere Atmosphäre dazwischen umfaßt er mit seinen unermeßlichen Armen.*[7] Auch hier ist wie beim Abendmahl sein Antlitz zerstört, nur die Gebärde der Hingabe des Leibes ist geblieben. Die Einsamkeit des Gekreuzigten, der nur von den beiden Soldaten mit Lanze und Schwamm umgeben ist, die Unmittelbarkeit des Todesereignisses selbst, ist hier im Bild zur kölnischen Eigensprache geworden und wiederholt sich zur gleichen Zeit in Skulptur und Buchmalerei.

Das Feld darunter mit den Frauen am Grabe und dem Engel der Auferstehung zeigt das frühe abendländische Osterbild, das niemals den Triumph einer auferstandenen Christusgestalt, sondern die weisende Erscheinung des Engels an die Frauen darbietet, die den wachen Sinn der ganzen Menschheit bedeuten. Seine Gebärde verweist auf sein Wort: *Was sucht ihr Lebenden unter den Toten? Er ist nicht hier, er ist auferstanden, wie er gesagt hat* (Lk 24,5 f).

Diese im Tod errungene Freiheit über den Tod, verbunden mit der Überwindung aller Schuld, kommt im linken oberen Feld der Himmelfahrt zum Ausdruck. Der Herr geht in seiner menschlichen Gestalt, von Engeln umgeben, heim zum Vater. Sein Antlitz ist

[7] Übers. b. H. de Lubac, Glauben aus der Liebe, Einsiedeln 1970, 421.

Ausdruck von Entrücktheit und Nähe zugleich. Im Felde darunter erscheinen die Apostel stumm und gleichzeitig doch innerst vertrauend, wie Ahnende, die aus dem Geschehen, das sie erleben, die Kraft ihrer kommenden Sendung schöpfen.
Beide Flügel begannen oben mit dem Zeichen der Ankunft, links die Verkündigung und Heimsuchung, rechts der Einzug Jesu in Jerusalem. Die Verkündigung richtet sich auf sein Kommen in der Zeit, auf den Plan des Vaters in seiner Fülle; der Einzug in Jerusalem bezieht sich auf die Vollendung dieser Ankunft im Todesgeschehen seines Opfers. Also müssen auch unten jenseits des Todesgeschehens wieder zwei breitgelagerte Felder die Tore von Ankunft und Vollendung der Ankunft beschließen.
Das linke, querliegende Feld, das das Geheimnis seiner Menschwerdung abschließt, besteht aus zwei neutestamentlichen Ereignissen, seiner Darstellung im Tempel und der Taufe im Jordan. Die Darstellung im Tempel entspricht der Liturgie des 40. Tages nach Weihnachten, des 2. Februar, und wird in der kirchlichen Überlieferung als Einzug des menschgewordenen Sohnes in seinen Tempel verstanden. Das bereits oben bei der Verkündigung genannte Prozessionslied: *Adorna thalamum tuum Sion – schmücke aus dein Brautgemach Sion* wird unten in der Darstellung Jesu im Tempel erneut zum Ereignis. Wiewohl hier genau geschildert ist, wie Simeon das Kind aus den Händen der Mutter in seine Arme nimmt, erweist sich das Kind doch schon als der Jüngling, der in der Verborgenheit seiner Erniedrigung in seinen Tempel einzieht. So erkennt es die Kirche, wenn sie am Festtag dieses Ereignisses in ihrer Lesung den Propheten Malachias aufschlägt und dort liest:

Dann kommt plötzlich zu seinem Tempel
der Herr, den ihr sucht,
und der Engel des Bundes, den ihr herbeiwünscht.
Seht, er kommt,
spricht der Herr der Heere.
Doch wer erträgt den Tag, an dem er kommt?
Wer kann bestehen, wenn er erscheint?
Denn er ist wie das Feuer im Schmelzofen
und wie die Lauge des Walkers.
Er setzt sich, um das Silber zu schmelzen und zu reinigen:
Er reinigt die Söhne Levis,
er läutert sie wie Gold und Silber.

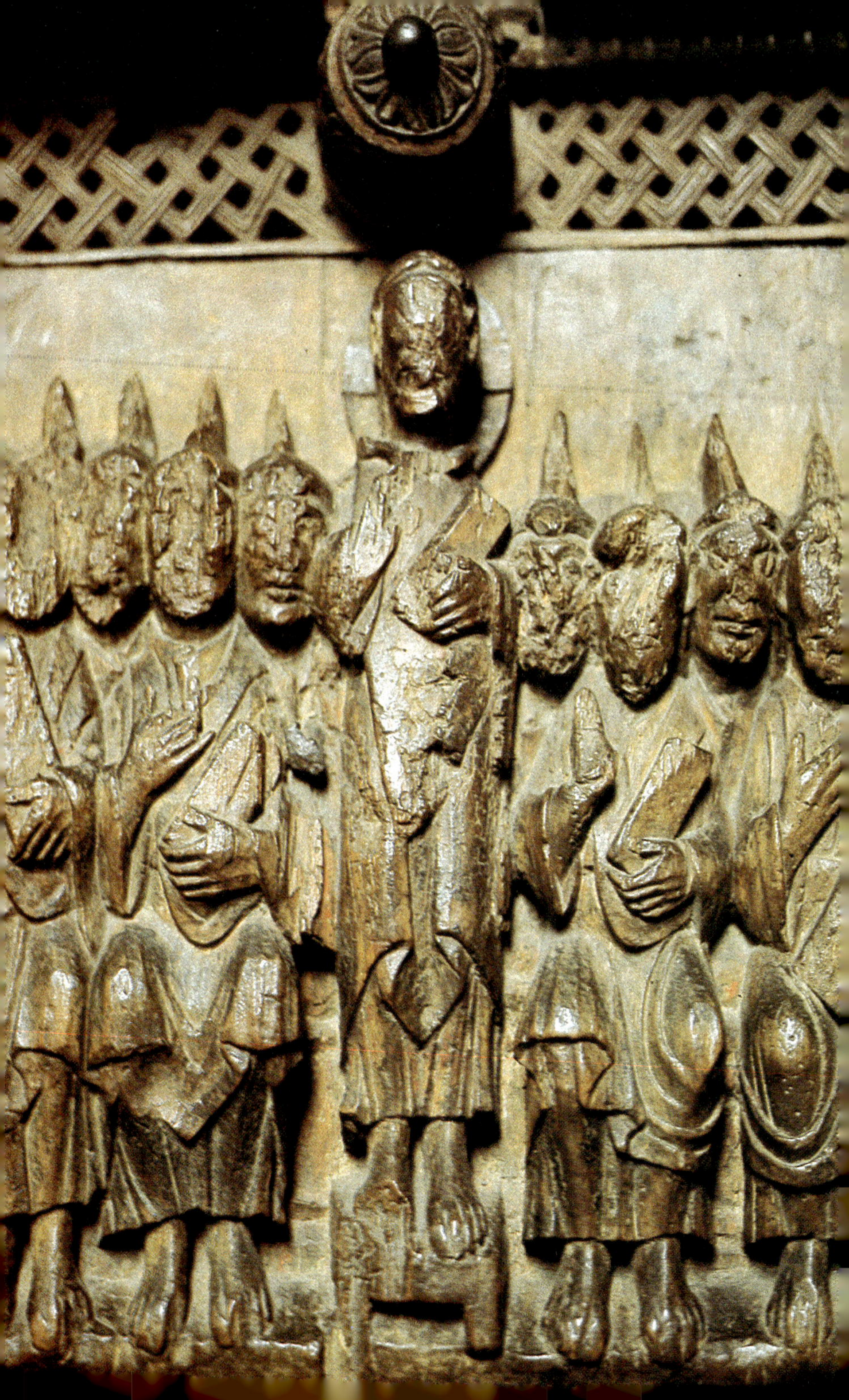

Dann werden sie dem Herrn die richtigen Opfer darbringen (Mal 3,2 f).

Diesem Ereignis, das durch die Liturgie der frühen Kirche in einmaliger Form herausgehoben ist, korrespondiert das zweite Geschehen, die Taufe Jesu im Jordan, aber nicht, wie sie bei den Synoptikern dargestellt ist, mit einer herabschwebenden Taube über dem Menschensohn, sondern nach dem Bericht des Johannes-Evangeliums. Dort wird die Taufe nur durch das Zeugnis des Täufers Johannes beschrieben. Man erkennt es daran, daß die Taube des Gottesgeistes nicht über dem Menschensohn schwebt, sondern auf seinem Haupte ruht. Dadurch wird auf der linken Seite die mächtige Gestalt des Täufers auch zum Zeugen für das Geheimnis dieser Taufe:

Ich sah den Geist herabsteigen wie eine Taube vom Himmel, und auf ihm bleiben. Auch ich kannte ihn nicht. Aber der mich gesandt hat, um mit Wasser zu taufen, der sagte zu mir: „Auf wen du den Geist herabsteigen und auf ihm bleiben siehst, dieser ist es, der mit dem Heiligen Geist tauft." Und ich habe gesehen und bin Zeuge: dieser ist der Erwählte Gottes (Joh 1,32-34).

Derjenige also, der im Zeichen seiner Erniedrigung als der Herrscher in seinen Tempel eintritt, ist der, der mit dem Feuer des Heiligen Geistes tauft, der den Drachen der Finsternis (als Wassertier des Jordan dargestellt) durch seinen Abstieg *in die Fluten von Raum und Zeit* endgültig besiegt hat. Aus der Verhüllung der Heilsereignisse liest man das mächtige Zeugnis der Kirche, die darin die Vollendung des Alten Bundes erkennt. Man fragt sich sogleich, ob auch dem Abschluß der rechten Seite, der Vollendung seines Kommens in Passion und Auferstehung, ein solcher aus dem Leben der Kirche gedeuteter Abschluß der Heilsereignisse entspricht. Rechts sieht man, wenn auch in starker Zerstörung der Gesichter, eine einzige Szene mit 12 sitzenden Gestalten und mit einer in der Mitte auf einer Fußbank erhöhten Gestalt, der an seinem Kreuzesnimbus als der Menschensohn erkannt werden kann und der die Rechte der Macht des Wortes Gottes erhoben hat. Das dargestellte Ereignis muß als Pfingsttag geschaut werden, da die Feuerflammen, die nur dem Pfingsttag zugeordnet sind, über den Häuptern der Apostel schweben. Man hat in der Sichtbarkeit des Menschensohnes

◂ S. 54 Pfingstbild mit dem erhöhten Christus

am Pfingsttag eine Ungereimtheit zu erkennen geglaubt, da der Menschensohn am Pfingsttag gerade nicht mehr bei den Seinen ist, sondern ihnen die Kraft aus der Höhe, den Heiligen Geist sendet. Aber hier zeigt sich im Bild, wie die Deutung des Pfingsttages in der Überlieferung der Kirche geschah. Der Menschensohn als der beim Vater Erhöhte ist der, der den Seinen vom Vater aus den Geist sendet. Darin wird deutlich, wie stark man in der Frühzeit alle Heilsereignisse bis zum Pfingsttag an den Menschensohn und seine Mittlerfunktion gebunden hat. Augustinus versucht, in einer Predigt seinen Gläubigen die Notwendigkeit des Heimganges Jesu zum Vater zu erklären. Dabei läßt er den auferstandenen Christus zu den Seinen sprechen: *Ich hebe mich weg von euch außen und mit mir erfülle ich euch innen*[8]. Das ist der eigentliche Inhalt dieser Tafel. Der zum Vater erhöhte Jesus kehrt am Pfingsttag im Heiligen Geist wieder und erfüllt die Herzen der Seinen.

Diese Gesamtsicht der Türen mit den Einzelgeschehnissen des Neuen Testamentes und ihren Entsprechungen zueinander aus dem liturgischen Geist der frühen Kirche ist hier mehr oder weniger nur angedeutet. Sie läßt jedoch erkennen, von welchen tieferen Gedanken die Frühzeit bewegt war, als sie solche Zeichen schuf. Die Sprödigkeit der noch lesbaren Tituli verkleinert diese Denkweise nicht, sondern erweckt sie.

[8] Übers. v. H. U. v. Balthasar, in Augustinus, Das Antlitz der Kirche, Einsiedeln o. J., 167.

DIE WURZEL JESSE BLÜHT MIT MACHT

Das älteste Fenster aus Sankt Kunibert

Sankt Kunibert ist die letzte der romanischen Kirchen in Köln vor der Grundsteinlegung des Kölner Domes, eine dreischiffige Pfeilerbasilika mit westlichem Querhaus, die ältere Bauelemente mit einbezieht und von spätromanischen Baldachinen überwölbt ist. Im Abschluß des Chores im Osten erkennt man den Fortgang der immer deutlicher gewordenen Gliederung der Wand: eine zweistöckige Teilung zeigt das sogen. Schalensystem, unten flache Nischen hinter vorgesetzten Säulen, oben vor dem leicht durch drei Fenster eingetieften Wandabschluß Säulenbündel, die einen Laufgang hinter sich freigeben.

In diesem Bau hat sich noch ein letztes Mal die Kraft des romanischen Sinnes, der wuchtige Pfeilerschritt von Westen nach Osten, der in einen weiten Chorraum mündet und nach Osten doppelstöckig abschließt, verdeutlicht.

Gerade in dieser Kirche, die sich dem in Frankreich längst vollzogenen ,,Fortschritt der Zeit" zu widersetzen scheint, erlebt man den eigentlichen Übergang von der Romanik zur Gotik in den drei Fenstern des oberen Chorgehäuses, den ältesten romanischen Fenstern des Rheinlandes. Das große Erbe des Bildes, das die frühe und hohe Romanik in den Bildern ihrer Buchmalerei hinterlassen hat, wird in der Übergangszeit thematisch und technisch in eine neue Sprache des farbigen Lichtes verwandelt, in die Glasmalerei.

St. Kunibert bietet in Köln dafür die ältesten Beispiele, vor allem das Mittelfenster des Stammbaumes Jesse im Osten zwischen den Fenstern der beiden Patrone der Kirche, des Heiligen Papstes Clemens, dem die älteste Kirche geweiht war und des Heiligen Bischofs Kunibert († 663), dem Ratgeber des Frankenkönigs Dagobert.

S. 58 St. Kunibert, Gesamtansicht der Kirche ▶
S. 59 Fenster der Wurzel Jesse, Gesamtansicht, St. Kunibert ▶

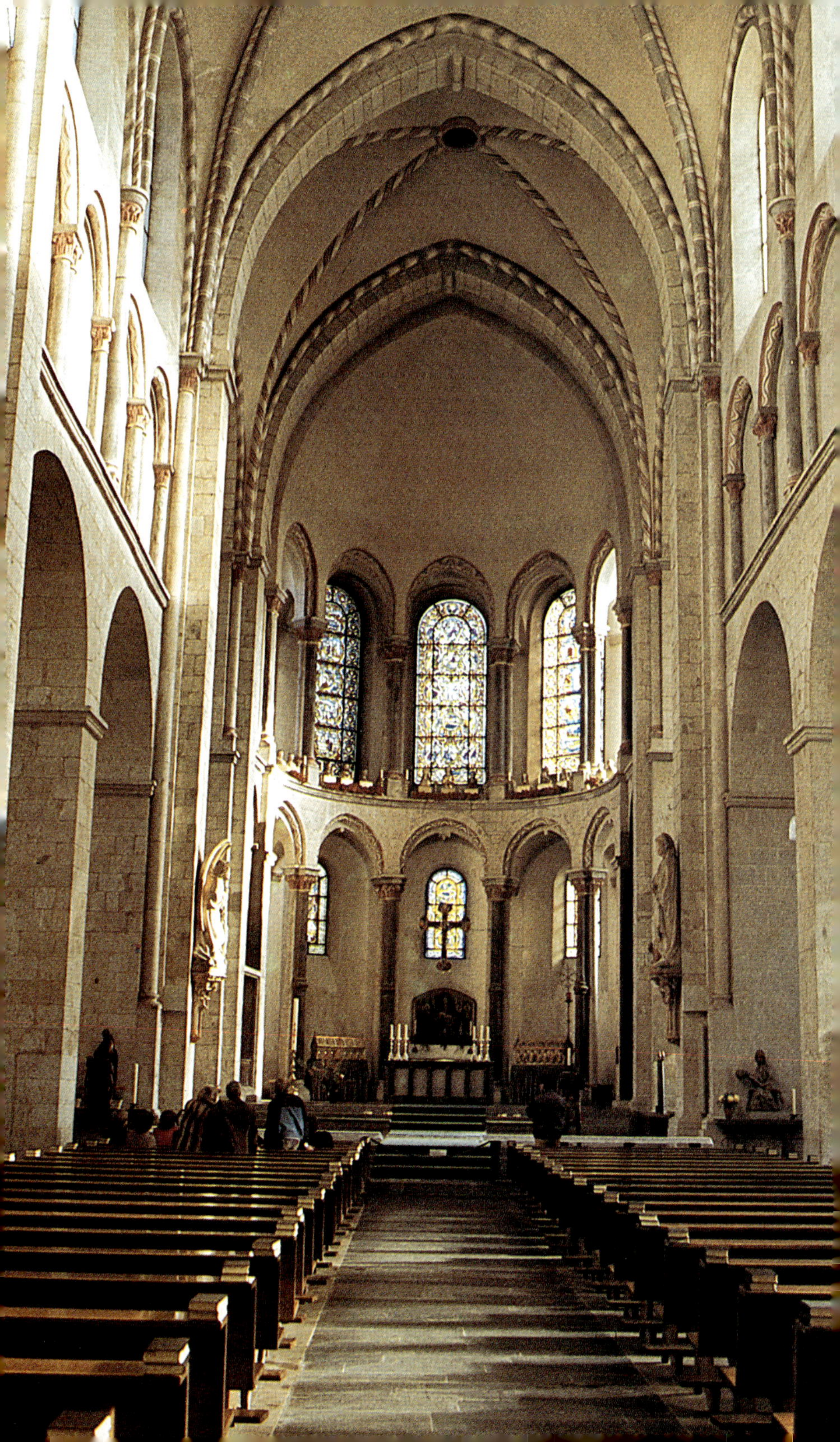

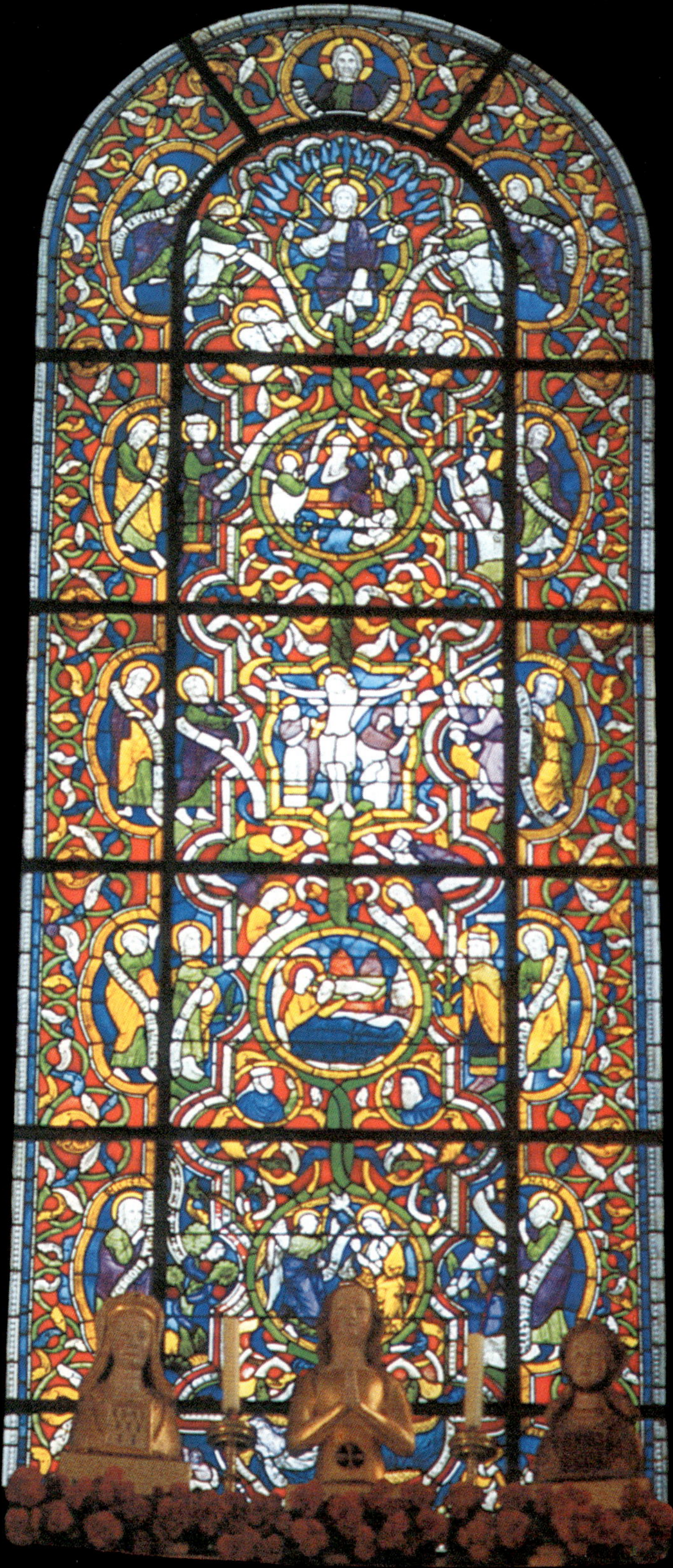

Das Fenster des Stammbaumes Jesse, das um 1230 entstanden ist, stellt in seinen thematischen Zuordnungen wiederum auf die Weise der frühen Glasmalerei eine einmalige kölnische Aussage dar, die das neutestamentliche Heilsgeschehen von prophetischen Deuteworten des Alten Bundes umrankt sein läßt.
Während man in früheren Vorlagen im „Baum Jesse" aus dem Leib des schlafenden Isai, des Vaters König Davids, einen Baum mit den Gestalten der Geschlechterfolge der Könige Israels bis zum Zeichen Mariens und der letzten Blüte des Menschensohnes als Erfüllung aller Verheißung des Alten Bundes erstehen läßt, wächst hier aus dem Leib Isais ein Baum, dessen mittleres Aufsprießen ganz von Themen des Neuen Bundes bestimmt ist, seitlich umrankt von den Deuteworten einzelner Propheten nach der lateinischen Überlieferung der Vulgata. Eine genaue Aufstellung dieses Aufgrünens der Heilsereignisse von der Verkündigung bis zur Himmelfahrt und eine Darstellung der prophetischen Schriftbänder tut not, aber zum Ereignis wird dies alles erst im Zusammenspiel der lichten Farben, die wie ein Teppich wirken und dem schauenden Betrachter oder Beter von der frühen Morgensonne an zur tröstenden und erneuernden Gewißheit des Glaubens werden.
Die Vorstellung, daß man das Heil, das Gott an seiner Welt geschehen lassen will, im Bild eines sprießenden Baumes darstellt, entspringt nicht einer späten theologischen Idee, sondern dem Propheten Jesaja. Er sagt im 11. Kapitel: *Aus Isais Wurzel aber sproßt ein Reis, und ein Schößling bricht hervor aus seinem Wurzelstock. Auf ihm ruht der Geist des Herrn, der Geist der Weisheit und des Verstandes, der Geist des Rates und der Stärke, der Geist der Wissenschaft und der Frömmigkeit und der Geist der Furcht des Herrn . . .* (11,1 f). Das ist bei Jesaja die Einleitung zu einer Schau des messianischen Friedens. Daraus hat schon die frühe Christenheit die Folgerung gezogen, daß das Kommen des Messias in der Fülle der Zeit die Ordnung der Schöpfung nicht aufhebt oder zerstört, sondern verwandelt. Ihre Konsequenz war aus johanneischem und paulinischem Geiste zwingend: Wenn Jesus der Messias, der Sohn des ewigen Vaters ist, in dem der Vater alles erschaffen hat, dann zerstört er seine Schöpfung nicht, sondern läßt sie zum irdischen Zeichen des göttlichen Planes werden, in dem der Ablauf der Zeit, mit ihrer rhythmischen Wiederkehr der Gezeiten, verbunden wird mit der Abfolge der Ereignisse des Heils.

Der tragende Grund dieses Fensters ist der aus des schlafenden Isai Leib grün aufsprießende Baum, der im Aufwachsen nach oben fünf Felder des Heils umschließt, drei Rundfelder, ein quadratisches Feld und ganz oben einen lang gezogenen Vierpaß. Der Baum mündet in den oberen Vierpaß wie in eine Blüte.
Geht man den Weg von unten nach oben, wie er der Blickweise des Menschen entspricht, so zeigt sich unten im breit ausgestülpten Feld, das in den Rahmen stößt, Isai im Schlaf liegend. Aus seinem Leib sprießt der Baum der prophetischen Verheißung. Seitlich von ihm sind rechts und links vier jugendliche Gestalten in die Bordüre der ornamentalen Vielfalt der Rahmung gesetzt, die Personifikationen der vier Paradiesesströme, die schon an der Wurzel die Bedeutung dieses Baumes für das Weltgeviert ansagen. In Isai oder Jesse wird in der frühen Überlieferung einer der wahren Gerechten Israels gesehen, dessen jüngster Sohn David, von den Herden fortgenommen, zum Träger der gesamten Verheißung Israels durch den Bundesgott Jahwe erwählt wurde.
Oberhalb des schlafenden Isai umschließt der Baum ein erstes Rundfeld mit der Darstellung der Verkündigung an Maria. Zwischen dem Engel und Maria liest man auf dem Schriftband den Gruß Gabriels: AVE MARIA. Maria hat die Hände ausgebreitet, von oben stürzt die Taube des Geistes auf sie hernieder. Links neben dem Engel erblickt man in einem eigenen Raumgehäuse den Baum des Paradieses mit rot prangenden Äpfeln. Am Baum windet sich die violette Schlange hoch, die einen Menschenkopf trägt. Das ist ein Hinweis auf Eva, die Stammutter, die unter dem Baume der Erkenntnis in Schuld fiel. Rechts an der Seite Mariens sieht man zuinnerst einen Krieger mit Stab, zu seinen Füßen ein Schaf, vielleicht ein Hinweis auf Gideon, der im taubedeckten Vlies den Willen Jahwes zur Rettung des Volkes erkannte. An beiden Seiten sieht man in nach außen gebuchteten blauen Räumen links den Propheten Jesaja, rechts Habakuk. In den Schriftbändern der Propheten wird jeweils ein einziger Satz zum Inbegriff ihres weissagenden Rufens auf den Messias hin. Jesaja sagt:
EGREDIETUR VIRGA DE RADICE JESSE –
Ein Reis wird hervorsprießen aus der Wurzel Jesse (11,1).

S. 62 Schlafender Jesse, Detail ▶
S. 63 Prophet Naum, Detail ▶

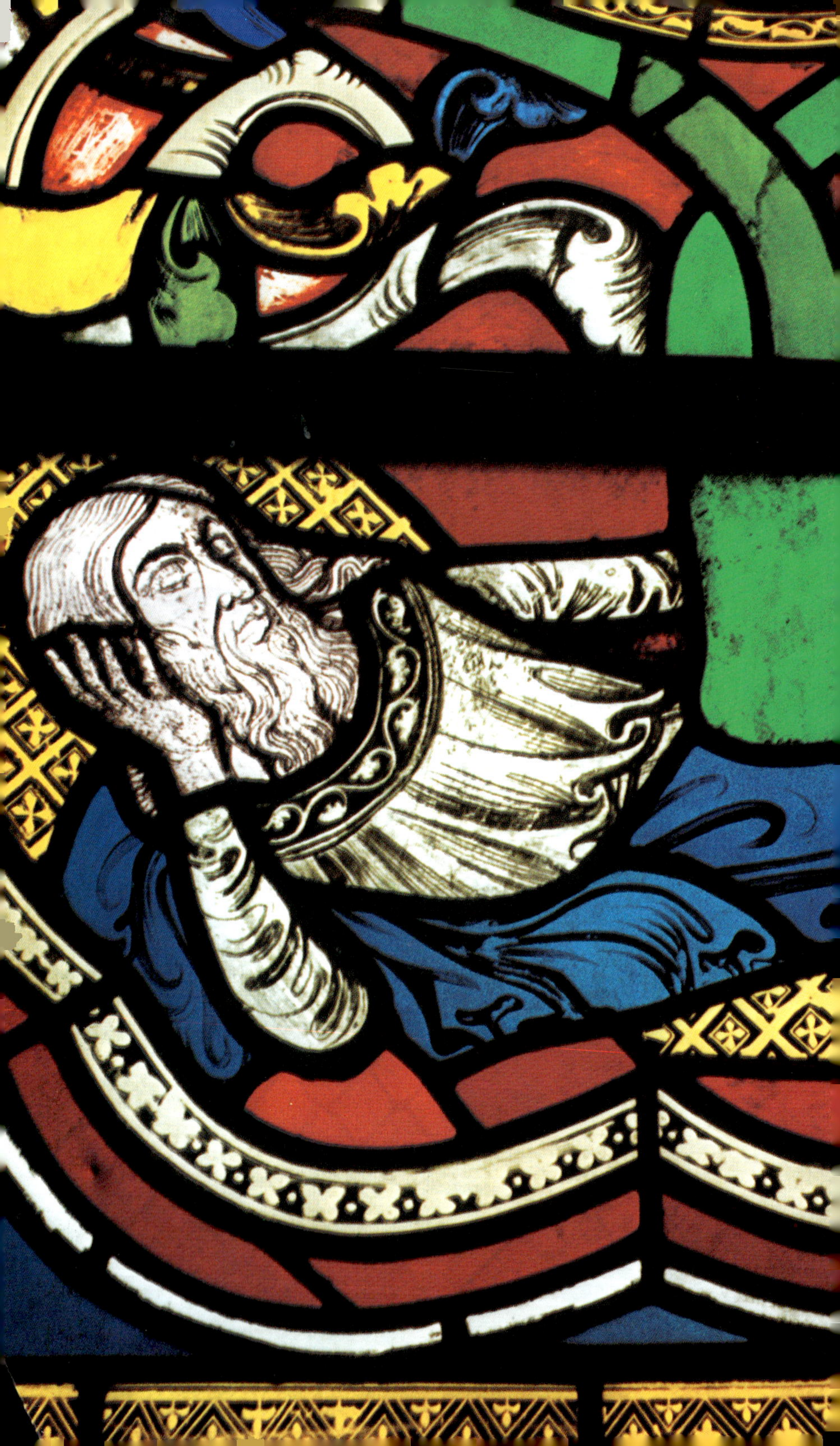

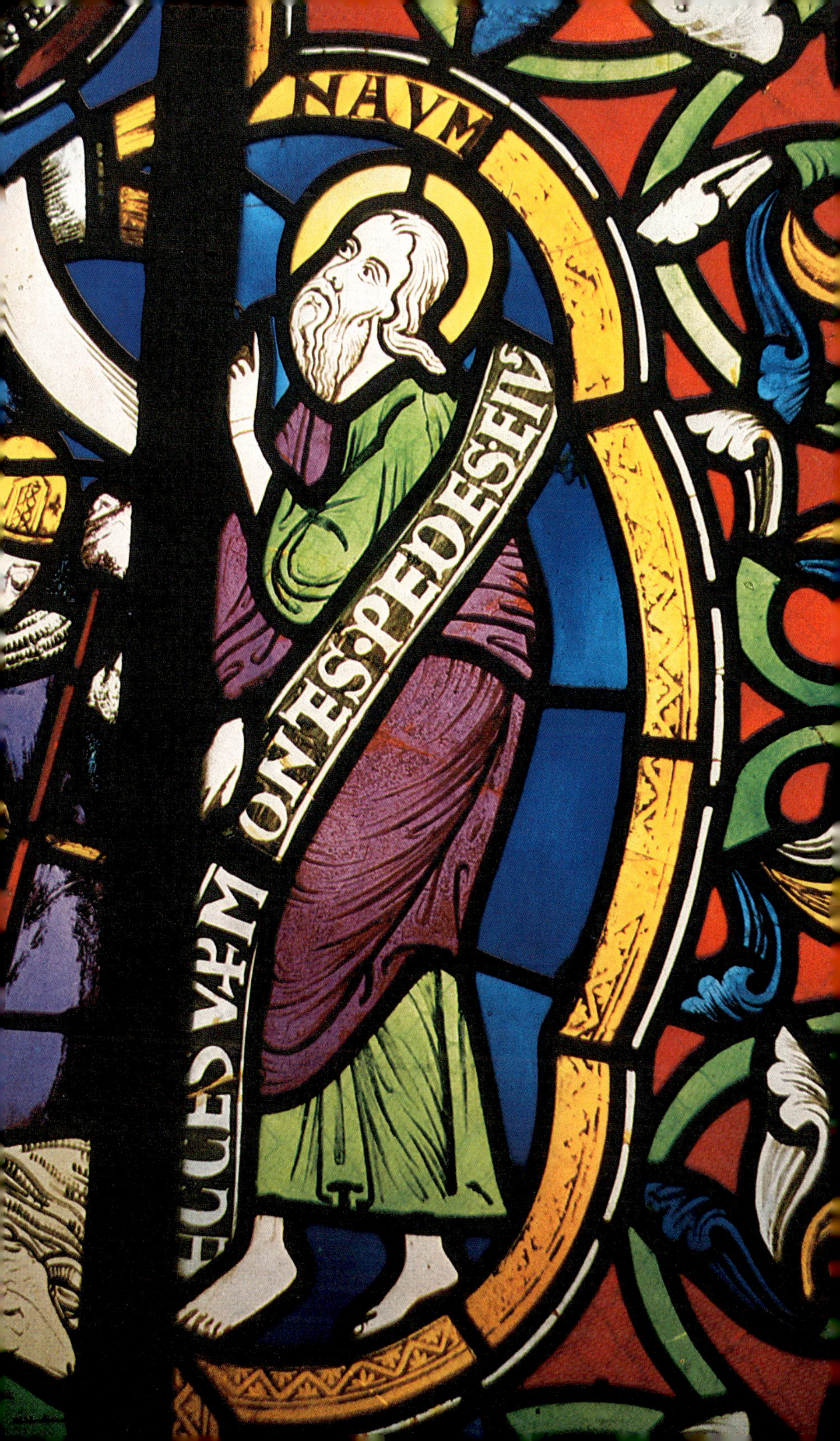
NAVM
ECCE SVPER MONTES · PEDES · EIV

Dadurch ersteht in aller Kürze jenes Wort der Verheißung, das durch seinen Bildcharakter das Thema dieses Fensters insgesamt bestimmt.

Habakuk, der Prophet, der in dunklen Bildern der Zerstörung dem Babylonischen Reich den Untergang ansagt, spricht hier: DEUS AB AUSTRO VENIET – *Gott wird vom Mittag her kommen, (der Heilige vom Berge Pharan, seine Herrlichkeit bedeckt die Himmel und seines Preises ist die ganze Erde voll* (3,3)). In beiden Versen ist der Glaube der Frühzeit sichtbar, daß die Verkündigung an Maria, so entlegen und gering sie gewesen sein mochte, doch die ganze Welt in ihren Angeln bewegte.

Bei der Geburt Christi im Felde darüber umgeben wiederum vier Gestalten nach außen rechts und links das heilige Geschehen, bei dem die liegende Mutter das über ihr liegende Kind im Altare seiner Krippe hervorhebt.

Links erscheint der Prophet Ezechiel, der auf das Geheimnis der verschlossenen Pforte des Tempels hinweist:

DOMINUS SOLUS INGREDIETUR PER EAM –

Der Herr selbst wird durch sie eintreten (44,2).

Hier geht es um die östliche Pforte des Tempels, die verschlossen war, weil nur der Herr selbst durch sie eintreten wollte. Dadurch wurde das Bild der verschlossenen Pforte zum großen Mariengleichnis des frühen Mittelalters.

Bei ihm steht Johannes der Täufer, der in seinem Wort auf das Lamm Gottes hinweist. Ihm entspricht innen rechts Aaron, der Bruder des Moses, mit seinem blühenden Stab, der in einer einzigen Nacht Blätter, Blumen und auch Früchte trug. Dieser Stab Aarons wurde ja mit den Gesetzestafeln des Moses in die Lade des Bundes gelegt.

Außen steht bei ihm Amos, der älteste der Propheten mit seinem Wort:

IN ILLA DIE STILLABUNT MONTES (DULCEDINEM) –

An jenem Tage werden die Berge Süßigkeit träufeln (9,13).

Wiederum ist hier die Ankunft des Messias mit neuem Sprießen, neuer Fruchtbarkeit verbunden, als müsse die Erde ihre tiefsten Kräfte zur Frucht werden lassen, wenn er, der Messias, kommt.

Oben sind Engel sichtbar. In ihren Schriftbändern erklingt der Gesang des Gloria in excelsis Deo.

Über dem Rundschild der göttlichen Menschwerdung wächst nun

der grüne Stamm kräftiger nach oben und umschließt in einem blauen Weltgeviert gleichsam als seine eigene innerste Offenbarung das Geschehen der Kreuzigung. Der Gekreuzigte mit den weit ausgebreiteten Händen ist von der links sich hinwendenden Ekklesia, der Mutter Kirche, die im Kelch das Erlöserblut für die Völker auffängt, und von der rechts sich abwendenden Synagoge umgeben.
Außen erscheinen links zwei Propheten, Joel mit dem Wort:
DOMINUS DE SION RUGIET –
Der Herr brüllt vom Sion.
Ein zweiter trägt das Schriftband fort:
ET DE JERUSALEM DABIT VOCEM SUAM –
Und von Jerusalem wird er seine Stimme erschallen lassen (3,16).
Der weitere Satz lautet: *Himmel und Erde werden erbeben. Der Herr aber ist die Hoffnung seines Volkes und die Stärke der Söhne Israels.* Das frühe Mittelalter sah im Ereignis des Todes Christi gerade im Bilde seiner äußersten Ohnmacht zugleich die einzige weltüberwindende Stärke, die allein den Widersacher zu bezwingen vermochte.

Rechts erblickt man zuinnerst zum Gekreuzigten hin Abraham mit Isaak, dann ganz außen den Propheten Aggäus mit seinem Wort:
ECCE VENIET DESIDERATUS CUNCTIS (GENTIBUS) –
Siehe, kommen wird der Ersehnte aller Völker (2,8).
Im Zusammenhang lautet der in der Frühzeit genau bekannte Text: *Ich will erschüttern alle Völker, und kommen wird der von allen Völkern Ersehnte, und ich werde dieses Haus mit Herrlichkeit erfüllen.* Das Beben der Erde beim Tode Christi sah man buchstäblich als Weltereignis, als Wende der ganzen Geschichte, durch die eine neue Zeit der Erde eingeleitet wurde.

Über dem Kreuz, der dramatischen Mitte dieses Fensters, wächst der Baum Jesse weiter nach oben und zeigt als nächstes das Rundfeld der Auferstehung mit dem sich aus dem Grabe erhebenden Christus, der von Engeln umgeben ist, während schlafende Wächter am Boden kauern.

Hier umgibt ihn an der Außenseite links der Prophet Michäas mit seinem Deutewort:
ECCE DOMINUS EGREDIETUR DE LOCO SUO –
Siehe, der Herr erhebt sich über seinem Ort (1,3).
Damit ist gemeint, daß die Auferstehung des Herrn, ähnlich wie

das Ereignis seines Todes einen Durchbruch, eine äußerste Verwandlung der Erde darstellt. Der ganze Vers lautet: *Denn seht, der Herr wird sich erheben über seiner Stätte und herabsteigen und über die Höhen der Erde dahinschreiten.* Auferstehung, österliche Gegenwart und Gericht vermochte die Frühzeit noch in eins zu schauen.

Bei ihm steht eine weitere Gestalt, vielleicht der Sänger der Psalmen, mit dem Psalmwort:

TERRA CONTREMUIT DUM EXSURGERET (IN IUDICIO DEUS) –

Die Erde erbebte, als aufstand zum Gerichte der Herr (Ps 75,9 f).

Auf der rechten Seite ist dem Auferstandenen am nächsten Jonas, der vom großen Fisch ausgespien wird. Ganz rechts steht der Prophet Naum mit seinem Wort der Weissagung:

ECCE SUPER MONTES PEDES EIUS EV (ANGELIZANTIS ET ANNUNTIANTIS PACEM) –

Siehe auf den Bergen die Füße des Freudenboten, der den Frieden verkündet (1,15).

Hier lautet der Fortgang des Textes: *Feiere, Juda, deine Feste und bringe deine Gelübde dar. Denn nicht mehr soll Belial durch dich hinziehen, da er gänzlich vernichtet ist.* – Die Macht der Finsternis ist endgültig besiegt, es geht jetzt nur noch darum, das eigene Leben im Licht des auferstandenen Sohnes zu feiern.

Über dem Rundfeld der Auferstehung wird der weitere Aufstieg des grünenden Baumes auf beiden Seiten von Aposteln umgeben, die nach oben auf den Herrn schauen, der zum Vater heimgeht. Dann entfaltet er sich in seine letzte volle Blüte, in ein längliches Vierpaßbild, in dem der thronende Herr im blauen Grunde sichtbar wird, umgeben von sieben Tauben des Heiligen Geistes, der die Ströme seiner Gaben auf den Menschensohn ausgießt. Der Menschensohn trägt die Weltkugel in der Linken, seine Rechte ist im Zeichen des stets sprechenden Wortes Gottes erhoben. Seitlich umgeben ihn Engel, die auf Schriftbändern den Aposteln die Worte zurufen:

Ihr Männer von Galiläa, was steht ihr da staunend und schauet? So wie ihr ihn habt auffahren sehen, so wird er auch wiederkehren (Apg 1,11). Ganz außen erscheinen nochmals huldigende Engel mit den Schriftbändern:

S. 67 Verkündigung an Maria, Detail ▶

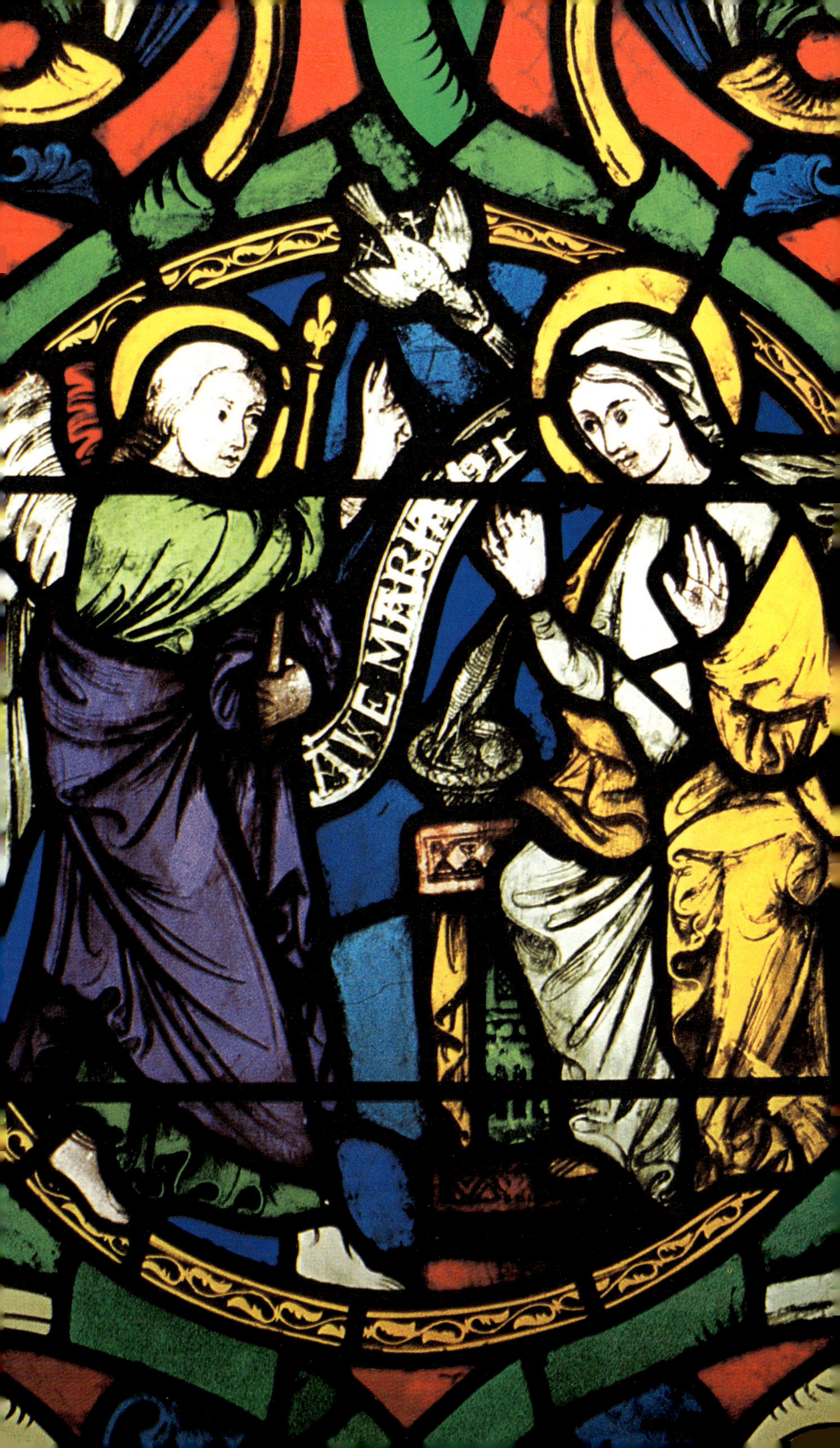
AVE MARIA

THRONUS TUUS, DOMINE, IN SAECULUM –
Dein Thron, o Gott, steht in Ewigkeit,
und auf der rechten Seite:
TU SOLUS ALTISSIMUS – *Du allein bist der Höchste;* aus dem Gesang des *Te Deum laudamus.*
Als letztes wird im obersten Rand der Bordüre das Bild des Vaters sichtbar. Er erscheint in der Gestalt des Sohnes mit dem Kreuzesnimbus, weil der Vater selbst, wie die Frühzeit noch wußte, kein Bild hat und nur durch den Sohn sichtbar wird.
Er trägt das Schriftband:
HIC EST FILIUS MEUS DILECTUS –
Dies ist mein geliebter Sohn.
Das ist das Wort der Bezeugung des Vaters bei der Taufe und bei der Verklärung des Sohnes. Was vom Vater in das Leben Christi gesprochen wurde, bleibt nun für alle Zeit der Geschichte gültig bis zu seiner Wiederkunft.
So wird das letzte Bild des Menschensohnes, seine Himmelfahrt, zugleich zur gänzlichen Blüte des Baumes der ganzen Schöpfung, die aus der Wurzel Jesse sprießt. Der zum Vater heimgegangene Sohn bleibt die Blüte der Schöpfung, in der die Welt ihr Bestehen und die Weltzeit ihren Fortgang auf seine Wiederkunft hin nehmen kann. In der Kraft seines siebenfältigen Geistes ist er den Seinen unendlich nahe.
Diese Zuordnung von aufsprießendem Baum, Bildern des Heils und Propheten mit ihren Deutworten wird durch die Bildwerdung in der Vielfalt von Farben, Ranken und Geflechten, von eingestülpten und ausgebuchteten Feldern als ein Zusammenspiel von Gestalten, Farben und geometrischen Formen so lebendig, daß das Auge davor wie gefangen bleibt, gleichsam eingesogen in den Anblick der Einheit von Schöpfung und Erlösung.

HEILIGE ÜBEREINSTIMMUNG ZWISCHEN ALTEM UND NEUEM BUND

Die Gewölberosen von Sankt Maria Lyskirchen

So wie die letzte romanische Kirche vor dem Kölner Dom, St. Kunibert, die ältesten Fenster im Rheinland bewahrt hat, so hat die kleine Kirche der Rheinschiffer, St. Maria Lyskirchen, die über einer älteren Kirche des 10. Jahrhunderts um 1220 erbaut wurde und im Laufe der Jahrhunderte vielen baulichen Veränderungen unterlag, wie durch ein Wunder einen spätromanischen Gewölbezyklus in den drei Baldachingewölben ihres Mittelschiffes bewahrt, der jetzt, nach der letzten Restauration, als eine Summe des Heils aus Altem und Neuem Bund und damit als eine intensive Katechese des göttlichen Heilshandelns mit seiner Welt angeschaut und genau abgelesen werden kann.

Wer sich aus früheren Jahren, auch nach der Restauration von 1934, an diese Malerei erinnert, der erkennt im jetzigen Zustand, daß alle tiefen und dunklen Farben einer lichthaften Helle gewichen sind, bei der mehr die Zeichnung der jedeinzelnen Heilstat hervortritt als die nur noch begleitend untermalenden Farben. Man möchte meinen, daß die so freigelegte Malerei jenen Zustand der Frühe erreicht hat, der die Zeichnung der Themen und ihre Zuordnungen in den Farben so festlegte, daß nun stärkere Farben hinzutreten konnten. Diese aber sind jetzt nicht mehr vorhanden, und man ist froh, daß sie nicht ergänzt wurden, weil man heute trotz aller Kenntnis dem mittelalterlichen Farbsinn doch nicht mehr gewachsen ist. So bleiben auch die wiederhergestellten Gewölberosen wie der ganze, oftmals in der Geschichte gegenüber seinem Ursprung so falsch akzentuierte Bau wie ein Torso übrig, aber gerade dieser Torso reizt zum Eindringen in seine Geheimnisse und zur

Erkenntnis der verborgenen Entsprechungen zwischen Altem und Neuem Bund.
Man weiß von den Rosen der Natur, daß sie sich nach oben, zum Licht hin entfalten, nur wenige Blumen hängen wie zur Erde geöffnete Glocken an ihren Stengeln, aber hier sind die Rosen des Gewölbes in ihren farbigen Kelchen nach unten, zum Bau der Kirche hin geöffnet und lassen das Heil im Zusammenspiel seiner Geschehnisse aus Altem und Neuem Bund über den Betern der Kirche erstrahlen. Dieses Gesetz ist nicht ungewöhnlich, da schon seit den frühesten Zeiten von Kuppelbau und Wölbung die gerundeten Innenfelder mit Farben und Mosaiken ausgelegt sind. Vielleicht hat hier auch der christliche Osten seine Bilderfahrung ins Spiel gebracht, da diesem von Anfang an die Kuppeln wichtiger waren für die Bildgestalt als die Schalen der Apsiden, weil sie vornehmlich den östlichen Raum bestimmten.
Der Weg des Heils beginnt in den drei Gewölberosen hinter der Vierung von Maria Lyskirchen mit der östlichen Kuppel als ein zusammenhängender Weg von Osten nach Westen. Da die Gewölbefelder von Kreuzrippen im Geviert geteilt sind, die thematische Aufgabe von Einzelfeldern aber doppelt so groß war, bedurfte es einer weiteren Teilung, die man durch malerisch eingesetzte säulenartige Begrenzungen für das Auge fast unauffällig erreichte. Die malerische Grundteilung durchzieht die Gewölbe zuerst von Osten nach Westen als farbiges Ornamentband, dann in jeder Gewölbekuppel nochmals von Norden nach Süden, so daß in jedem Baldachin der drei Wölbungen acht Felder entstehen, die den Themen des Heils fortlaufend zugeordnet werden können. Dabei ist durch das strenge Mittelband von Westen nach Osten eine Grenze zwischen den beiden Testamenten gelegt: die gesamte Nordseite aller Kuppeln entspricht dem Alten Bund, die gesamte Südseite dem Neuen, so daß auf diese Weise eine durch den Achtpaß erreichte strahlenförmige Zuordnung der Testamente entsteht, für das Auge also ein wahres gegensätzliches Gegenüber, das den Blick auf die Einheit der Testamente wie zu einem Abenteuer herauslockt. Gewiß entspringt dieses Konzept einem genauen einheitlichen Plan, aber es ist bis heute nicht erwiesen, wer ihr eigentlicher Urheber ist. Vielleicht kann man durch die genaue Betrachtung der Einzelthemen und ihrer Zuordnungen mehr Klarheit darüber gewinnen.

Wenn man von den neutestamentlichen Ereignissen her die Gewölberosen ordnet und die Themen des Alten Bundes dazu wie eine verhaltene Begleitmusik empfindet, ließen sich die drei Kuppeln bezeichnen:

Die Rose vom Anfang des Heiles.
Die Rose vom Fortgang des Heiles.
Die Rose von der Vollendung des Heiles im Neuen Bund.

Gemäß mittelalterlicher Denkweise wird dadurch das Alte Testament nicht degradiert, sondern erhoben und in den Rätseln seiner Unergründlichkeit durchlichtet. Leicht verfällt man heute auf den Gedanken, das Mittelalter habe ein Musterbuch der Entsprechungen gehabt, das die Zuordnung der Einzelthemen mühelos erreichen ließ. In diesen Feldern und in vielen andern wird dagegen deutlich, daß jedes Thema sowohl des Alten wie des Neuen Bundes eher in seinem verborgenen Gewicht als in einer rational überlegten Zuordnung entstanden ist. Auch dafür muß man die Beispiele im einzelnen darbieten, besonders wenn man jeweils das Thema des Neuen Bundes an den Anfang setzt.

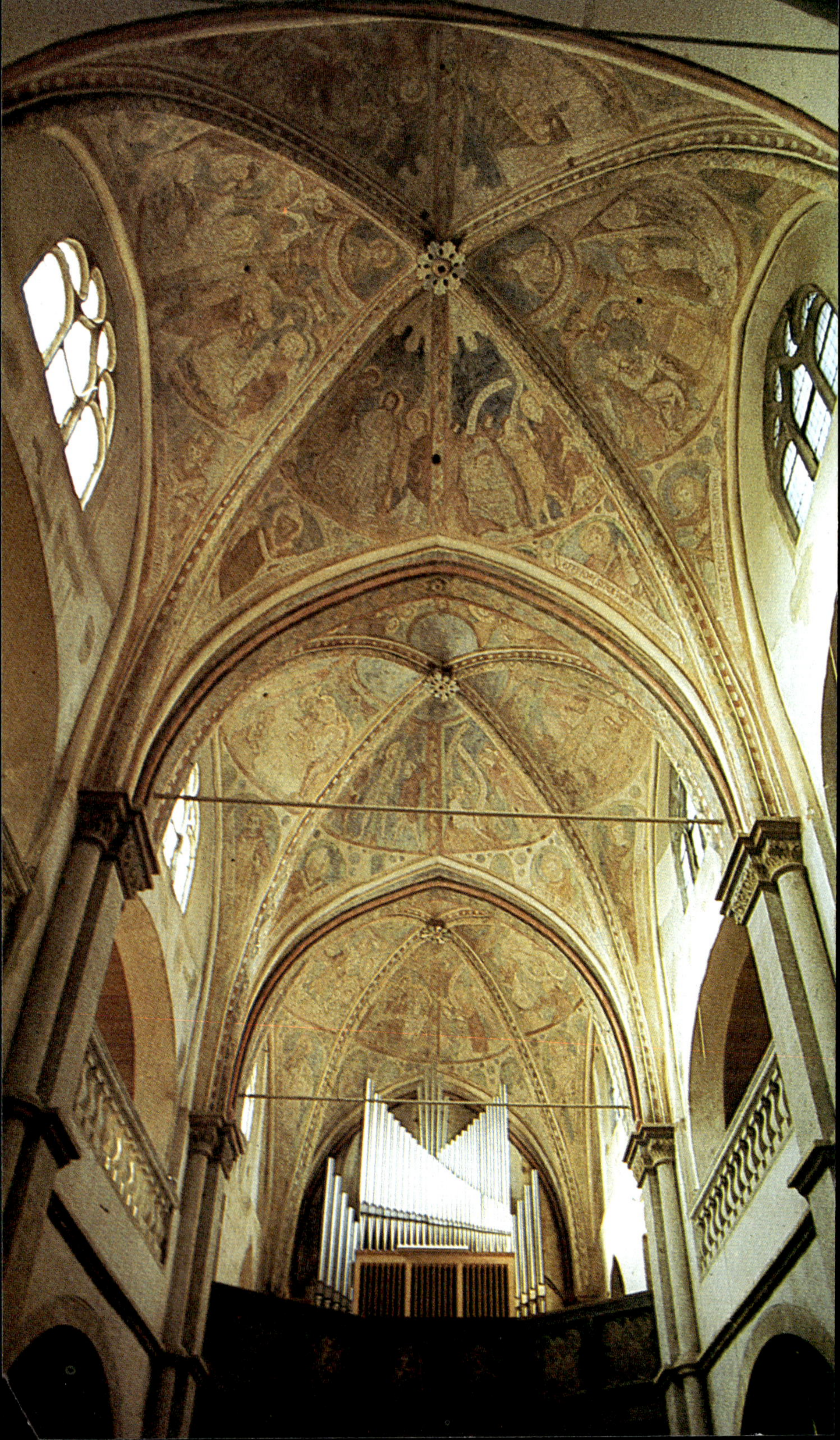

Die Gewölberose vom Anfang des Heiles

Hier treten auf den Rosenblättern acht Themen in Entsprechung zusammen, vier südliche des Neuen, vier nördliche des Alten Bundes:

südlich:	nördlich:
1 MARIÄ VERKÜNDIGUNG (Verheißung des Erlösers)	1a DREI ENGEL BEI ABRAHAM (Verheißung des Isaak)
2 GEBURT CHRISTI (Jubel Mariens)	2a GEBURT DES ISAAK (Jubel bei Sara)
3 DARBRINGUNG CHRISTI IM TEMPEL	3a DARBRINGUNG SAMUELS IM TEMPEL
4 TAUFE JESU IM JORDAN	4a REINIGUNG DES NAAMAN IM JORDAN

1 MARIÄ VERKÜNDIGUNG

Das Bild der Verkündigung an Maria bleibt ganz in den Erfahrungen der bisherigen, auch der kölnischen Bildüberlieferung. Die lauschende Gestalt der unter einem dreifachen Kuppelbau sitzenden Maria, die ausschreitende, vom Wehen des Gewandes begleitete Kraft des Engels und die in die Glorie Mariens niederstürzende Geisttaube, dies alles bleibt im Rahmen des bisher Gewohnten, aber dennoch ragt der dreifache Kuppelbau über Maria und die Doppelvase oder der Brunnen mit den aufblühenden Lilien zwischen ihr und dem Engel aus dem bisher Bekannten heraus. Denkt man an die Theologie des Rupert von Deutz, d. h. an seine unvergleichliche Einsicht in den Einklang der beiden Testamente, dann

◀ St. Maria Lyskirchen, Gewölberosen von Osten nach Westen

S. 74 Verkündigung an Maria ▶

S. 75 Drei Engel bei Abraham ▶

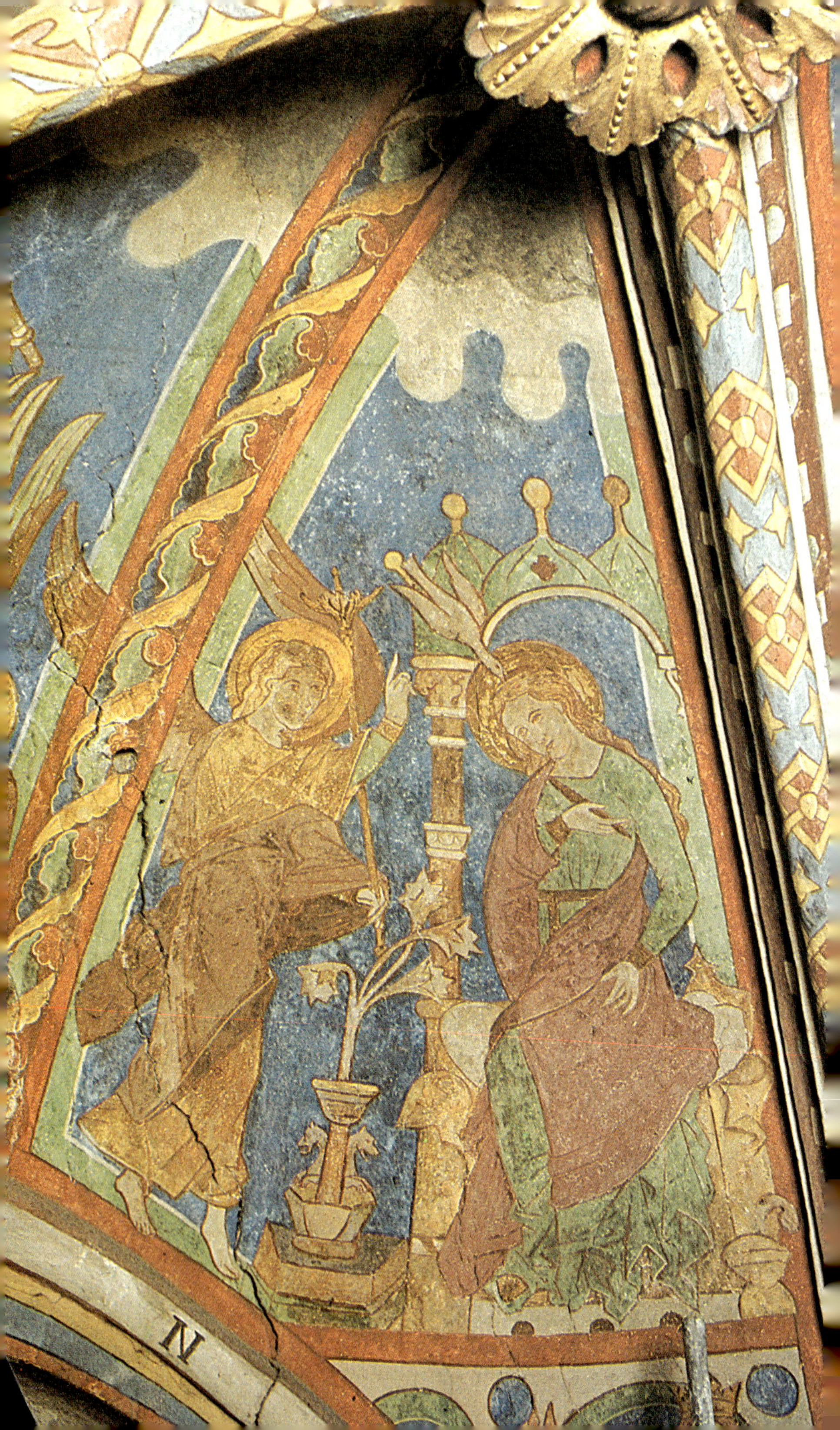
N

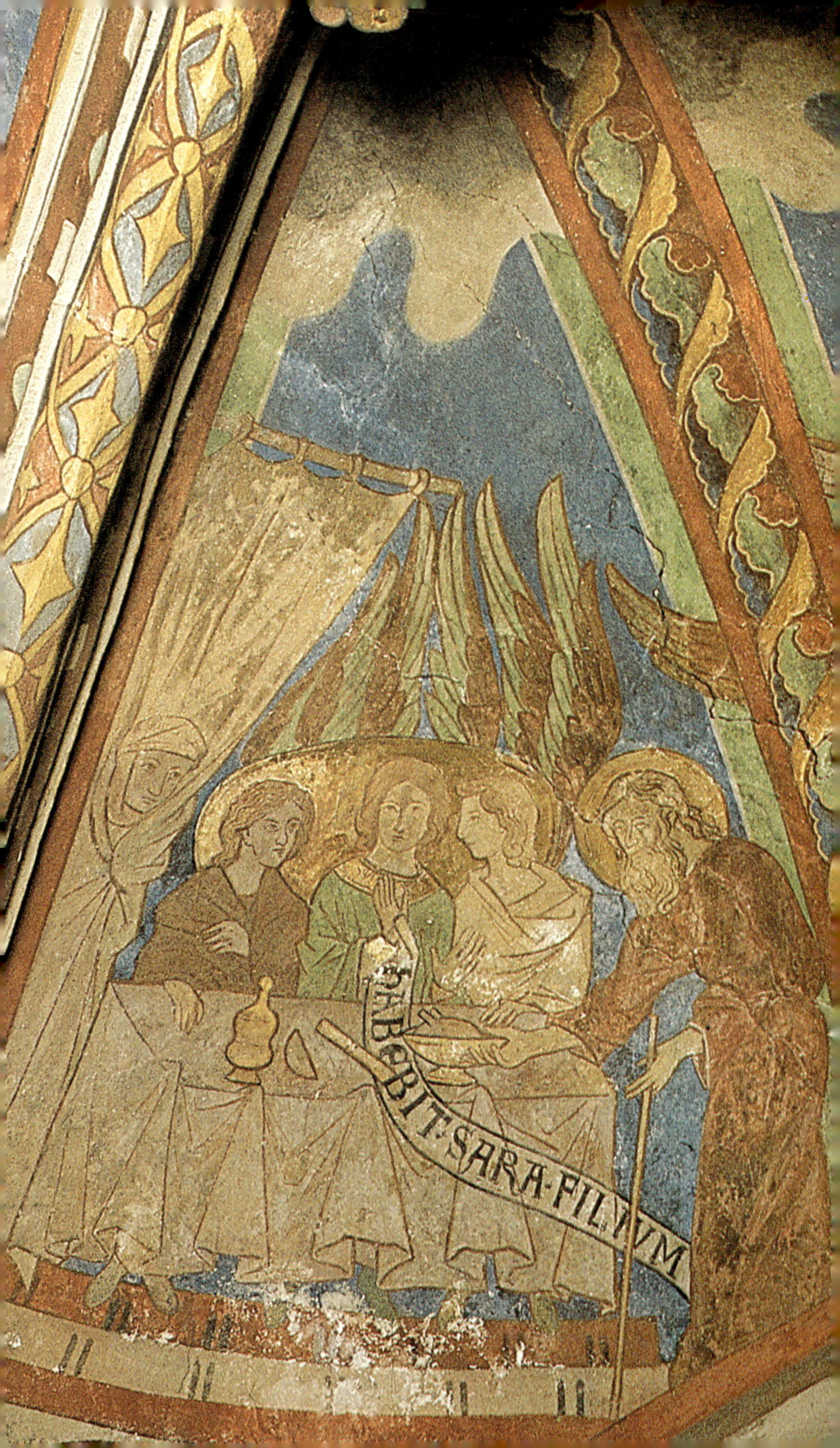
HABEBIT·SARA·FILIVM

wird der Kuppelbau über Maria zur Versiegelung mit der göttlichen Dreifaltigkeit, der Lilienbrunnen vor ihr zum Brautzeichen des Hohen Liedes. Das Wort des Hohen Liedes:
EGO FLOS CAMPI ET LILIUM CONVALLIUM –
ich bin die Blume des Feldes und die Lilie der Täler
läßt Rupert den Bräutigam von sich zur Braut sagen und gibt ihm dann das Wort in den Mund: *Du sagst es, o meine Freundin, ich bin voll Schönheit und Zierde, denn ich bin die Blume des Feldes und die Lilie der Täler, wahrlich die Zierde des Menschengeschlechtes und die Ehre demütiger Eltern, nämlich der Väter aus dem Geist der Armen, also Abrahams, Isaaks und Jakobs, auch des David und der anderen . . .* (ed. Haacke, In Cant. Cantic. I, 918 ff). Der Lilienbrunnen zwischen Maria und dem Engel verweist also nicht auf die Braut, sondern auf den Bräutigam, den der Engel als Geheimnis ankündigt.

1a DREI ENGEL BEI ABRAHAM

Sieht man dazu auf die Erscheinung der drei Engel bei Abraham, so liest man zuerst das nüchterne Schriftband, das der mittlere Engel, der einzige, der frontal in den Bildraum gerichtet ist, aussagt:
HABEBIT SARA FILIUM –
Sarah wird einen Sohn erhalten,
aber dies ist nur die unmittelbare Ansage eines Geschehens, das aus tieferen Gründen lebt. Rupert sagt von diesem Besuch bei Abraham in Hinsicht auf den Neuen Bund in seinem Werk über die Heilige Dreifaltigkeit und ihr Wirken: *Die kommende Geburt Isaaks wird hier nicht allein verheißen, denn hier gibt sich das Geheimnis der Dreifaltigkeit in Gestalt der Engel dem Menschen zu erkennen . . . die gesamte Dreifaltigkeit wirkt bei der Einkehr in den Schoß der Jungfrau . . . der Vater ist es, der sie bereitet, der Sohn, der mit der menschlichen Natur bekleidet wird, der Heilige Geist, durch dessen Wirken die Jungfrau empfängt . . .* (ed. Haacke, De S. Trin. V, 37,1600 ff).

2 GEBURT CHRISTI

Fast möchte man vom ersten Doppelbild der Testamente her meinen, daß hier für den Menschen des Mittelalters ein ungeahnter Bildsinn des Heiles erblüht, aber schon wendet sich das Auge den beiden nächsten Entsprechungen aus Altem und Neuem Bund zu:
Hier ist kein Bild der Weihnacht im herkömmlichen Sinn entstanden. Dem Maler ging es bei der Darstellung der Geburt Jesu offensichtlich um etwas anderes, das die Tatsache der Geburt überragt. Zwar ist Maria noch liegend nach ihrer Niederkunft dargestellt und die beiden Tiere Ochs und Esel erscheinen links über der Grotte der Geburt. Aber Maria trägt, um ihren Jubel auszusagen, eine Schrifttafel mit den Worten ihres Magnificat in der Hand:
MAGNIFICAT ANIMA MEA DOMINUM –
Hochpreiset meine Seele den Herrn (Lk 1,46),
jenes Liedes, das sie bei ihrer Begegnung mit Elisabeth gesungen hat. Ihr Kind dagegen, Jesus, der Ersehnte der Völker, liegt nicht in der Krippe, sondern wird wie ein neugeborenes kräftiges Menschenkind im Badezuber von zwei Ammen gewaschen; Bild für seine wahrhafte und wirkliche Menschwerdung, die Maria erst eigentlich in ihren Jubel ausbrechen läßt.

Das Kommen Jesu in der Fülle der Zeit ist für Maria und damit für die ganze Kirche der Beginn eines nicht endenden Gesanges. So singt die Kirche im nächtlichen Hymnus des Weihnachtsfestes:
. . . Gedenke, Schöpfer der Dinge,
daß du einst durch die Geburt
aus dem geheiligten Schoß der Jungfrau
unseres Leibes Gestalt angenommen hast . . .
Ihn grüßen Gestirne, Erde und Meer,
ja alles, was dem Himmel untertan,
als Urheber des neuen Heils
in einem neuen Lied.
Auch wir, welche die selige Woge
des heiligen Blutes benetzt hat,
lösen ob des Tages deiner Geburt
den Tribut des Lobgesanges ein . . .

S. 78 Geburt Christi ▸
S. 79 Geburt des Isaak ▸

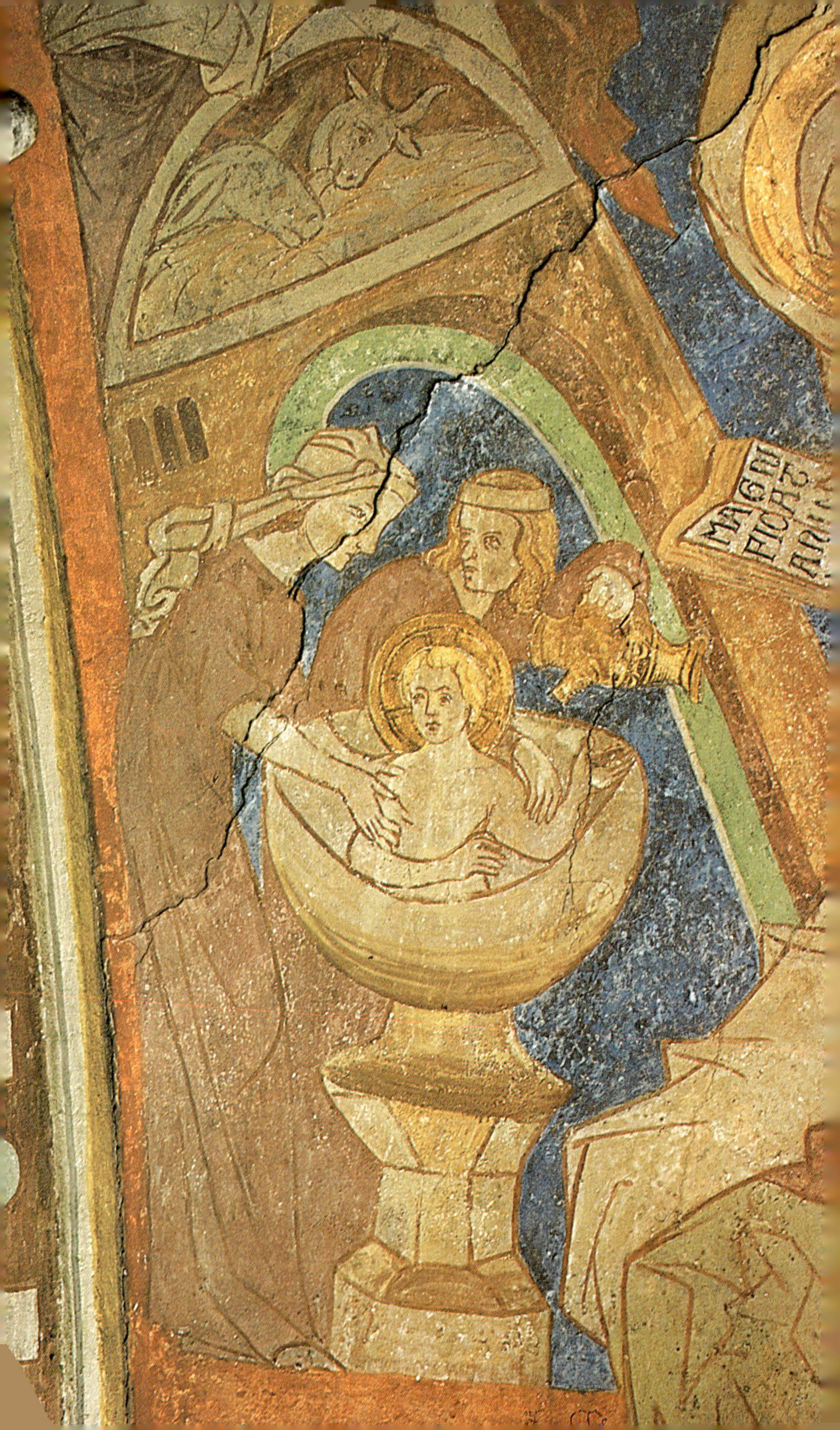

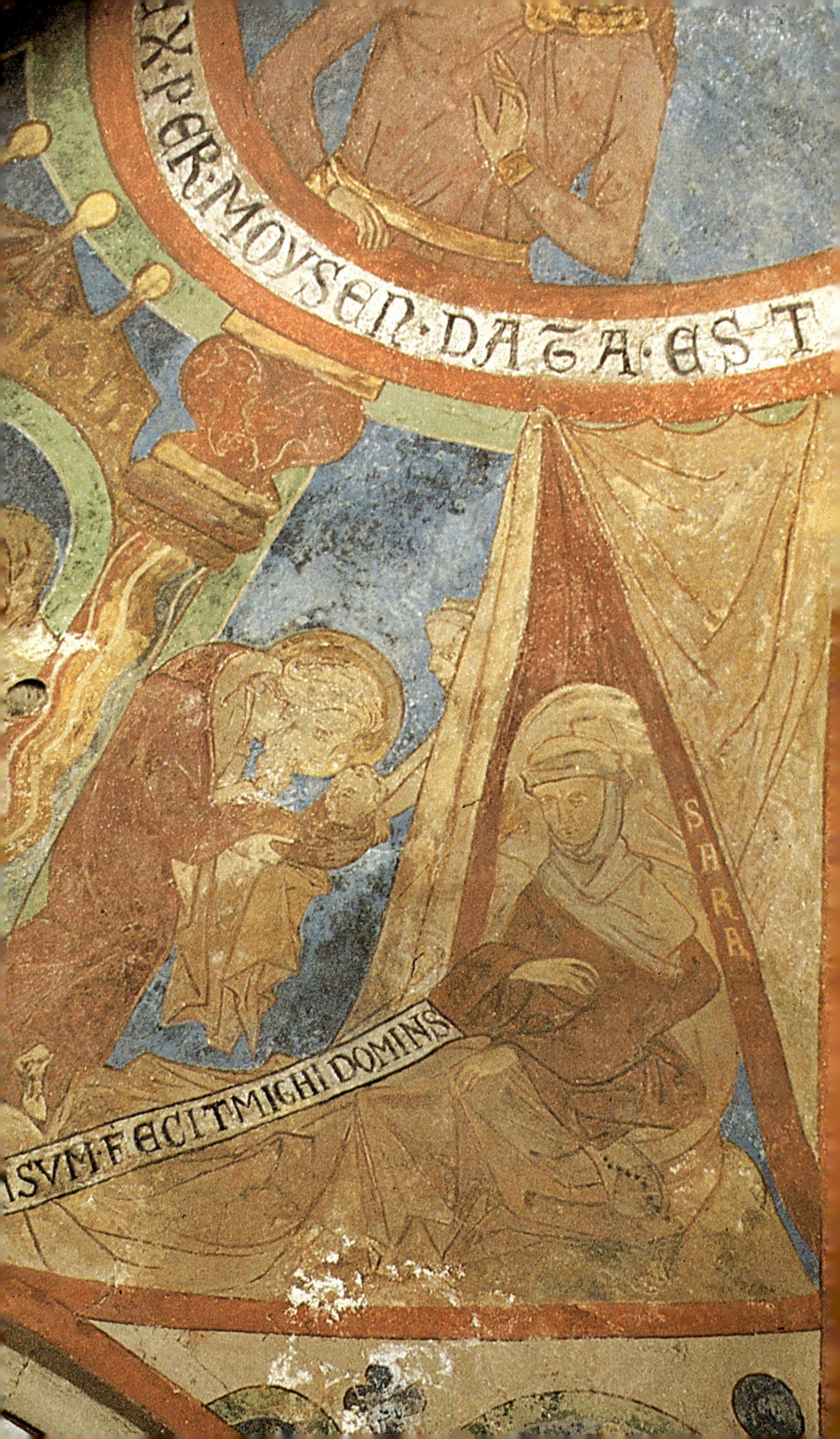
X·PER·MOYSEN·DATA·EST
SARA
ISVM·FECIT MICHI DOMINS

2a GEBURT DES ISAAK

Auf der anderen Seite herzt Abraham seinen neugeborenen Sohn Isaak, während Sara, im Gegenbild zu Maria das Schriftband hält: RISUM FECIT MIHI DOMINUS –
ein Lachen hat mir der Herr gegeben (Gen 21,6).
Bei der Erscheinung der drei Engel vor Abraham hat Sara das Lachen ihres Unglaubens geleugnet. Sie konnte nicht glauben, daß sie noch im hohen Alter einen Sohn empfangen werde. Jetzt, da sie Isaak geboren hat, lacht sie vor Freude und glaubt, daß jeder, der das hört, ihr zulachen werde.
Rupert von Deutz bezieht dieses Lachen Saras auf Maria und damit auf die Vollendung der Wege Gottes im Neuen Bund. Er sagt in seinem Buch über den Sieg des Wortes Gottes:
Maria, die Kirche von Anbeginn, die aus ihrem Schoße geboren hat, kann wahrhaft und immerfort sagen: Ein Lachen hat mir der Herr gegeben, denn ein solcher Sohn ist in Wahrheit für seine Mutter ein immerwährendes Lachen (ed. Haacke, 352,18 ff).
Die beiden Texte aus dem Buche Genesis lauten:
Und nachdem sie (die drei Männer) gegessen hatten, sprachen sie zu Abraham: Wo ist Sara, deine Frau? Er antwortete: Dort im Zelte ist sie. Er sprach zu ihm: Ich werde zu dir zu dieser Zeit, wenn das Leben vorhanden, wiederkommen, und Sara, deine Frau, wird einen Sohn haben. Da Sara dies hörte, lachte sie hinter dem Eingang des Zeltes. ... Der Herr aber sprach zu Abraham: Warum lacht Sara und spricht: ‚Sollte ich wirklich, nachdem ich alt geworden, noch gebären?' Sollte wohl Gott etwas schwer sein? . . . Da leugnete Sara und sprach: Ich habe nicht gelacht. Denn sie war sehr erschrocken. Der Herr aber sprach: Nicht also ist es, sondern du hast gelacht (Gen 18,9-15). Der Herr aber suchte Sara heim, wie er verheißen hatte, und erfüllte, was er geredet. Und sie empfing und gebar einen Sohn, in ihrem Greisenalter, um die Zeit, für welche Gott es ihr vorhergesagt hatte. Und Abraham nannte den Namen seines Sohnes, den ihm Sara gebar, Isaak . . . Und Sara sprach: Ein Lachen hat mir Gott bereitet. Jeder, der es hört, wird sich mit mir freuen (Gen 21,1 ff).

3 DARBRINGUNG CHRISTI IM TEMPEL

Dann wird das Kind der Weihnacht in den Tempel getragen, damit es dem Herrn nach dem Gesetz des Moses dargestellt werde. Die Liturgie der Kirche schaut dieses Ereignis als Einzug des verborgenen Königs in seinen Tempel, in seine Stadt, da es der wahre Herrscher ist. Maria hebt hier im Bild das Kind der Weihnacht über den hell gewandeten Altar des Tempels Simeon entgegen, der es in seinen mit einem Altartuch verhüllten Händen empfängt, das Kind, von dem er selbst sagt: *Ein Licht, die Heidenvölker zu erleuchten und zum Ruhme deines Volkes Israel* (Lk 2,32).
Im Detailbild erkennt man, wie irdisch und leibhaft dieses Kind ist, das unser Bruder wurde. Während die Mutter es Simeon entgegenhebt, hält es sich, Simeon entgegenschauend, doch noch an die Mutter geklammert.

3a DARBRINGUNG SAMUELS IM TEMPEL

Eine Entsprechung im Alten Bund kann für dieses Ereignis nur da gefunden werden, wo eine männliche Erstgeburt nicht nur in den Tempel getragen, sondern gänzlich für den Dienst des Herrn bereitgestellt wird. Das aber geschieht nach der Geburt Samuels durch seine Mutter Anna. Auch bei der Darbringung Samuels im Tempel spielt die Mutter die entscheidende, sprechende Rolle, während der Vater, Elkana, das Geschehen stumm begleitet.
Anna, die Unfruchtbare, betete inständig im Tempel um die Geburt eines Sohnes, den sie dem Herrn übergeben will für alle Tage seines Lebens. Der Segen des Priesters Heli begleitete sie. Nach ihrer Niederkunft brachte sie das Kind im Tempel dar und sagte: *Um diesen Knaben hier habe ich gebeten, und der Herr hat mir meine Bitte gewährt, die ich an ihn gerichtet habe. Darum weihe ich ihn auch dem Herrn für alle Tage, die er dem Herrn geweiht sein wird* (1 Sam 1,27 f).

S. 82 Darbringung Christi im Tempel ▶
S. 83 Darbringung Christi im Tempel, Detail ▶

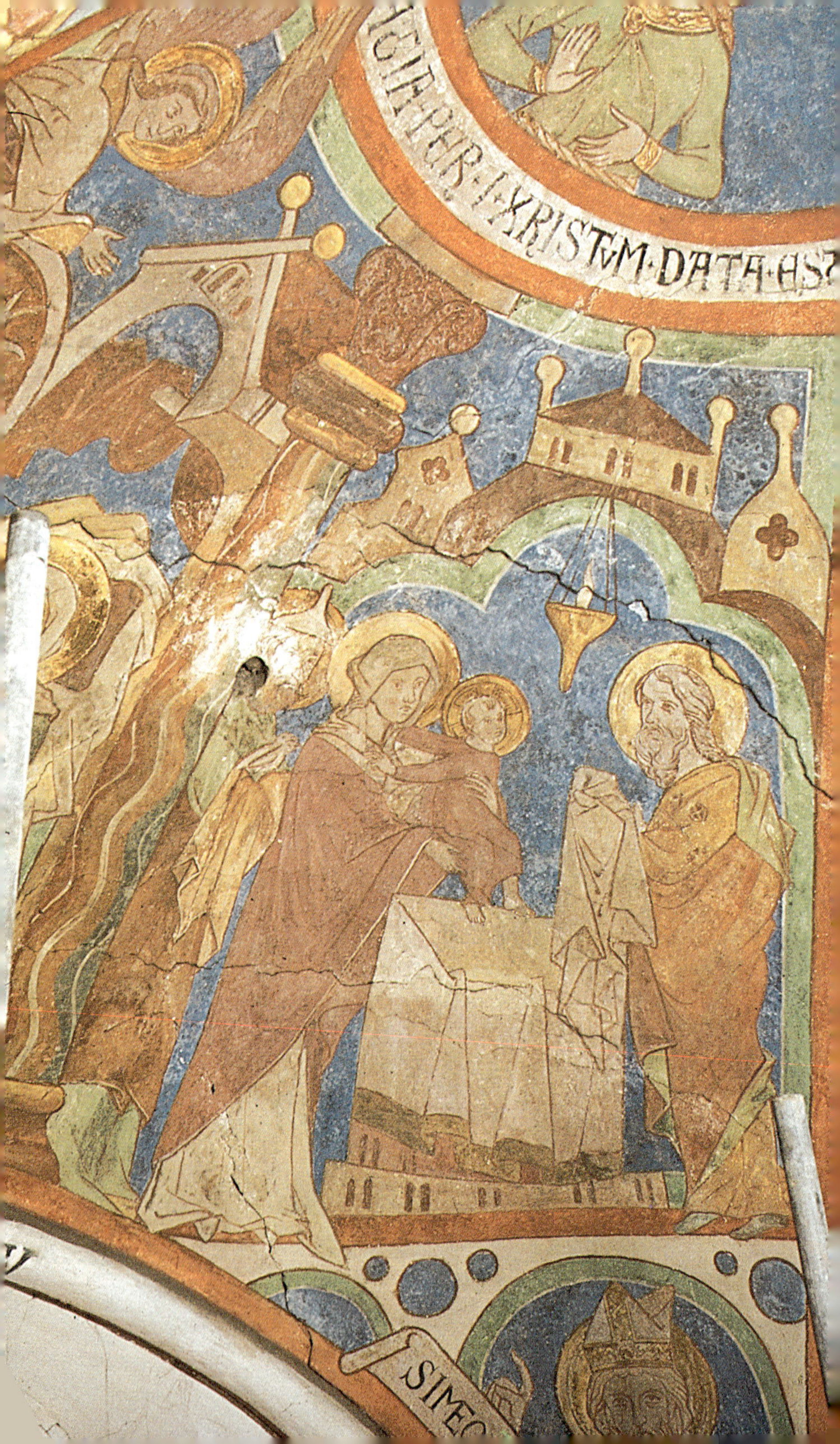
PER · I · XRISTVM · DATA

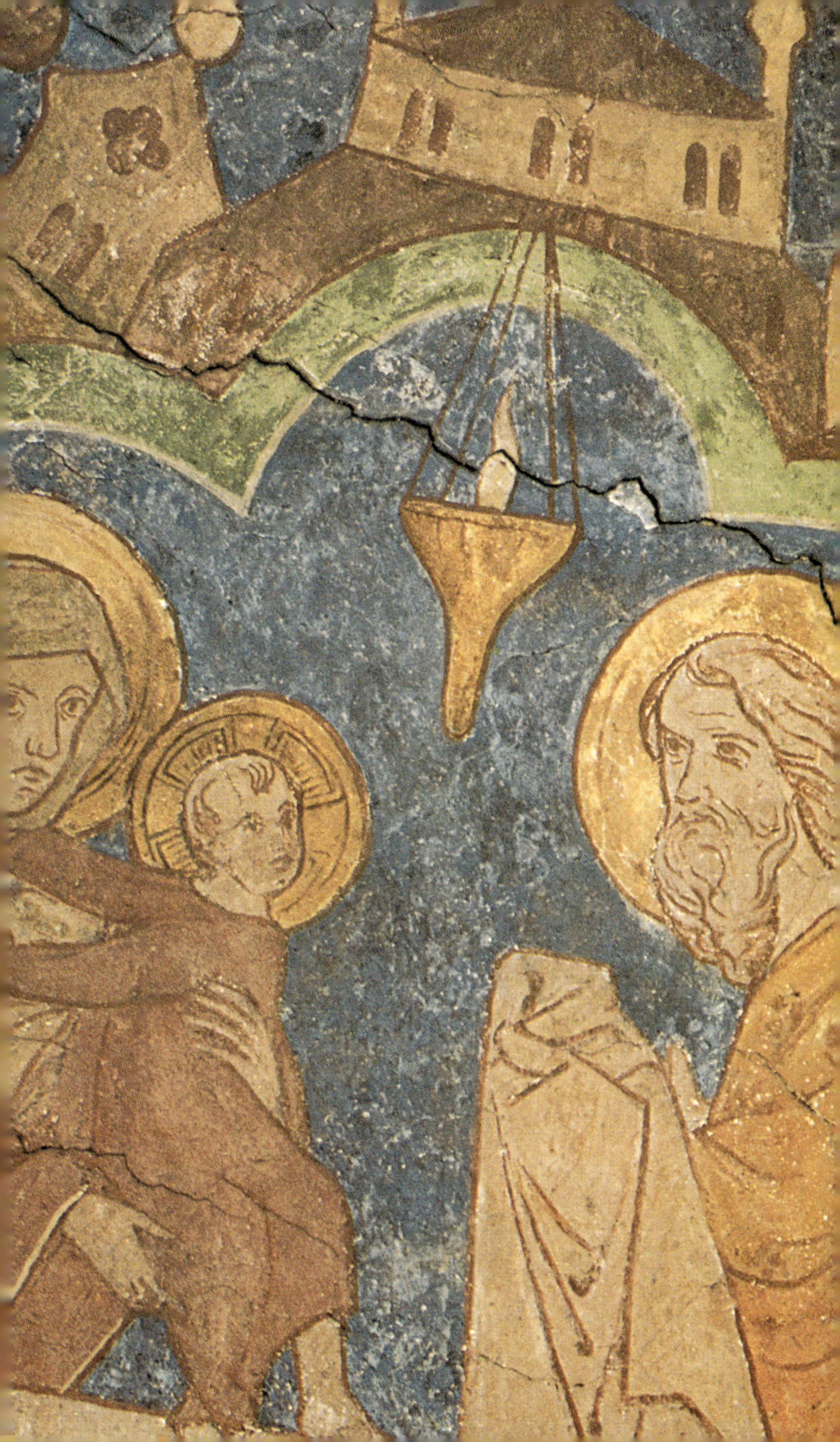

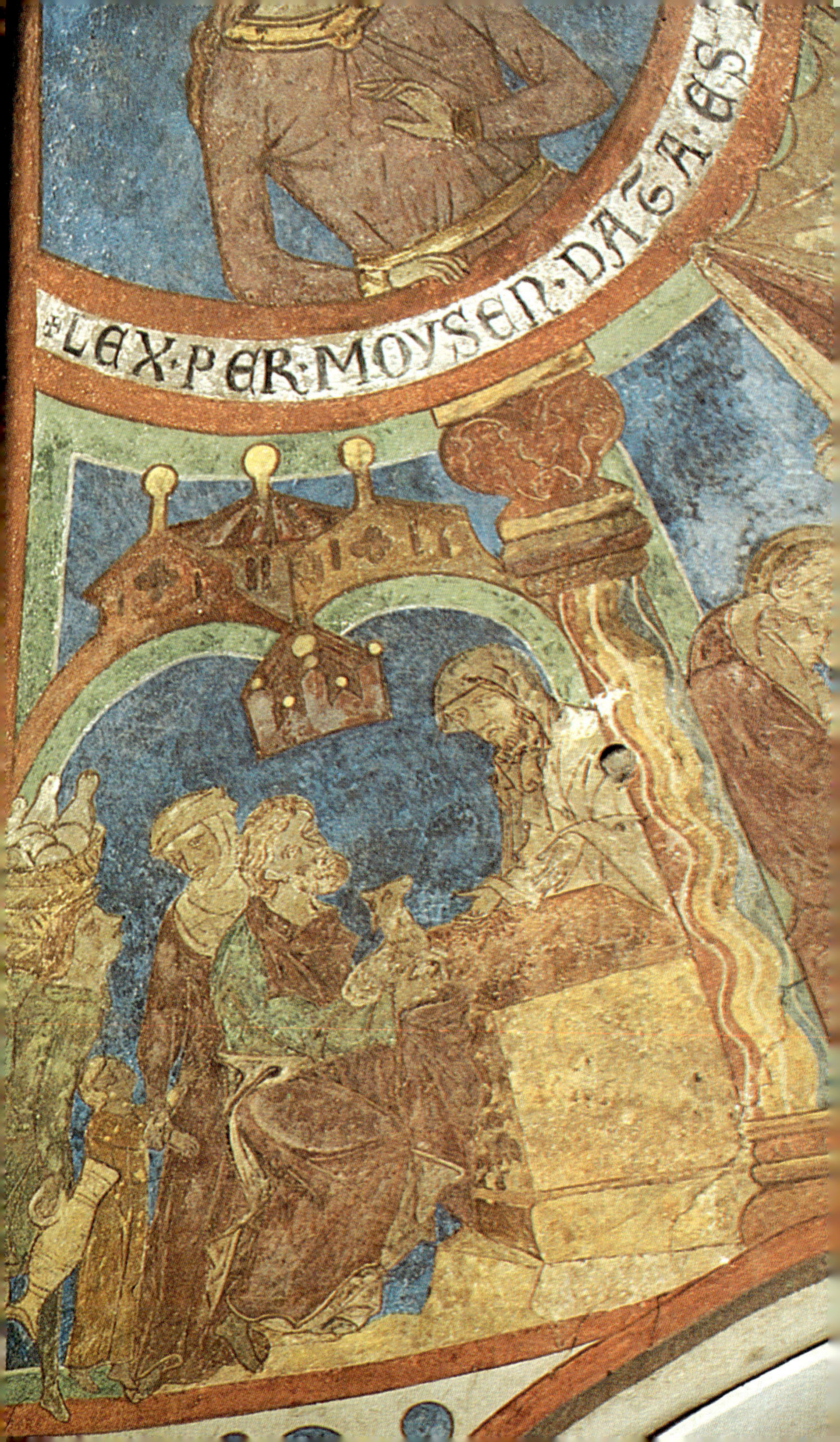
+LEX·PER·MOYSEN·DATA·ES

4 TAUFE JESU IM JORDAN

Die Darstellung dieses Themas ist augenfällig traditionell. Der Sohn steht im Wellenberg des Jordan. Links hält der Täufer Johannes seine taufende Hand über ihn, rechts erscheinen Engel mit Tüchern, um den Herrn nach seiner Taufe zu bekleiden, über dem Sohn schwebt die Taube des Geistes.
Rupert von Deutz schaut in seinem Werk über den Sieg des Wortes Gottes die Taufe Christi als einen Anfang, der von seinem Todesgeschehen her verstanden werden muß, von der Öffnung seiner Seite, aus der Blut und Wasser hervorströmen (ed. Haacke, 384,2 ff), nämlich alle Sakramente der Kirche, durch die der Mensch neu gestaltet, reingewaschen wird vom Aussatz der Schuld. Wenn dann ein Mensch die Taufe empfängt, geschieht das an ihm, was einmalig und universal durch den Tod Christi an der ganzen Kirche geschehen ist (ed. Haacke, 383,24 ff). Somit wird die Taufe Christi nach Rupert zum großen hinweisenden Zeichen auf seinen kommenden Leben bringenden Tod.

4a REINIGUNG DES NAAMAN IM JORDAN

Man möchte meinen, daß ein solcher Akzent der Taufe Christi, bei dem das Taufgeschehen am Menschensohn weniger als ein in sich ruhendes Ereignis, vielmehr als ein zeichenhafter Hinweis auf die Erlösung am Kreuz gesehen wird, nur schwer ein Vergleichsbild aus dem Alten Testament finden läßt. Aber gerade das geschieht hier und wird sogar buchstäblich genau in den Worten der Vulgata bei der Reinigung des Syrers Naaman auf das Geheiß des

◂ S. 84 Darbringung Samuels
S. 86 Taufe Jesu im Jordan ▸
S. 87 Reinigung des Naaman im Jordan ▸

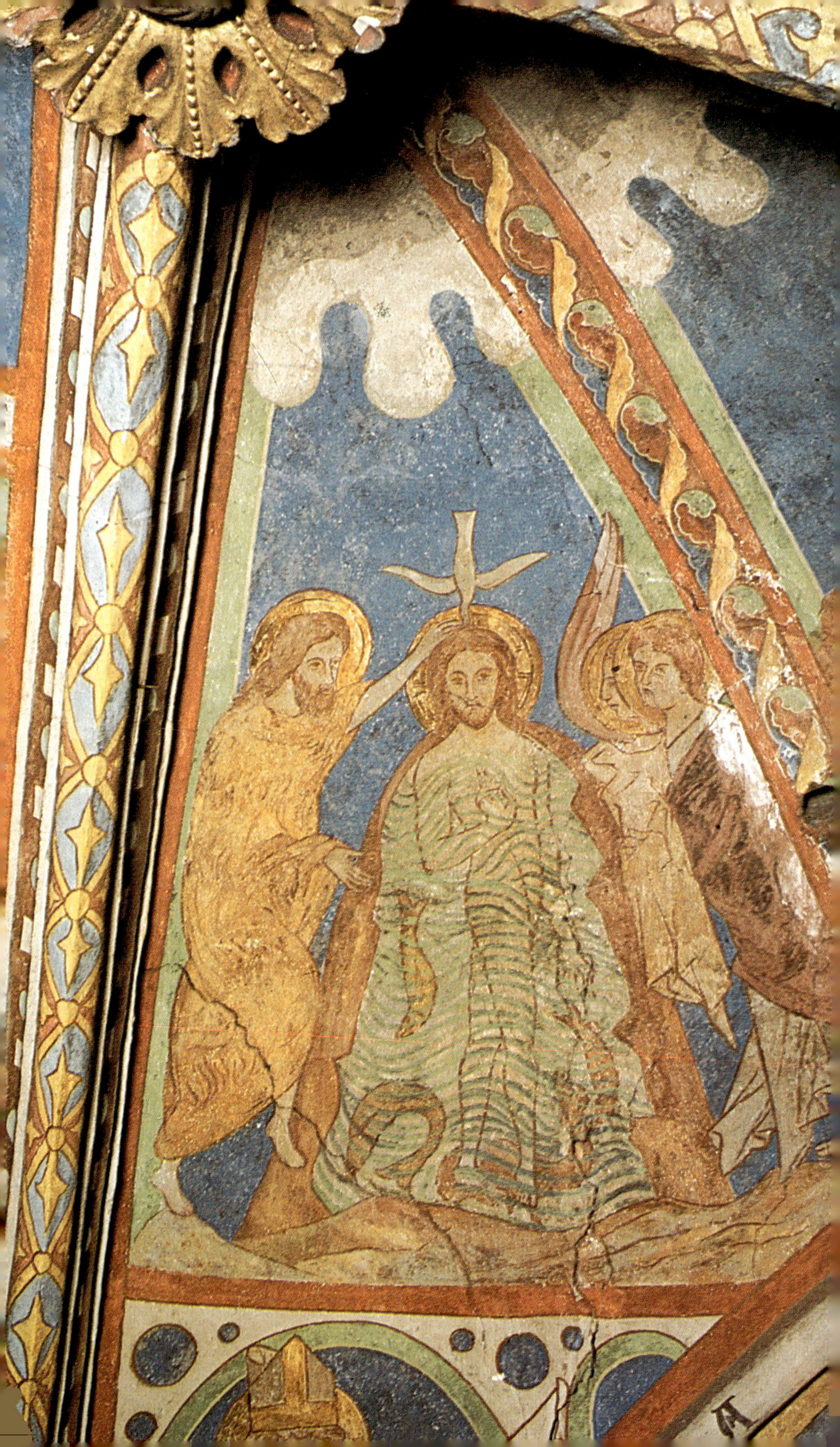

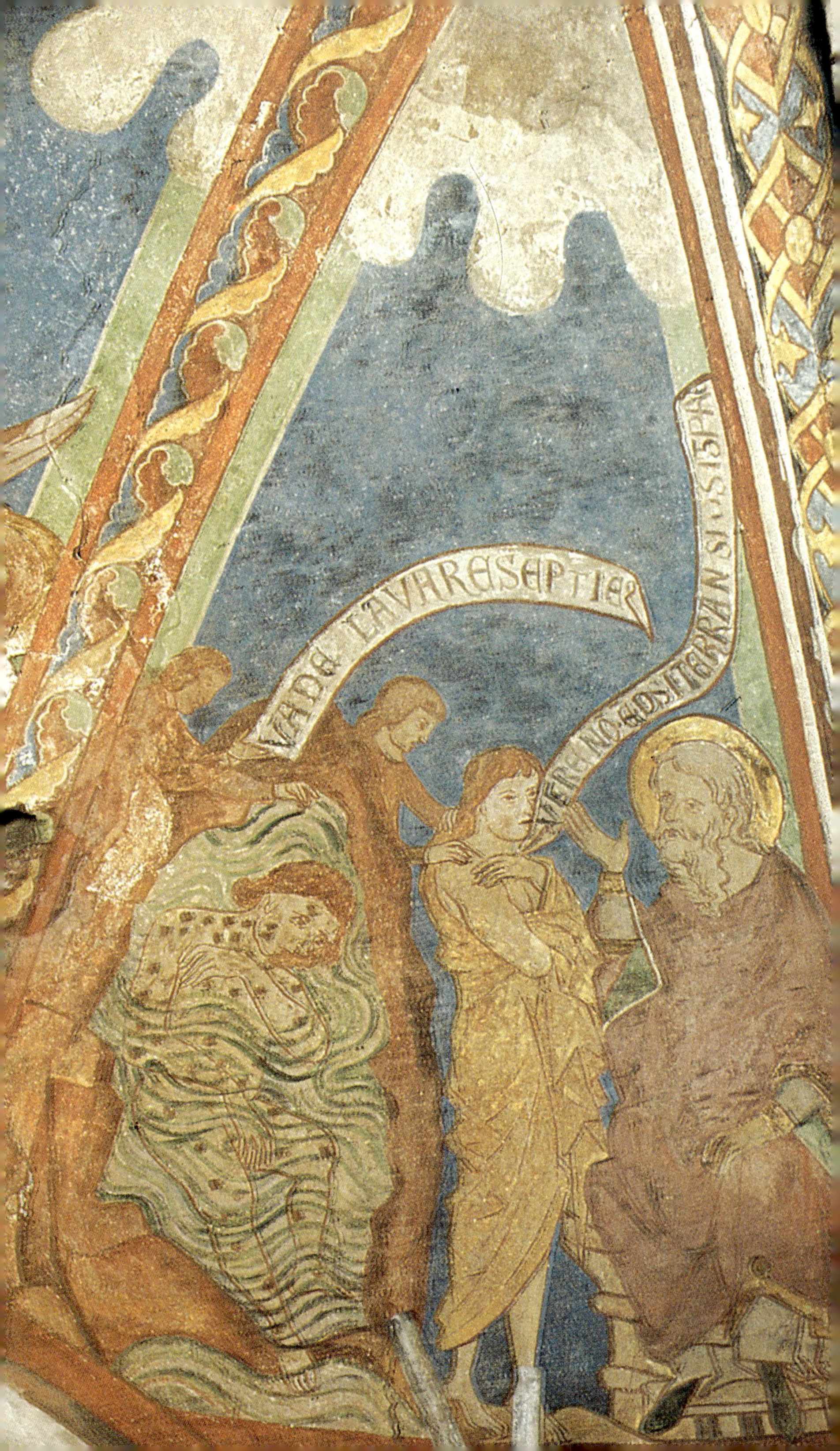
VADA LAVARE SEPTIES
VERE NO EDS I TERRA NISI ISRAEL

Propheten Elisäus zur Aussage gebracht (4. Kön 5,1 ff). Im Bild sind die beiden entscheidenden Worte festgehalten: Naaman, der Heerführer des Königs von Syrien, der dem Aussatz verfallen war, beugt sich (buchstäblich) unter das Wort des Propheten, das ihm dessen Diener zuträgt:

VADE ET LAVARE SEPTIES (IN JORDANE, ET RECEPIET SANITATEM CARO TUA ATQUE MUNDABERIS) – *Gehe hin und bade dich siebenmal im Jordan, so wird dein Leib wieder gesund werden und du wirst rein sein* (4. Kön 5,10).

Nach anfänglichem Zürnen beugt sich Naaman unter dieses Wort und wird rein. Er kehrt zurück und ruft vor dem Propheten aus (auf der rechten Seite des gleichen Bildes):

VERE (SCIO QUOD) NON (SIT ALIUS DEUS) IN (UNIVERSA) TERRA, NISI (TANTUM IN) ISRAEL – *Wahrlich ich erkenne, daß kein anderer Gott auf der ganzen Erde lebt als der Gott Israels* (4. Kön 5,15).

Das ist der verschwiegene und doch wie selbstverständlich erscheinende Parallelismus zwischen den Testamenten, wenn man die Deutung des Abtes Rupert annimmt, offenbar, daß die Taufe Christi im Jordan ein erstes Zeichen für jenes Reinigungsbad darstellt, das die ganze Kirche im siebenfachen Strom der Sakramente traf, der aus der geöffneten Seite des Herrn hervorbrach.

Im Kern der Gewölberose werden vier Felder sichtbar, zwei bestehen aus Wolkengründen, zwei aus sprechenden Gestalten mit ihren Schriftbändern, Aussagen zum Alten und Neuen Bund. Die Gestalt der Nordkappe sagt:

LEX PER MOYSEN DATA EST – *Das Gesetz wurde durch Moses gegeben.*

Die Gestalt der Südkappe sagt dagegen:

GRATIA PER CHRISTUM DATA EST – *Die Gnade wurde durch Christus geschenkt.*

Die Gewölberose vom Fortgang des Heiles

Auch hier treten auf den Rosenblättern wiederum acht Themen in Entsprechung zusammen, vier südliche des Neuen, vier nördliche des Alten Bundes:

südlich:	nördlich:
5 VERKLÄRUNG CHRISTI	5a MOSES AUF DEM SINAI
6 EINZUG CHRISTI IN JERUSALEM	6a SALBUNG UND EINZUG SALOMONS IN DEN TEMPEL
7 DAS ABENDMAHL	7a DAS MAHL DES AHASVER BEI DER KÖNIGIN ESTHER
8 GEISSELUNG CHRISTI	8a HIOB IN SEINER NOT

Bei Rupert von Deutz, dem größten Schrifttheologen des 12. Jahrhunderts, wie man unumwunden sagen darf, hat man oftmals den Eindruck, daß die Heilsereignisse des Neuen Bundes für ihn wie unerschütterliche Fixa dastehen, an denen keiner auf Erden oder unter der Erde oder im Himmel zu rütteln vermag. Rupert aber möchte, wo er nur kann, dieses Heilsgeschehen in seiner tieferen Bedeutung erkennen, so daß dadurch jeder Mensch in der Kirche bestürzt und berührt werden kann. Das einzige Forum, das ihm zu diesem Vorhaben den entscheidenden Bildstoff liefert, ist das Alte Testament.

So läßt sich auch die MITTLERE ROSE des Gewölbes von St. Maria Lyskirchen nur aus dem Geiste Ruperts erklären und erkennen.

5 VERKLÄRUNG CHRISTI

Abgesehen davon, daß es im 13. Jahrhundert selten ist, die Verklärung Christi in Fresken oder Büchern nochmals Bild werden zu

S. 90 Verklärung Christi ▸
S. 91 Moses auf dem Sinai ▸

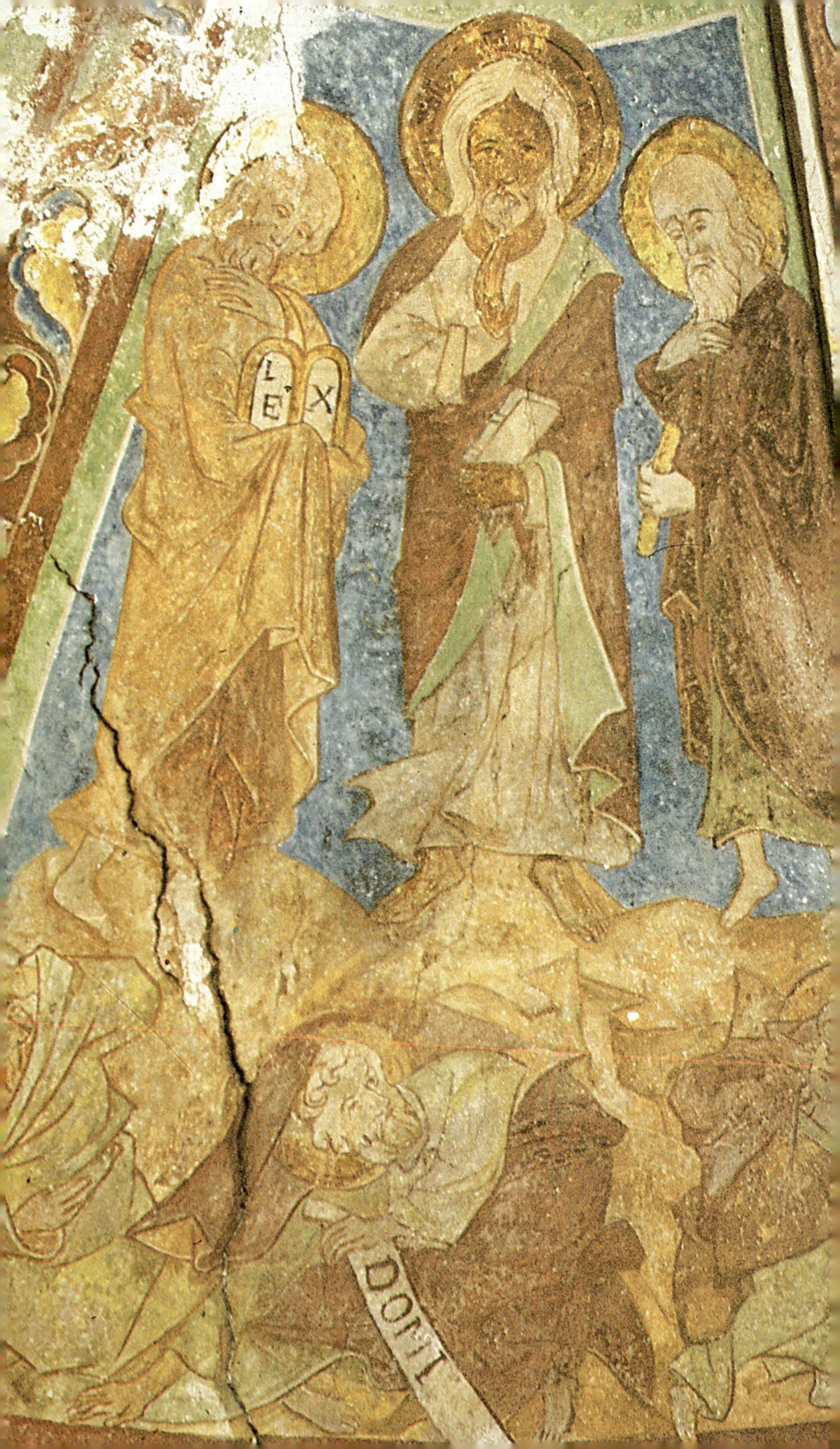
LEX

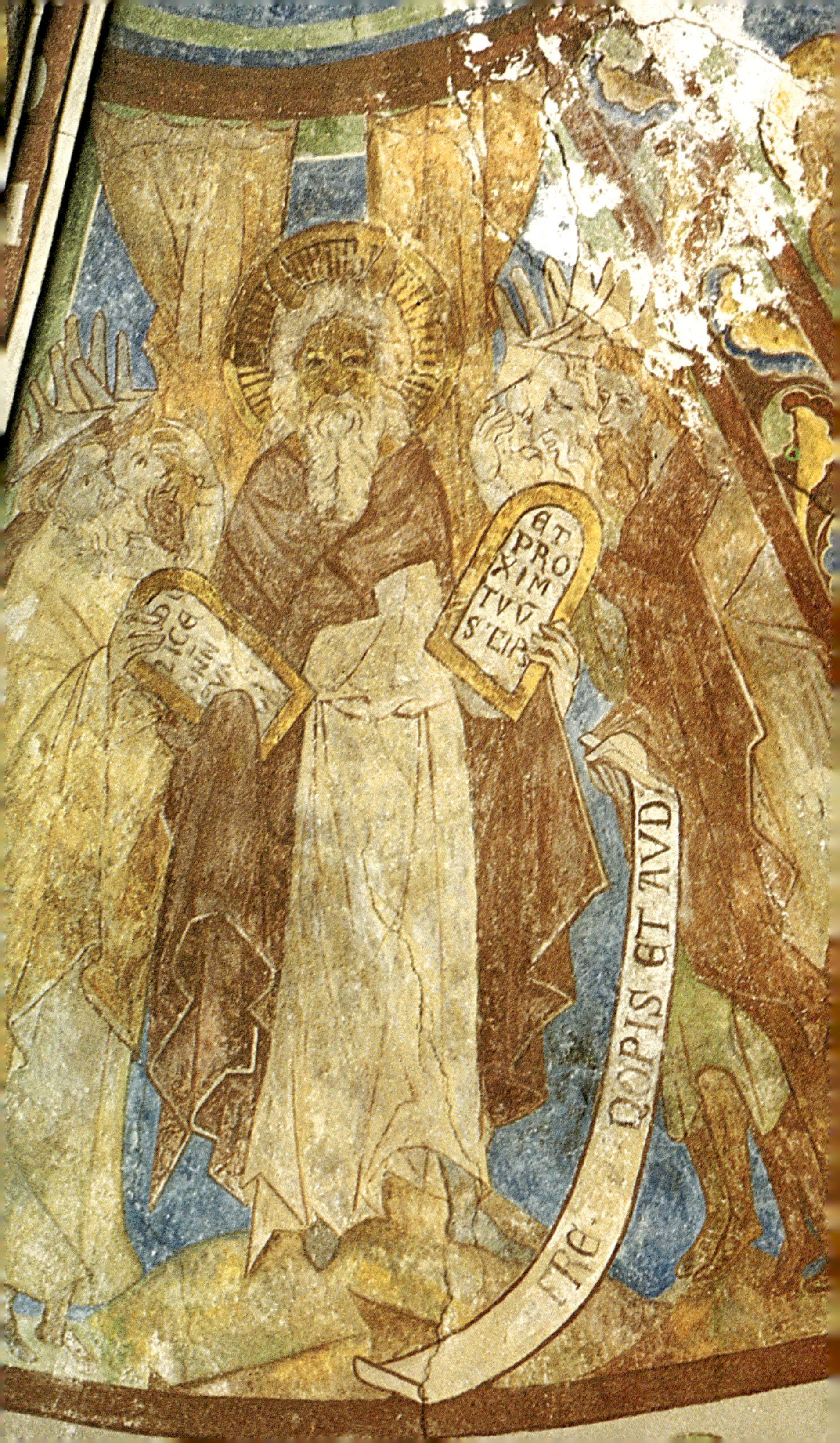
ET
PRO
XIM
TVV
S'EIPS
QOPIS ET AVD

lassen, zeigt sich hier eine Darstellung, die in ihren Formen der bisherigen Tradition treu bleibt:
Jesus ist als der Verklärte auf dem Berge Tabor von Moses und Elias umgeben. Die im Nachsinnen versunkene Gestalt des Moses trägt in der verhüllten Rechten die beiden Gesetzestafeln mit der Aufschrift: LEX – *Gesetz.* Elias auf der rechten Seite ist mit der verschlossenen Buchrolle wie ein Lauschender vor dem frontal aufgerichteten verklärten Herrn. Im unteren Feld sind die hingestürzten Apostel geblendet vom Taborlicht.
Nur Petrus, die mittlere Figur, wagt sich mit seinem Wort auf dem Schriftband hervor:
DOMINE, BONUM EST NOS HIC ESSE –
Herr, hier ist es gut sein für uns (Mt 17,4).
Dadurch wird das Ereignis des Berges Tabor eindringlich, aber ganz in bisherigen Formen hervorgehoben, wobei der Akzent auf dem Sichtbarwerden der Einheit von Gesetz und Prophetie, Moses und Elias, mit dem etwas größer gestalteten Menschensohn liegt, der ihr Ursprung ist.

5a MOSES AUF DEM SINAI

Demgegenüber steht das Bild des in Licht gehüllten (gehörnten) Moses frontal vor Augen. Moses trägt in jeder Hand eine der beiden Tafeln des Gesetzes, auf denen die beiden Urgebote verzeichnet sind. Auf der linken Tafel lautet das Wort:
DILIGES DOMINUM DEUM TUUM –
Du sollst den Herrn deinen Gott lieben (Deut 6,5),
auf der rechten Tafel erscheint die Schrift:
ET PROXIMUM TUUM SICUT TEIPSUM –
und deinen Nächsten wie dich selbst (Num 19,18).
Moses ist auf beiden Seiten von Juden umgeben, die man an ihren Spitzhüten erkennt, und die offenbar begierig sind, sein Wort zu hören, denn auf ihrem Spruchband steht das Wort:
LOQUERE TU NOBIS ET AUDIEMUS –
Sprich du zu uns, wir wollen hören (Ex 20,19).
Die einzigartig frontal dargestellte Gestalt des Moses, körperlich mächtig und in lichthafter Erscheinung, war für den Künstler offenbar der Anlaß, etwas vom Geheimnis des verklärten Menschensohnes gerade in der Gestalt des in das Licht der Gottesbegegnung

gehüllten Moses aufleuchten zu lassen. Man ist überrascht, wenn man genau diese Tendenz bei Rupert in seinem Buch über den Sieg des Wortes Gottes wiederfindet. Rupert sagt: *Jetzt sehen wir erfüllt, daß die Juden getroffen sind, und daß über ein anderes Volk, nämlich über die gesamte heilige Kirche Moses als Fürst und Lehrer mit enthülltem Antlitz aufgestellt wurde* (ed. Haacke, 117,4 ff).
Das Wort *Ihn sollt ihr hören,* das die Stimme des Vaters über dem verklärten Sohn auf dem Berg Tabor lautwerden ließ, wird hier durch Moses so verdeutlicht, daß man erkennt, wie der Sohn erst dann ganz vernommen werden kann, wenn man das ganze Alte Testament als sein verborgenes Sprechen wahrnimmt.
Genau dieser Vorgang, daß ein Ereignis des Alten Bundes das Heilsgeschehen im Neuen Bund in seiner umfänglichen Tiefe deutlich werden läßt, wird auch im nächsten Feld der mittleren Rose sichtbar.

6 EINZUG CHRISTI IN JERUSALEM

Jesus reitet auf einem Esel nahezu beschwingt mit dem weit vorgebeugten rechten Arm des Logos Gottes, begleitet von den Aposteln links, erwartet von Stadtvätern Jerusalems rechts, zur Vollendung seines Opferweges in seine heilige Stadt. Das Bild dieses Geschehens erinnert unwillkürlich an das Wort: *Einen Leib hast du mir bereitet, siehe ich komme, deinen Willen zu erfüllen* (Hebr 10,5 ff). Die Stadtväter von Jerusalem halten ihm das Wort der Schrift wie einen Jubelruf entgegen:
HOSANNA FILIO DAVID –
Hosanna dem Sohne Davids (Mt 21,9).
Hier scheint sich alles, Bäume und Architekturen, die Menschen und der Esel, kulminierend in der Gestalt des Menschensohnes in einem Jubel der Erwartung des Einreitens Jesu in die heilige Stadt Jerusalem zu befinden. Alles ist beschwingt und bewegt, damit der letzte Auftrag des Vaters, das Sterben des Sohnes vor den Toren der Stadt zur Rettung der Vielen erfüllt werde. Aber diese Deutung ergibt sich hier aus der Bildgestalt selbst. Die Frage ist, ob auch aus dem Alten Testament ein hinweisendes Deutezeichen auf dieses Ereignis hin gefunden werden kann.

S. 94 Einzug Christi in Jerusalem ▶
S. 95 Einzug Salomons in den Tempel ▶

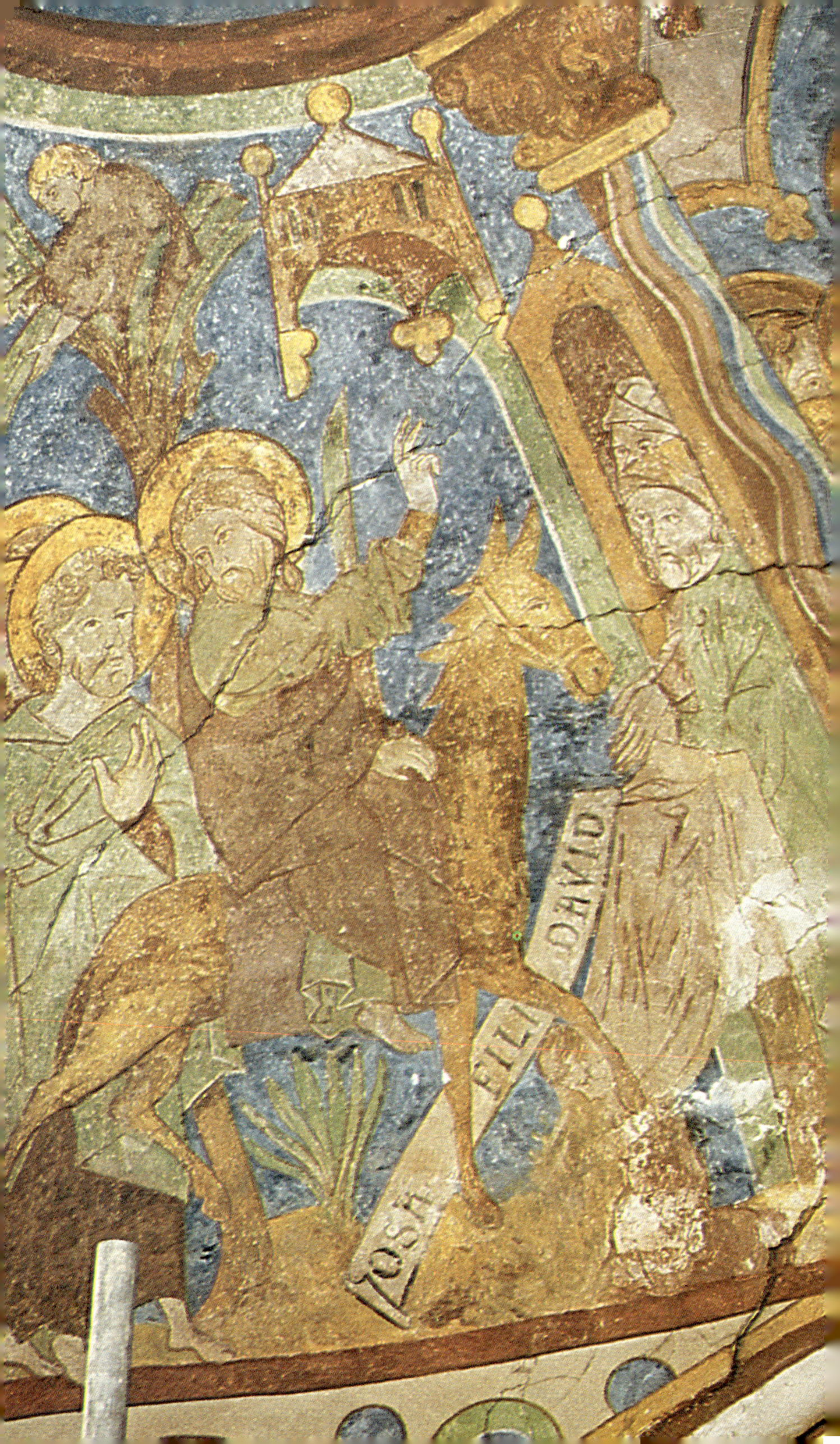
OSA FILI DAVID

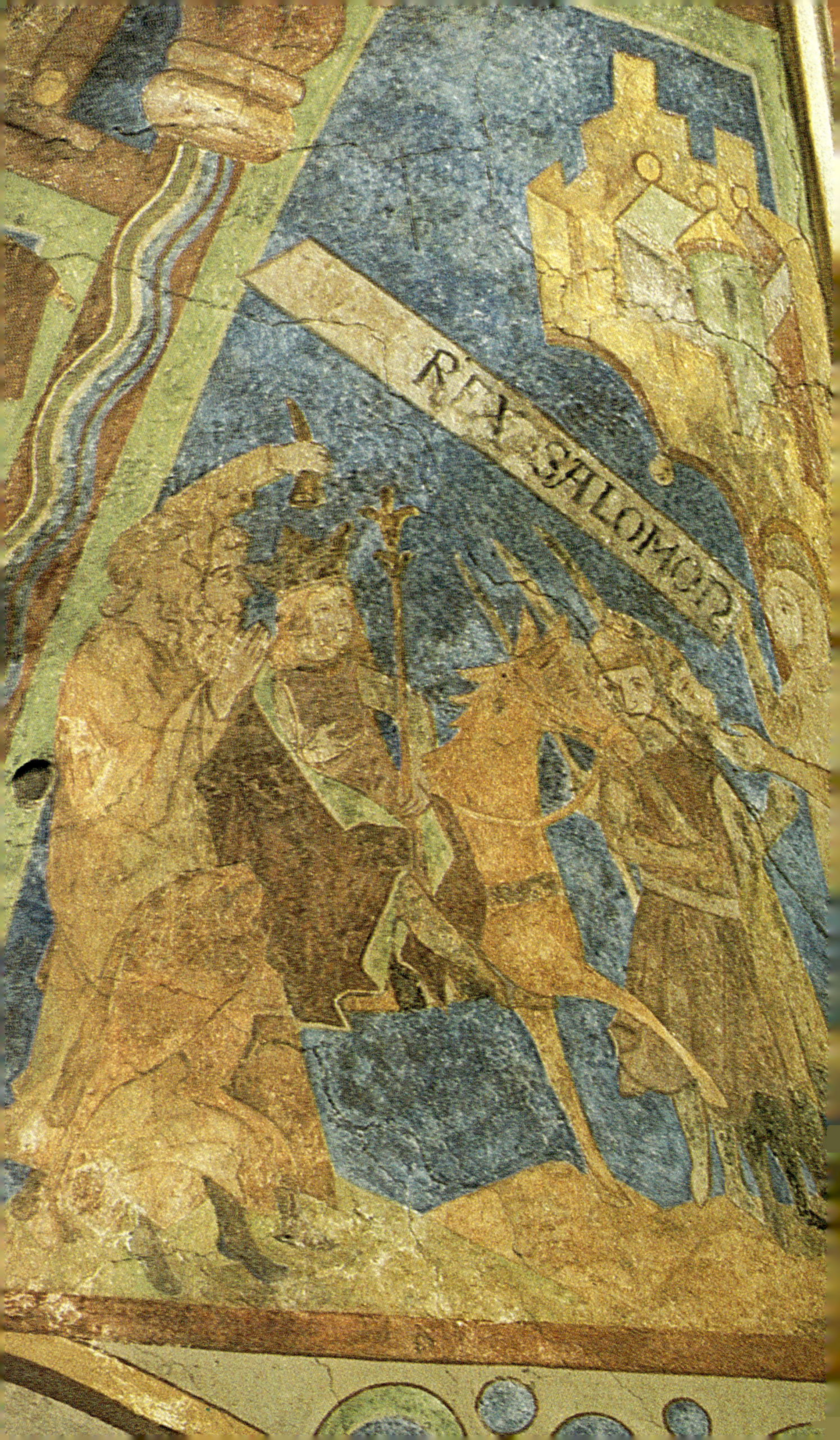
REX SALOMON

6a SALBUNG UND EINZUG SALOMONS IN DEN TEMPEL

Salomon reitet als jugendliche Gestalt wie der Menschensohn auf einem Esel zum Tempel, den er selbst gebaut hat. Der Prophet Zadok hinter ihm gießt das Salbhorn über Salomon aus. Salomon trägt wie der Menschensohn das Zepter seiner Herrschaft in der Linken, zusammen mit dem Zügel des Esels. Seine Rechte ist in die Höhe der Brust erhoben. Kriegergestalten umgeben ihn. Aus dem Tore des Tempels tritt ihm eine Frau mit dem Schriftband ihres Rufes entgegen:

VIVAT REX SALOMON –

Salomon, der König möge leben.

Die Gestalt dieser Frau wirkt einfach und streng wie eine Nonne. Offenbar geht es auch hier um eine geheimnisvolle Parallele. Wie gegenüber im Bild der Menschensohn gleichsam im Jubel in seine Stadt reitet und darin seinen Willen zur Erlösung der Welt im Bild aufscheinen läßt, so deutet Salomon in seinem königlichen Einzug selbst nur das Geheimnis dieses anderen Königs an, der nach ihm kommen wird und für den er Bild ist. Rupert schaut in seinem Werk über den Sieg des Wortes Gottes König Salomon als verborgene Vorbedeutung des Menschensohnes selbst und seiner Königsherrschaft und sagt: *Gehet hinaus, sagt der Heilige Geist, gehet hinaus und schauet, ihr Töchter Sion, den König Salomon mit seiner Krone, mit der ihn seine Mutter am Tage der Verlobung gekrönt hat zur Freude seines Herzens. Schauet den weisen und starken König und erkennet, wie wahr das Wort ist, daß auf ihm Weisheit und Stärke ruhen . . . Schauet diesen gekrönten König, seht in seiner Hand das Zepter, seht das Purpurgewand . . . Aber erkennt nicht nur den handgewebten Purpur, sondern versenkt euch in seinem Anblick in die purpurne Kirche, die in seinem Blut gereinigt wurde, das er für sie vergossen hat . . . Erkennet also diesen König Salomon und wisset, daß dies der Tag seiner Verlobung und der Tag der Freude seines Herzens ist. Der Verlobung, weil er sich seine Kirche durch sein Blut angetraut hat, eine Verlobung also, die von allen irdischen Verlobungen abweicht . . .* (ed Haacke, 393,5 ff).

Salomon wird so der aufleuchtende aber dennoch ganz verschwiegene Hinweis auf den Menschensohn, jenen allein von der Weisheit gekrönten König.

Im Fortgang der *Heiligen Übereinstimmungen* zwischen Altem und Neuem Bund scheint das nächste Ereignis, das Abendmahl verbunden mit einer Szene aus dem Buche Esther, noch schwieriger und komplizierter zu werden. Im Abendmahl, möchte man meinen, wird die Todeshingabe Jesu zur Stiftung an die Seinen in den Zeichen von Brot und Wein vorweggenommen. Für alle Völker und alle Zeiten soll darin die Erlösungstat Jesu gegenwärtig werden. Wenn man nun dazu eine Parallele sucht, dann bietet sich aus dem Buche Esther das Völkermahl des persischen Königs Ahasver an, das er für alle Untertanen seines Reiches aus vielen Völkern einhundertachtzig Tage hindurch zum Zeichen seiner milden Herrschaft bereitete (Esther 1,1 ff). Auf diese Weise hat man die beiden Fresken in St. Maria Lyskirchen schon vielfach gedeutet.
Im genauen Hinschauen erkennt man allerdings bei beiden Darstellungen (wie schon F. Goldkuhle 1954 hervorgehoben hat) ganz andere Akzente.

7 DAS ABENDMAHL

Wie es scheint, ist auf diesem Bild die mittlere Gestalt des Petrus bestimmend, während Jesus (gemäß den Darstellungen des christlichen Ostens, allerdings mit umgekehrten Seiten) am ovalen Tisch rechts sichtbar wird. Johannes ist an Jesus geschmiegt. Die Apostel werden größtenteils nur durch die oberen Rundungen der Glorien sichtbar. Nach den Worten der Schrift, nachdem Jesus beim Abendmahl gesagt hat, daß einer von seinen Aposteln Jesus verraten wird, bittet Petrus den Johannes, er möge doch den Herrn fragen, wer ihn verraten werde. Auf die Frage des Johannes sagt dann Jesus: *Der ist es, dem ich den Bissen eintauchen und geben werde* (Joh 13,21 ff).
Es geht also in diesem Bild nicht um die große Demonstration des Abendmahles Jesu mit den Seinen, sondern um die eher verschwiegene Erkenntnis, daß es des Verrates und des Verräters bedurfte, damit die Erlösung zur Vollendung gelangt. So hat Jesus hier ein Brot in seiner Hand, das er der kleineren Apostelgestalt im Vordergrund des Tisches links reichen will, der Gestalt des Judas.

S. 98 Abendmahl ▸
S. 99 Mahl des Ahasver bei der Königin Esther ▸

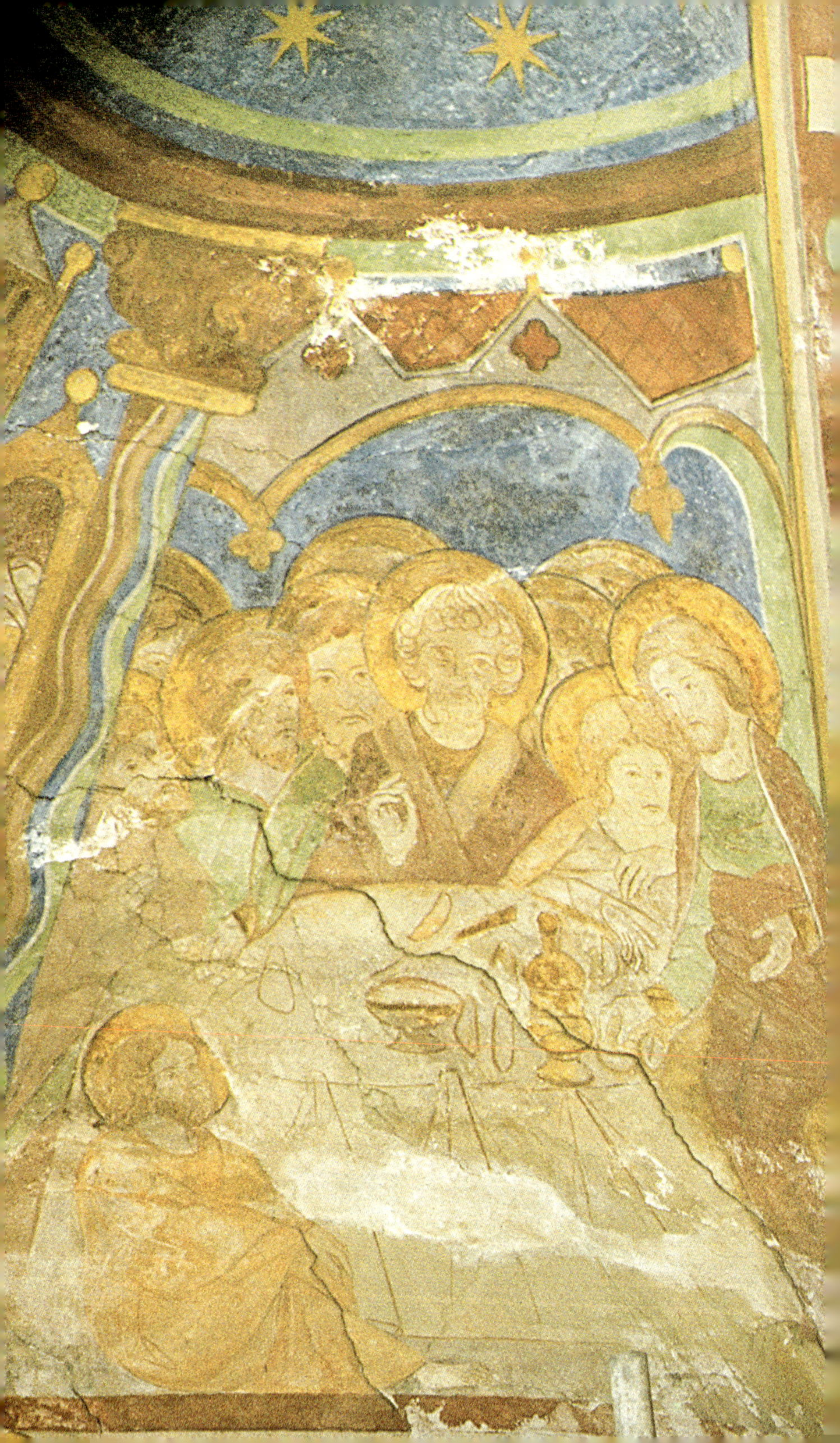

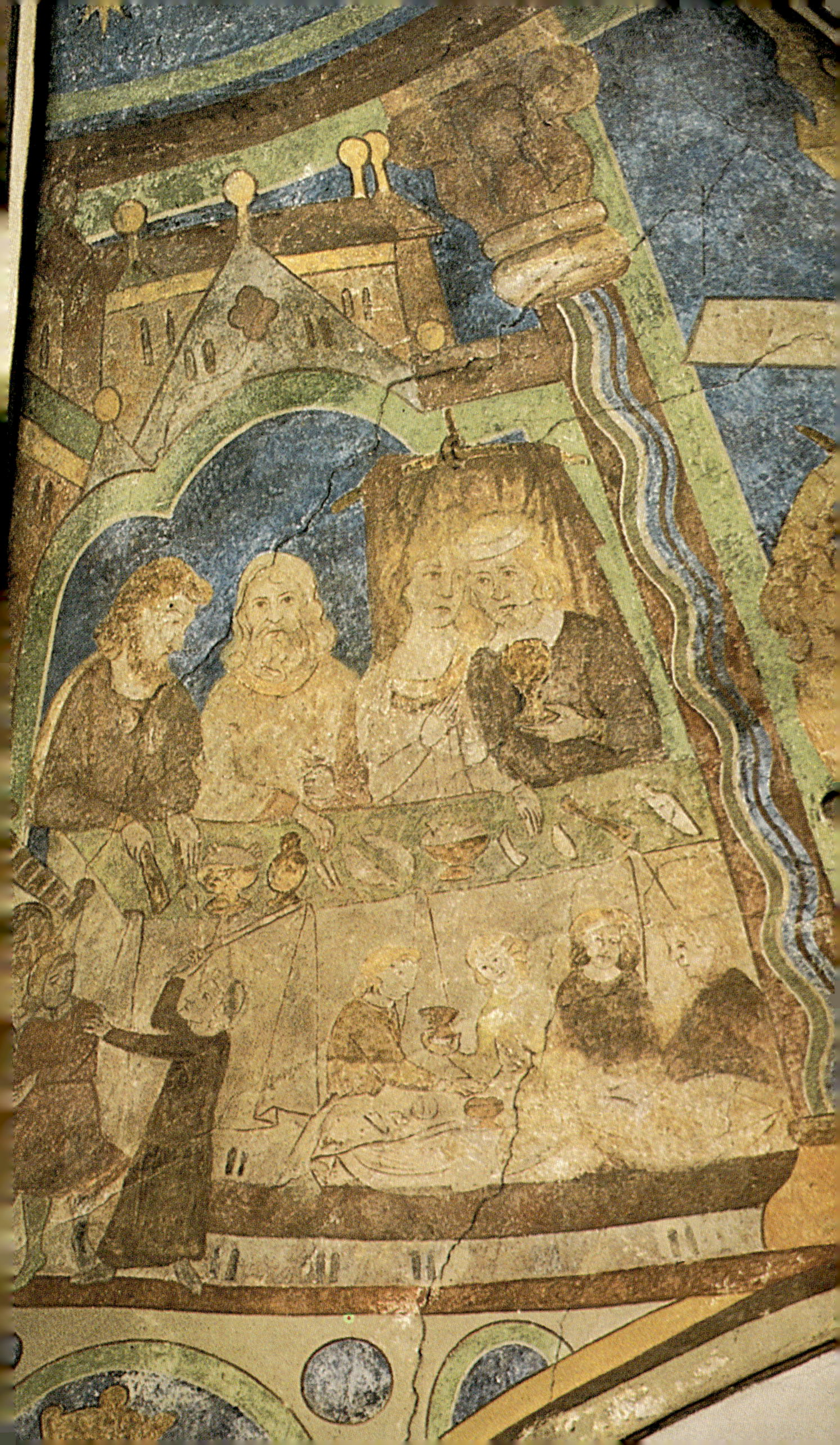

7a DAS MAHL BEI DER KÖNIGIN ESTHER

Hier sind die Gestalten in gewisser Parallelität gruppiert. Rechts sitzt König Ahasver mit der noch sehr jung wirkenden Esther am Tisch, daneben sitzen Mardochäus, der Adoptivvater der Esther und der vom König begünstigte Aman, der als der Verräter entlarvt wird und der alle Juden in Persien, die ihm verhaßt waren, töten lassen wollte, allen voran den Mardochäus, für den er schon den Galgen hatte aufrichten lassen. Mardochäus entdeckte den Verrat, statt seiner wird nun Aman an dem hohen Balken gehängt. Das Mahl bei Esther wird durch diese vier Personen bestimmt. Vor dem Tisch erscheinen noch Gäste des Mahles, links wahrscheinlich ein Hinweis auf die Befreiung der Juden.

Die Parallele zum Abendmahl Jesu, kann nur dann als sinnvoll erscheinen, wenn man erkennt, daß es in beiden Szenen um den Verräter geht. Judas hat den Herrn auf die Einflüsterung Satans hin verraten. Der Satan wollte Jesus auslöschen. Jesus stirbt, aber gerade dadurch hat er Satan besiegt und die Völker gerettet. Die Parallele zu Jesus ist hier Mardochäus. Er sollte getötet werden, aber der eigentliche Urheber des Bösen verfällt dem Gericht, und das Volk wird gerettet. Gerade dies hat Rupert von Deutz in komplizierter, aber doch genauer Parallelität hervorgehoben. Er sagt in seinem Werk über den Sieg des Wortes Gottes von Mardochäus: *Offenkundig und staunenswert stellte (Aman) die Gestalt des Widersachers dar, Mardochäus aber das Vorbild Christi. Denn wie Aman an dem Kreuz aufgehängt wurde, das er für Mardochäus aufgerichtet hatte, und Mardochäus zum königlichen Thronsitz aufstieg, den sich Aman vom König bereitet glaubte, so wurde auch der Widersacher an jenem Kreuz verdammt und besiegt, das er für Christus aufrichten ließ, Christus aber sitzt als der Lebendige zur Rechten des Vaters . . .* (ed. Haacke 264,30 ff).

Die letzte Darstellung der mittleren Gewölberose vom Fortgang des Heiles mit dem Bild der Geißelung Christi und seiner alttestamentlichen Entsprechung des Dulders Hiob auf seinem Misthaufen ist auf den ersten Blick die verständlichste und gewohnteste unter den heiligen Übereinstimmungen. Sie hat keine besonders auffallenden Akzente, sondern ist nur im Zusammenhang aller Darstellungen bedeutsam.

8 GEISSELUNG CHRISTI

Man kann ohne Zögern sagen, daß in allen Darstellungen des Neuen Bundes in den drei Gewölberosen ihre eigentliche Tiefe durch den entsprechenden Grundakkord des Alten Bundes zur Ansicht gelangt. Weil die Heilsereignisse des Neuen Bundes in sich überragend und groß sind, werden sie durch ihre alttestamentlichen Parallelen in eine unmittelbare Beziehung zum Menschen gerückt. So auch hier. Der Leidensweg Jesu ist summarisch zusammengefaßt in seiner Geißelung. Diese ist vor dem Tode die schmerzlichste Form der nackten Ausgeliefertheit an den Schmerz und an die Qual des Unrechts. Jesus ist mit gekreuzten Armen vor eine Säule gebunden, so daß sein Rücken den Peitschen der im Schlagen weitausholenden Schergen preisgegeben ist. Mit geneigtem Haupt schaut er in stummer Klage hinter der Martersäule hervor.
Das frühe Mittelalter las im 21. Psalm, vor allem aber in den Liedern des leidenden Gottesknechts nach dem Propheten Jesaja die Todesqual des Gesalbten. Die Darstellung scheint unmittelbar an das Prophetenwort zu erinnern: *Meinen Leib gab ich den Schlagenden hin und meine Wangen den Raufenden, mein Angesicht wandte ich nicht ab von denen, die mich beschimpften und anspien* (Jes 50,6). Dennoch, so scheint es, kann die ganze Tiefe dieser Qual erst dann ermessen werden, wenn man sie an einem Menschen abzulesen vermag, der sie als Vorbild des Menschensohnes erduldete. Dieser Mensch ist Hiob, der Dulder des Alten Bundes.

8a HIOB IN SEINER NOT

Der Dulder Hiob sitzt mit Schwären bedeckt auf seinem Misthaufen, SEDENS IN STERQUILINIO, wie die Vulgata sagt . . . (2,8). Bei ihm steht seine Frau, ein Dämon flüstert ihr ins Ohr, so daß sie ihn versucht und zu ihm spricht:
BENEDIC DEO ET MORERE –
Fluche Gott und stirb (Hiob 2,9).
Von rechts kommen die Freunde im Klagegestus. Hiob sitzt ausgeliefert da. Er kann den Schrecknissen, die sich in den Schwären an seinem Leib kundtun, nicht entrinnen. Seine Worte entspringen der Erkenntnis seiner Qual:

S. 102 Geißelung Christi ▶
S. 103 Hiob in seiner Not ▶

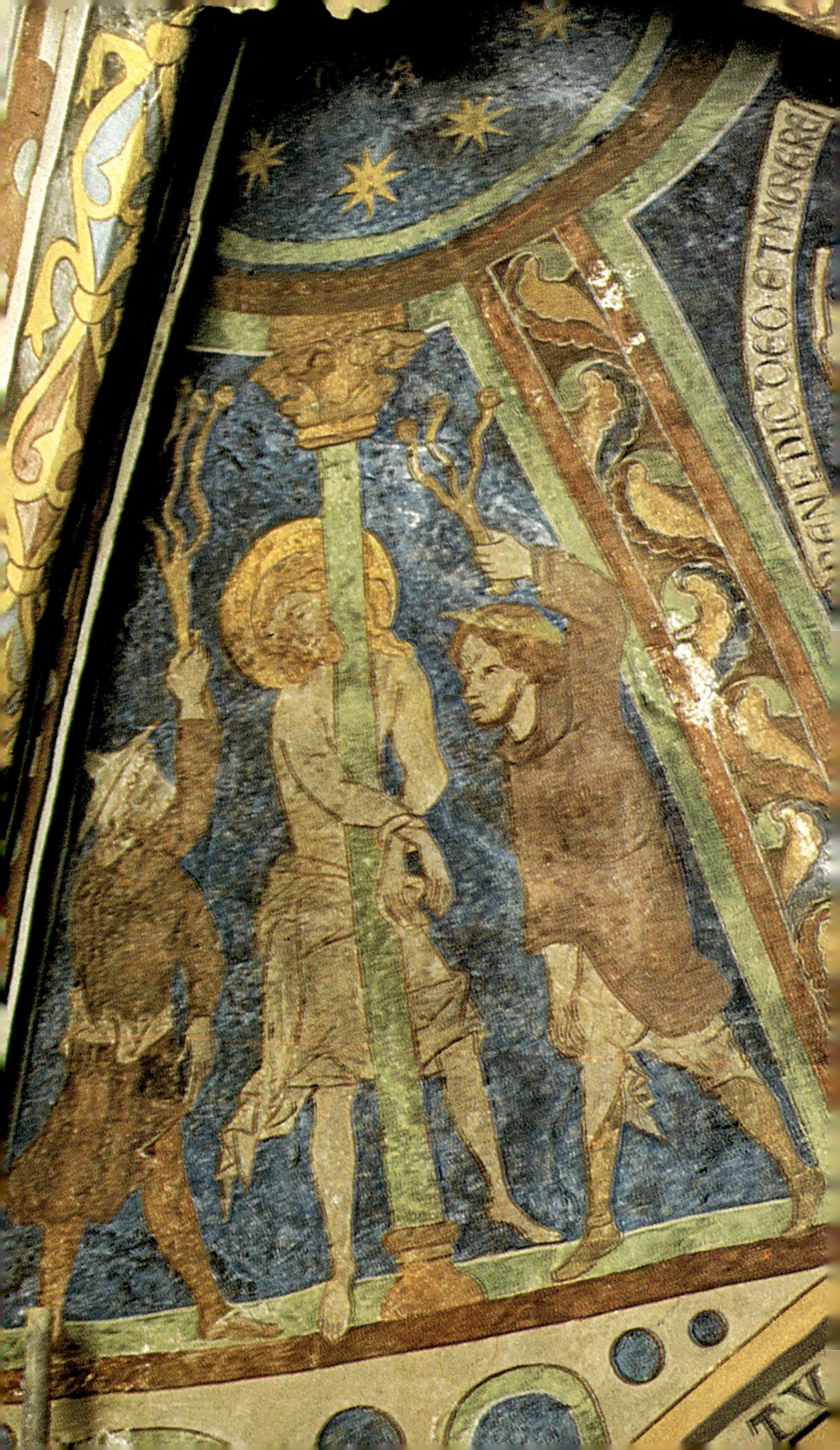

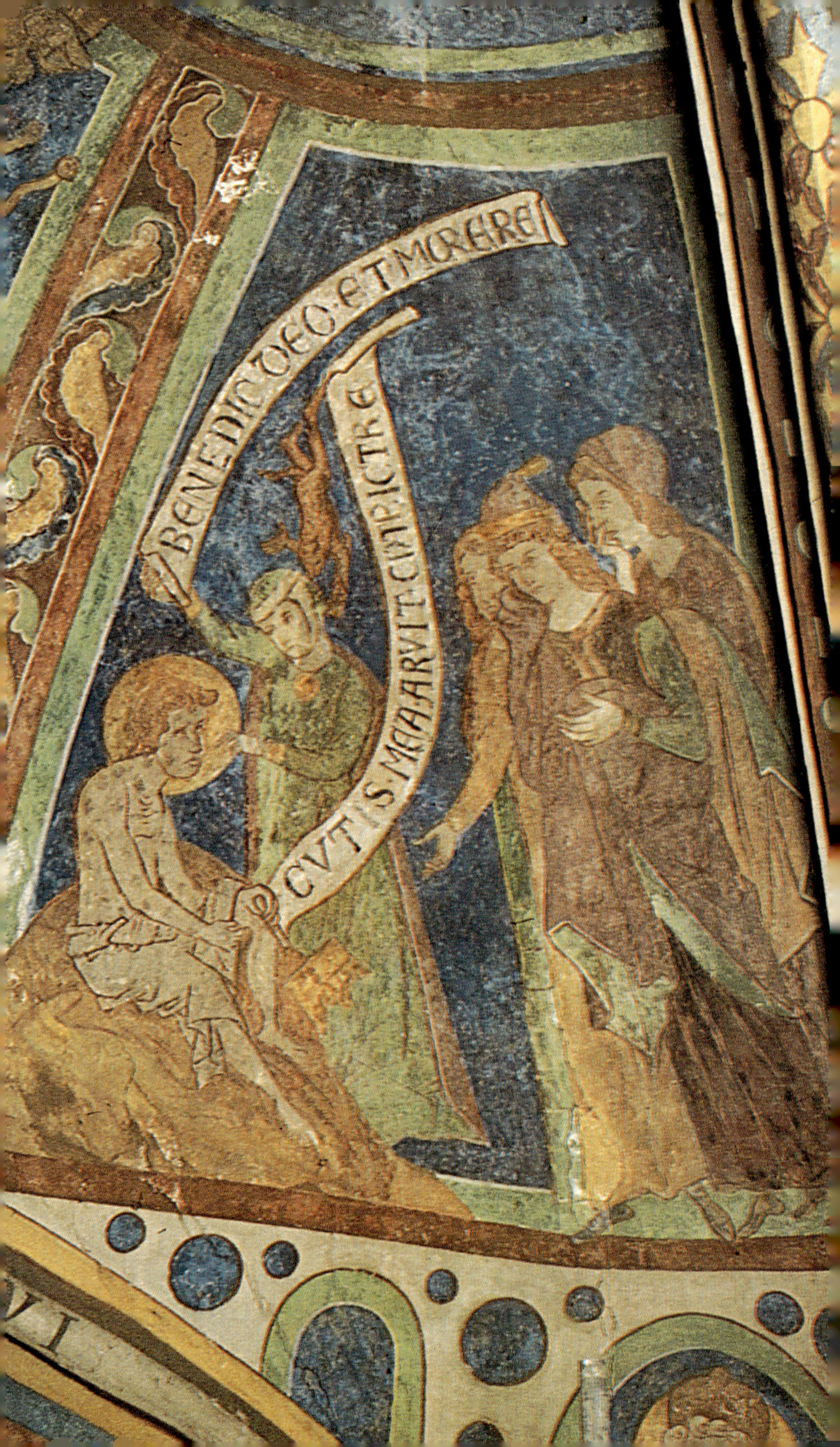
BENEDIC DEO · ET MORERE
CVTIS · MEA ARVIT

CUTIS MEA ARUIT ET CONTRACTA EST –
meine Haut verdorrt und schrumpft ein (7,5).
Die Duldung des Hiob wird zur bitteren Frage an den Herrn: *Warum hast du mich dir zum Gegner gesetzt, so daß ich mir selbst zur Last geworden bin? ... Wenn du mich am Morgen suchst, bin ich nicht mehr* (7,20 f). Hiob wird in seinem Leiden bis an die Grenze der Sinnlosigkeit geführt. Er bleibt wach in seinen Fragen und seinem Gott im Übermaße treu, wie er sagt: *Und wenn er mich auch tötet, so werde ich doch auf ihn hoffen* (Hiob 13,15).
Die Klage Hiobs über das Unmaß der Leiden, die Gott ihm zugefügt hat, gleicht in vielen der Klage des sterbenden Menschensohnes:
Gott hat mich dem Ungerechten übergeben, den Händen der Gottlosen mich überlassen.
Ja, einst so reich, bin plötzlich zermalmt worden; er faßte mich bei dem Nacken, zerschmetterte mich, und stellte mich zur Zielscheibe für sich auf.
Er umgab mich mit seinen Speeren, verwundete schonungslos meine Lenden, und schüttete meine Eingeweide auf die Erde aus.
Er schlug mir Wunde über Wunde, und stürmte gegen mich an, wie ein Riese.
Ich nähte ein Trauerkleid um meine Haut und bedeckte meinen Leib mit Asche.
Mein Angesicht ist angeschwollen vom Weinen, und meine Augenlider sind verdunkelt.
Das habe ich gelitten, obwohl keine Ungerechtigkeit in meiner Hand und mein Gebet zu Gott rein war.
O Erde! bedecke mein Blut nicht, und mein Geschrei finde auf dir keine Stätte, sich zu verbergen!
Denn siehe, im Himmel ist mein Zeuge, und der mich kennt, in der Höhe (Hiob 16,12-20).

Die Gewölberose von der Vollendung des Heiles im Neuen Bund

In den heiligen Übereinstimmungen zwischen Altem und Neuem Bund auf den beiden vorangegangenen Gewölberosen ergab sich bei allen Themen des Neuen Bundes eine tiefe Verschwiegenheit, die allem Demonstrativen abhold ist, bei den Themen des Alten Bundes aber eine verborgene Fülle prophetischer Bezeugung auf das Heilswirken Gottes im Menschensohn, die sich niemals voreilig erschließt.

Die letzte Gewölberose verdichtet diesen Vorgang und steigert ihn zugleich. Wiederum entsprechen vier Themen des Alten Bundes in geheimnishafter Vorbedeutung den vier vollendenden Themen des Neuen Bundes:

südlich:	nördlich:
9 ABNAHME JESU VOM KREUZ	9a ANBETUNG UND ZERSTÖRUNG DER EHERNEN SCHLANGE
10 ABSTIEG JESU IN DIE UNTERWELT	10a SAMSON TRÄGT DIE TORE VON GAZA AUF DEN BERG
11 HEIMGANG JESU ZUM VATER	11a HIMMELFAHRT DES HENOCH UND ELIAS
12 AUSGIESSUNG DES HEILIGEN GEISTES	12a AUSGIESSUNG DES FEUERS GOTTES ÜBER DEM ALTAR DES ELIAS

9 ABNAHME JESU VOM KREUZ

Man hat sich gefragt, warum in diesen Fresken die Kreuzigung Jesu nicht dargestellt ist und dabei nicht bemerkt, daß man auch bei der Weihnacht schon ähnlich hätte fragen müssen. Wie bei der Weihnacht statt des Kindes in der Krippe bei Maria der Jubel ihres Herzens über das Kommen des Herrn zum Ausdruck gelangte, so geht es

S. 106 Abnahme Jesu vom Kreuz ▶
S. 107 Anbetung und Zerstörung der ehernen Schlange ▶

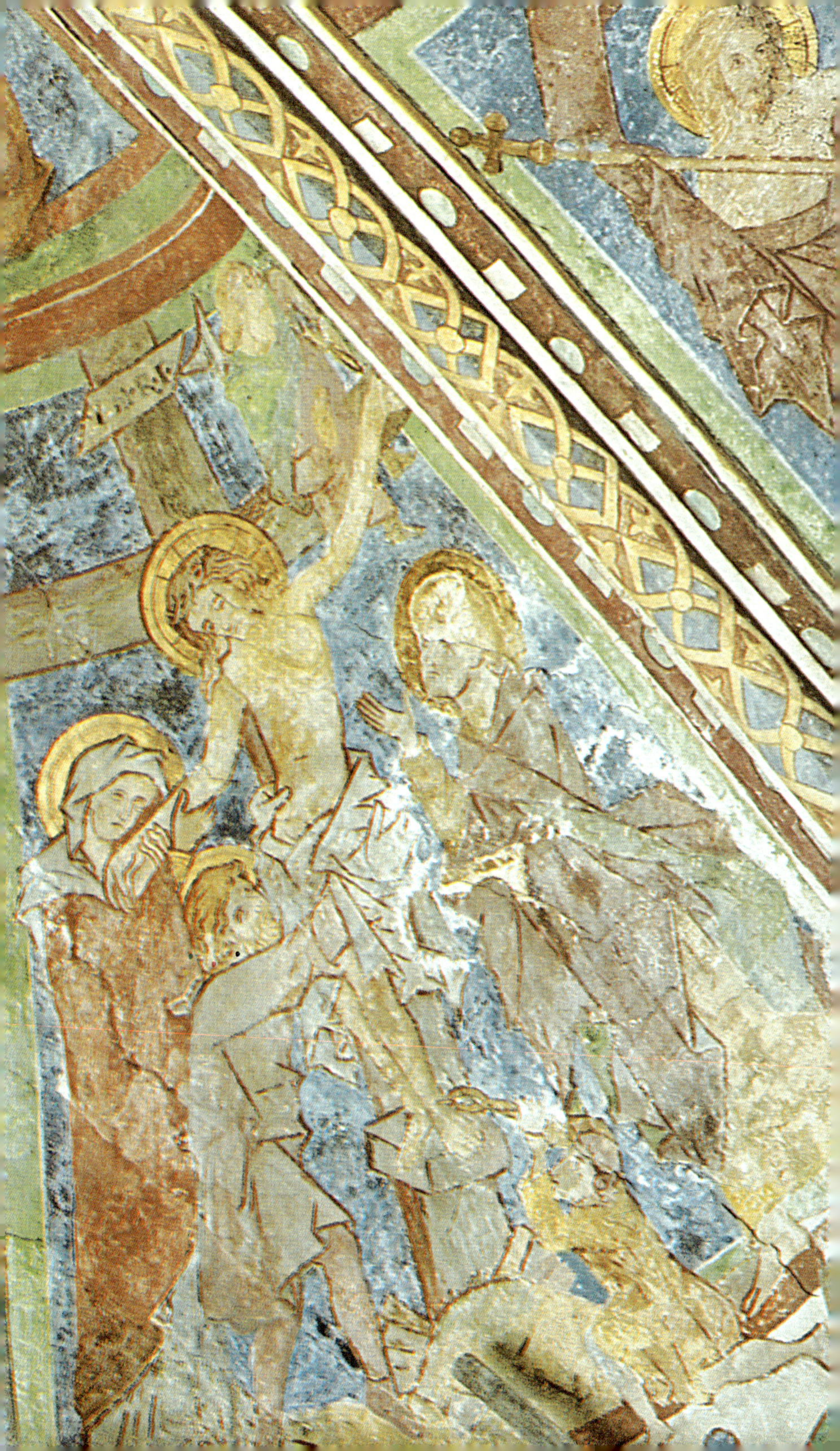

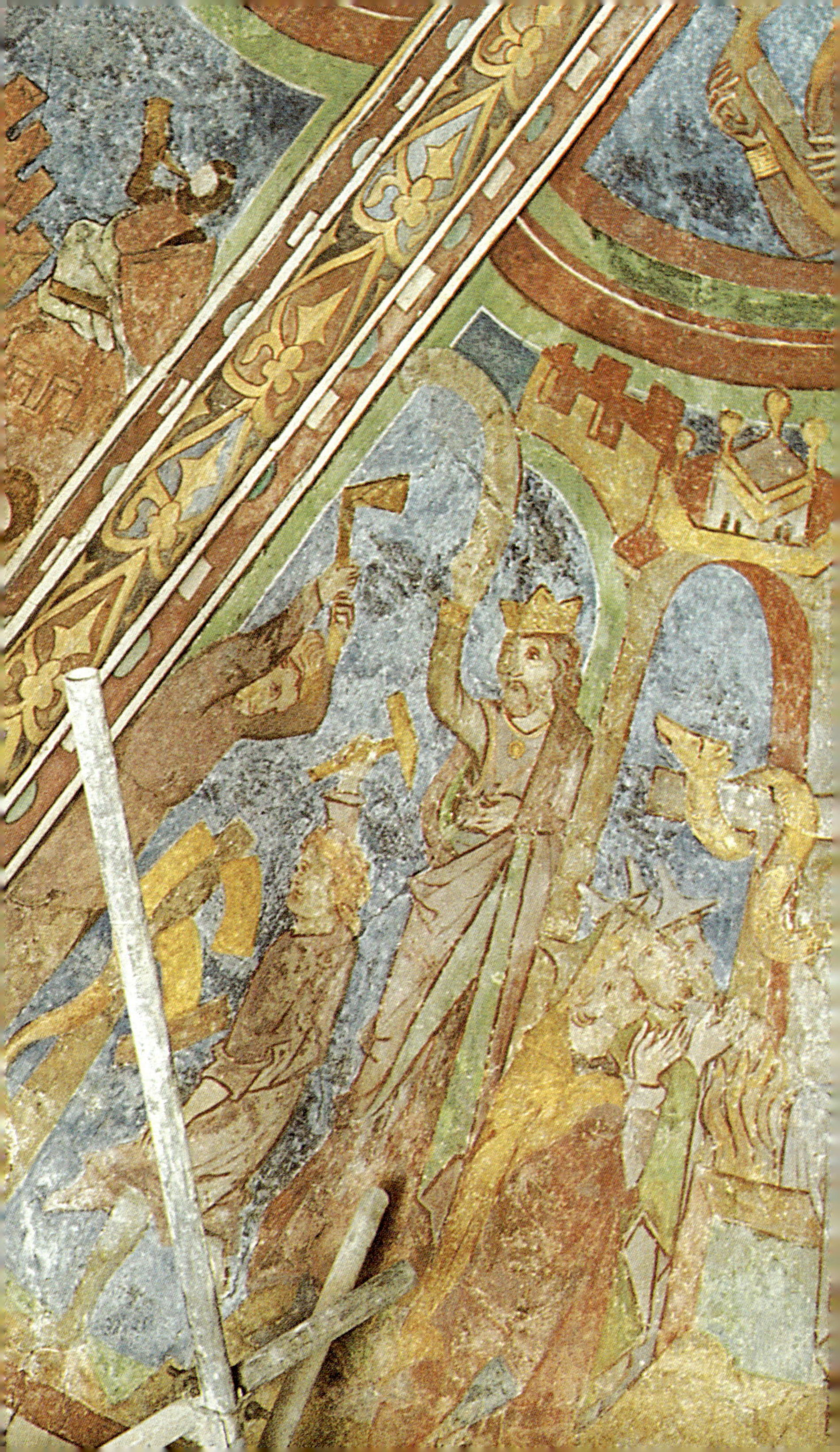

bei der Kreuzabnahme um die vollbrachte Erlösung. Das ausdrucksstarke Bild des bereits halb vom Kreuz gelösten Christus zwischen den Klagefiguren von Maria und Johannes sagt deutlich, daß das Opfer endgültig vollbracht ist und daß die tote Opferlast nun ins Grab gebettet werden muß. Der Tod selbst ist damit registriert, aber auch das Einmalige und Zeitörtliche seines Ablaufs. Der Tod Jesu hat keine mythische Macht, sondern die Ereignismacht seines einmaligen Geschehens. Jetzt geht es um die Bereitung der Grabesruhe, die selbst wieder voller Wunder ist.

9a ANBETUNG UND ZERSTÖRUNG DER EHERNEN SCHLANGE

Äußerlich gesehen wirkt diese Darstellung als Parallele zur Kreuzesabnahme Jesu befremdlich und eher oberflächlich herbeigezogen. Denn hier ist offenbar nicht dargestellt, wie Moses die eherne Schlange in der Wüste auf einem Stab erhöhte, damit durch ihren Anblick die von Schlangen Gebissenen Rettung fänden, sondern es ist dargestellt, wie zur Zeit des Ezechias die Juden die aus der Wüste mitgebrachte Schlange als *Erzgott* anbeten und wie der Jahwe treue König Ezechias dieses falsche Idol zerschlagen läßt (4 Kön 18,1 ff). Kann man hier überhaupt von einer Parallele sprechen? Äußerlich gewiß nicht. Aber im Sinn der bisherigen Übereinstimmungen scheint sich auch hier eine verborgene Tiefe aufzutun. Ezechias, den Jahwe wegen seiner Treue liebt, läßt die eherne Schlange, die zum falschen Idol geworden ist, zerstören.

Ezechias gilt in der Frühzeit als das reine Bild des Menschensohnes, das diesen typisch vorbedeutet. Was soll er aber hier bei der Kreuzabnahme Jesu? Wenn man an die Verwendung des Zeichens der ehernen Schlange denkt, dann nur im Zusammenhang mit der Kreuzigung Jesu, weil Jesus selbst nach dem Evangelisten Johannes zu Nikodemus sagt: *Wie Moses die eherne Schlange in der Wüste erhöht hat, so muß auch der Menschensohn erhöht werden* (Joh 3,14). Die eherne Schlange des Moses ist das Vorbild für die rettende, Erlösung wirkende Hingabe des Menschensohnes am Kreuz.

Aber hier wird ein neues Geschehen zum Bild. Die Kreuzabnahme zeigt an, daß der Tod Jesu vollbracht ist, der alle Zeichen des Alten Bundes auflöst. Wenn nun die Opferlast seines toten Leibes vom Kreuz gehoben wird, auf daß sie ins Grab gelegt werde, ersteht da-

neben als Zeichen des Alten Bundes der Christus vorbedeutende König Ezechias, der durch die Zerschlagung der (zum Idol gewordenen) ehernen Schlange anzeigt, daß im Angesicht des Todes Christi alle Zeichen des Alten Bundes und gerade das der ehernen Schlange vergangen sind, zerschlagen und zerstört durch das eine Opfer des Neuen Bundes, auf das sie hinwiesen. Eigentlich ist das schon im Buch der Weisheit geheimnishaft angedeutet, wenn es dort von der ehernen Schlange heißt: *Wohl kam über diese die grimmige Wut wilder Tiere, so daß sie durch den Biß geringelter Schlangen umkamen. Aber dein Zorn dauerte nicht immerfort, sondern zur strafenden Mahnung wurden sie eine kurze Zeit in Schrecken gesetzt, in denen sie ein Zeichen des Heils erhielten zur Erinnerung an die Gebote deines Gesetzes. Denn wer sich zu ihm hinwendete, wurde gesund, nicht durch das, was er sah, sondern durch dich, den Retter aller . . . Denn weder ein Kraut noch ein Pflaster hat sie geheilt, sondern dein Wort, o Herr, welches alles heilt* (Weish. 16,5).
Ezechias ist durch sein prophetisches Vollbringen der Zerstörung der ehernen Schlange zum verborgenen Zeichen des Alten Bundes auf das rettende Wort geworden, auf den Menschensohn, der durch seinen Tod, durch das Zerbrechen des Alabastergefäßes seines Leibes am Kreuz, alle Zeichen des Alten Bundes in sein einziges Opfer eingeholt hat.

10 ABSTIEG JESU IN DIE UNTERWELT

Beim Einzug Jesu in Jerusalem (S. 94) konnte man in der Form des Bildes den verborgenen Jubel des Menschensohnes beim Einreiten in die heilige Stadt erkennen; beim Abstieg Jesu in die Unterwelt zu den Gerechten des Alten Bundes geschieht das Gleiche. Jesus faßt mit seiner weit ausholenden Linken den Stammvater Adam am Handgelenk, um ihn aus dem Hades herauszuziehen, seine Rechte stößt mit gewaltigem Speer gegen den König des Todes, der in seiner Hand das Schriftband trägt:
CHIROGRAPHUM MORTIS –
Schuldbrief des Todes.
Das ist ein Hinweis auf den Kolosserbrief, in dem es von Christus

S. 110 Abstieg Jesu in die Unterwelt ▸
S. 111 Samson trägt die Tore von Gaza auf den Berg ▸

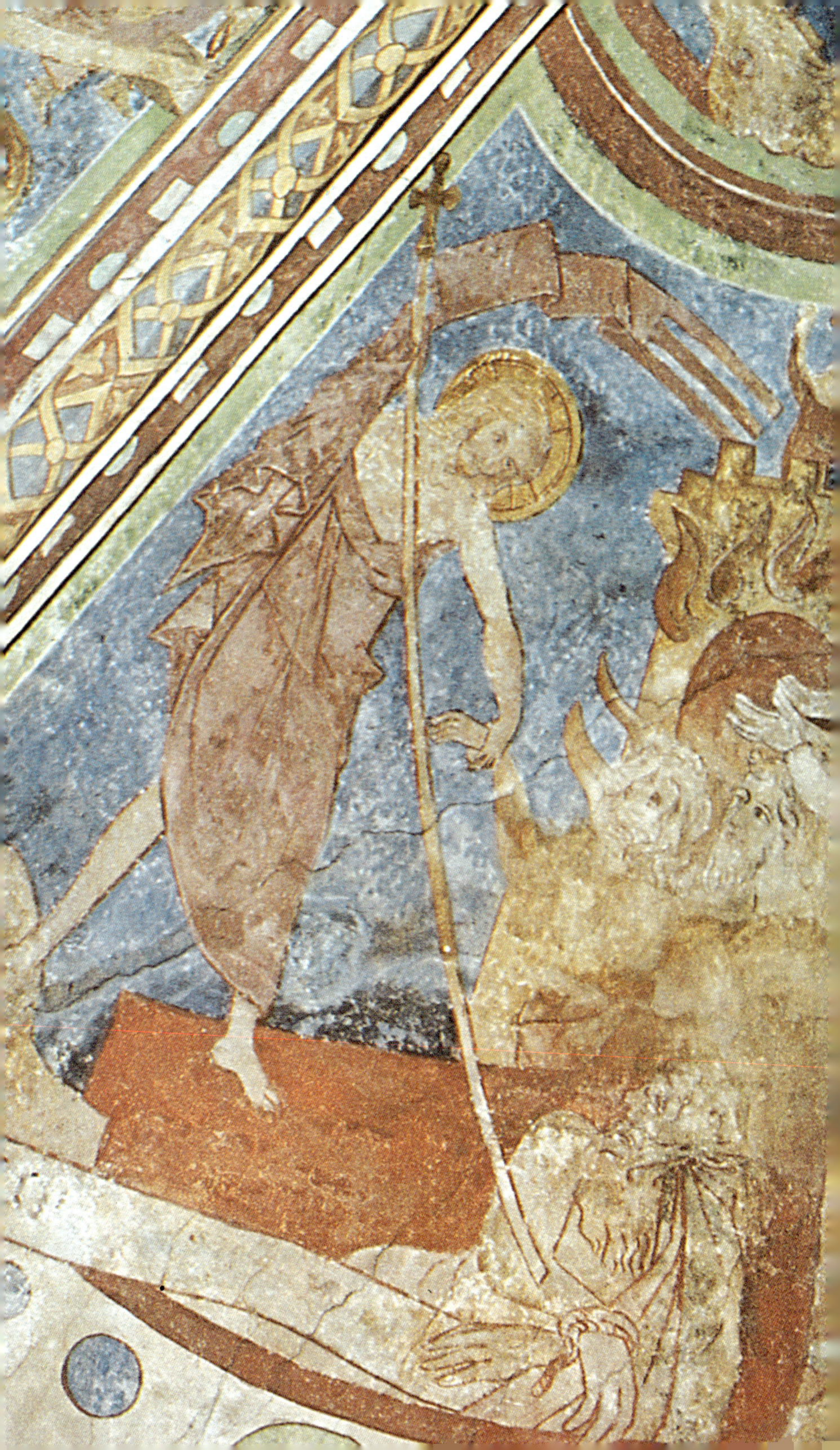

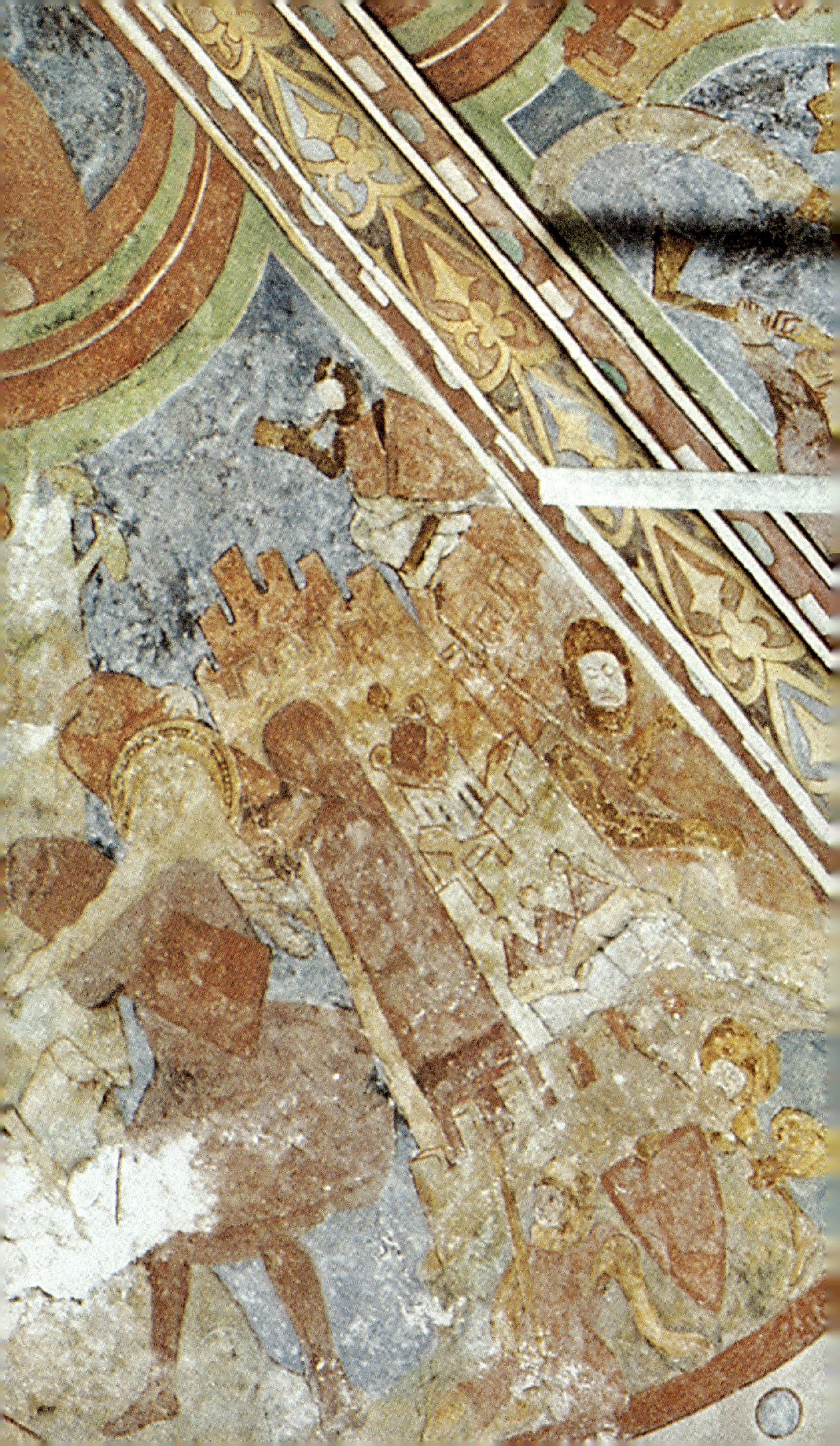

heißt: *Den gegen uns laufenden Schuldbrief (chirographum) mit seinen Bestimmungen hat er ausgelöscht und ihn beseitigt, indem er ihn ans Kreuz heftete* (Kol 2,14). Nach seinem Sieg über den Tod betritt der Menschensohn jenes Zwischenreich, in dem Adam mit den Gerechten des Alten Bundes auf sein Kommen wartete. Das im Abendland selten gewordene Bildthema wird hier, wie im christlichen Osten, zum eigentlichen Zeichen seines Sieges über den Tod. Das Ereignis der Totenfahrt Christi ist völlig verschwiegen und nur durch das Glaubensbekenntnis zu erfahren. Obwohl es das eigentliche Osterbild der östlichen Kirche ist und obwohl es theologisch fundamental auf das Neuwerden der gesamten Menschheit durch die Befreiung des ersten Adam anspielt, bleibt es verborgen. Aber wenigstens die Gläubigen bedürfen eines Zeichens, einer lautwerdenen Entsprechung zu diesem verborgenen Geschehen.

10a SAMSON TRÄGT DIE TORE VON GAZA AUF DEN BERG

Dieses Zeichen ist durch Samson, dessen entfesselte Stärke in allem Christus vorbildet, geheimnishaft gegeben. Rupert sagt im Buch über den Sieg des Wortes Gottes von Samson: *Es besteht kein Zweifel, daß die Kraft Samsons das Wort selbst war, dessen Mysterium seiner kommenden Menschwerdung er in überragenden Taten als leuchtende Mysterien vorbedeutete* (ed. Haacke, 123,8). In Samson ist sozusagen der große Sieg des Wortes Gottes über den Widersacher angedeutet.

So heißt es von ihm im Buche der Richter: *Einst ging Samson nach Gaza und sah daselbst eine Buhlerin und ging zu ihr. Als dies die Philister hörten und es bei ihnen kund ward, daß Samson in die Stadt gekommen sei, schlossen sie ihn ein, indem sie Wächter am Stadttore aufstellten, und die ganze Nacht warteten sie still, um ihn am Morgen, wenn er herausginge, zu töten. Samson aber schlief bis Mitternacht; alsdann stand er auf, nahm die beiden Flügel des Stadttores mit ihren Pfosten und den Querbalken, legte sie auf seine Schultern und trug sie auf den Gipfel des Berges, der gegen Hebron hin liegt* (Ri 16,1 ff).

In unserm Bild erscheint vor dem offenen Torbogen einer mit vielen Zinnen aufgetürmten Stadt und ihren schlafenden Wächtern der

mächtige Samson, der die Tore von Gaza auf der Schulter und vor sich forttträgt auf den Berg.
Bonaventura, ein Zeitgenosse der Entstehung der Fresken, der den älteren Bildsinn in zahllosen Texten verdeutlicht, sagt von Samson: *In dem Mysterium der Erwählung der Richter wird er (der Menschensohn) bezeichnet . . . durch Samson, welcher gleichsam in allem bezogen ist auf Christus; durch die Niederstreckung des Löwen, durch die Tore, die er forttrug, der im Tode mehr Feinde erschlagen hat als lebend* (Coll. in Hexaemeron XIV,23).

11 HEIMGANG JESU ZUM VATER

Auf dem herkömmlichen Bild erhebt sich Jesus mit der Siegesfahne des Kreuzes über einem Berg mit seiner ausgebreiteten Rechten, die die Macht des sprechenden Wortes Gottes hier ausladend verdeutlicht, nach oben zum Vater. Unter ihm erscheinen links Maria mit drei Aposteln, rechts eine in die Tiefe gestaffelte Apostelgruppe in demütiger Anbetung. Oben werden um den sich erhebenden Jesus zwei Engel sichtbar, die mit ihren Schriftbändern einen Satz der Apostelgeschichte und der Liturgie mit Anfang und Ende verdeutlichen:
HIC JESUS, QUI AS (SUMPTUS EST A VOBIS IN CAELUM) SIC VENIET –
Dieser Jesus, so wie ihr ihn habt auffahren sehen, so wird er wiederkehren (Apg 1,11).
Die Verheißung seiner Wiederkunft erweckt die Sehnsucht der Getreuen nach der endgültigen Wohnung bei ihm. Auch ist hier im Bild die enge Verbundenheit des Sohnes mit seinen Getreuen zum Ausdruck gebracht.

11a HIMMELFAHRT DES HENOCH UND ELIAS

Auf dem Gegenbild des Alten Bundes erscheint kein Berg, sondern rechts quer durch den Bildgrund ein von zwei diagonal aufsteigenden Pferden nach oben gezogener Wagen, in dem Elias sitzt. Elisäus sitzt schreiend am Boden mit seinem Schriftband:

S. 114 Heimgang Jesu zum Vater ▸
S. 115 Himmelfahrt des Henoch und Elias ▸

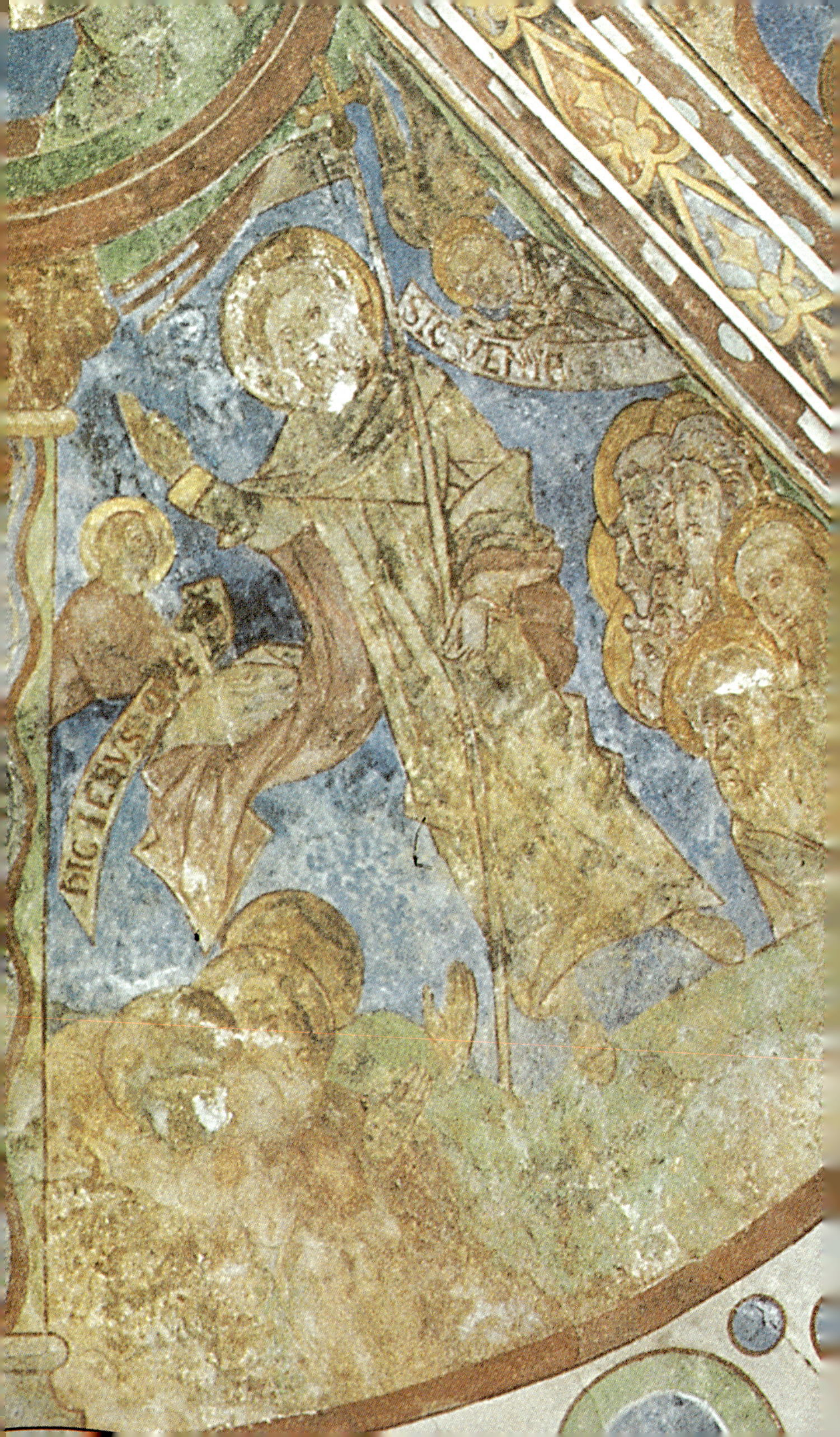
SIC VENI
HIC IESVS

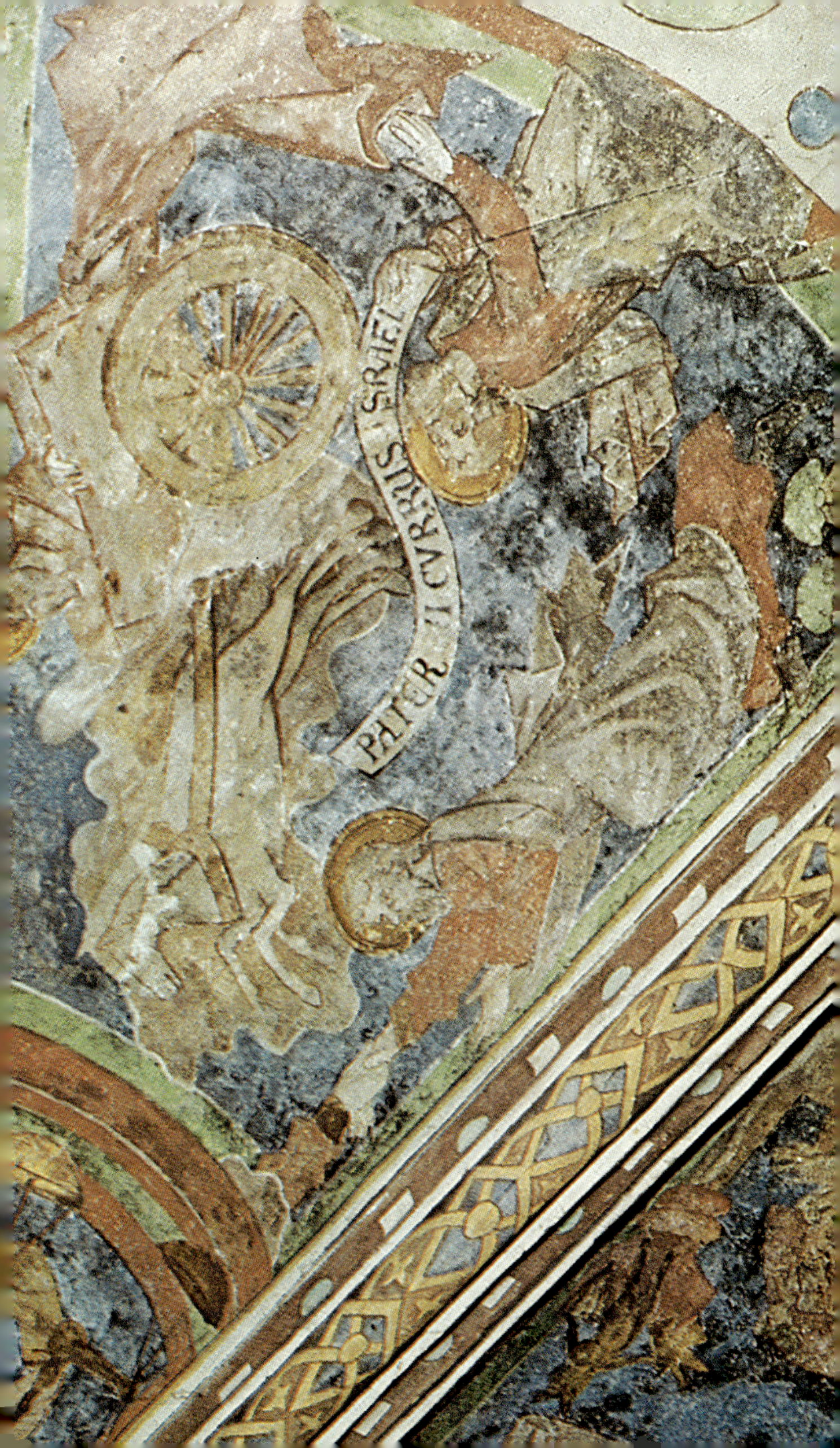
PATER I CVRRUS ISRAEL

PATER MI, CURRUS ISRAEL ET AURIGA EIUS – *Mein Vater, das ist der Streitwagen Israels und sein Gespann* (4 Kön 2,12).

Im linken Feld wird der gerade aufgerichtete Patriarch Henoch, der die Bewegung des Aufsteigens macht, zu Gott entrückt. Die Hand Gottes erfaßt von oben seine Rechte und zieht ihn hinauf.

Man könnte meinen, daß beide in ihrer Weise auf den Aufstieg Jesu zum Vater hinweisen, da sie untadelig vor Gott gelebt haben, wahre Söhne, die Adam vor seinem Fall gleich waren. Aber die hier angedeutete Entrückung zu Gott ohne irdischen Tod bedeutet für das Mittelalter nicht nur, daß zwei untadelige Menschen zu Gott erhoben wurden, sondern daß sie, aufbewahrt in der Ewigkeit, vor der letzten Ankunft des Menschensohnes auf Erden als Boten seiner Wiederkehr erscheinen werden.

Rupert zitiert im Buch über den Sieg des Wortes Gottes bei einer Betrachtung der Entrückung von Elias und Henoch das Wort der Weisheit über Henoch: *Henoch gefiel Gott und ward in das Paradies entrückt, daß er die Völker durch sein Beispiel zur Buße bewege* (Sir. 44,16; ed. Haacke, 171,9 f). Über Elias spricht er ausgiebig in diesem Buch und sagt von ihm, daß sich *durch Zeichen und Erweise und durch die Kraft des Eifers das Wort Gottes überaus heftig in Elias bekundet habe, weswegen im Lob der Väter in Wahrheit von ihm geschrieben steht: „Und es erhob sich der Prophet Elias, dem Feuer gleich und sein Wort brannte gleich einer Fackel . . . Auf das Wort des Herrn verschloß er den Himmel und ließ dreimal Feuer vom Himmel fallen. So ward Elias durch seine Wunder verherrlicht. Wer kann sich dir an Ruhm vergleichen?*“ (Sir 48,1 ff; ed. Haacke, 161,23 ff). Dann beschäftigt er sich mit der Überlieferung der Väter, besonders des Hieronymus, und sagt von Henoch und Elias, daß ihr Tod aufgeschoben sei auf die letzten Zeiten des Antichrist hin und zitiert Malachias: *Siehe ich sende euch den Propheten Elias, bevor der große und schreckliche Tag des Herrn kommt* (Mal 4,5).

Hier zeigt sich die genaue Parallelität zum Bild der Himmelfahrt des Herrn. So wie da die Engel (im Schriftband) rufen: *so wird er wiederkehren,* so werden auch Elias und Henoch vor dem letzten Kommen des Herrn auf Erden als die Rufer zur Umkehr erscheinen.

Bisher konnte man erkennen, wie sich der Zyklus der Gewölberosen in einer inneren Programmatik bis ins Detail treu bleibt. Wiewohl man fortwährend staunte, ließen sich doch alle Zweifel bloßer Eigenmächtigkeit mit dem Blick auf die Werke des Rupert von Deutz beheben: Das jeweilige neutestamentliche Ereignis tritt wie ein stilles Geschehen hervor, das begleitende Bild des Alten Bundes eröffnete den verborgenen neutestamentlichen Sinn in seiner unauslotbaren Tiefe. Ein letztes Bild bleibt übrig, an dem sich dieser Vorgang von neuem demonstrieren läßt: das Pfingstbild, die Geburtsstunde der Kirche, der neue Erweis göttlicher Kraft nach dem Heimgang des Herrn zum Vater.

12 AUSGIESSUNG DES HEILIGEN GEISTES

Man möchte meinen, dieses Ereignis böte wiederum Anlaß zu einem demonstrativen Bild der Befähigung der Apostel durch den Heiligen Geist. Aber auch hier ist das eigentliche Ereignis des Pfingsttages wie in einer Kammer unendlicher Stille sichtbar: die Apostel, im Kreis eng zusammengerückt um Maria, sind überschwebt von den Feuerzeichen des Geistes, so daß man hier an das Wort des Dichters erinnert wird:

Einen Apfel teilend ins
offne Kerngehäus'
sah mein Auge, wirren Sinns
Pfingsten rings im Kreis.
(K. Weiß, Gedichte, ed. Kösel, 257.)

Im Kerngehäuse des Saales von Jerusalem sitzen, fast noch zaghaft, die Apostel um Maria, obwohl das Feuer des Geistes schon über ihnen loht. Das erste ist hier offenbar das eigene Erfülltsein mit dem Geist Gottes, dann erst das Zeugnis, damit man diesen Geist Gottes niemals mit den eigenen Vorstellungen verwechsle.
Der vom Menschensohn gesandte Geist Gottes will in der Welt wirken, seine Zeugen müssen sich ihm öffnen und ihm dienen. Das wird hier in den Aposteln, die auf dem Berge Sion in Jerusalem versammelt sind, offenbar. Aber welches Ereignis des Alten Bundes kann dieses entscheidende, wie Feuer wirkende Ereignis vom Kommen des Geistes Gottes, der allein alles Heil bewirkt, verdeutlichen?

S. 118 Ausgießung des Heiligen Geistes ▸
S. 119 Ausgießung des Feuers Gottes über dem Altar des Elias ▸

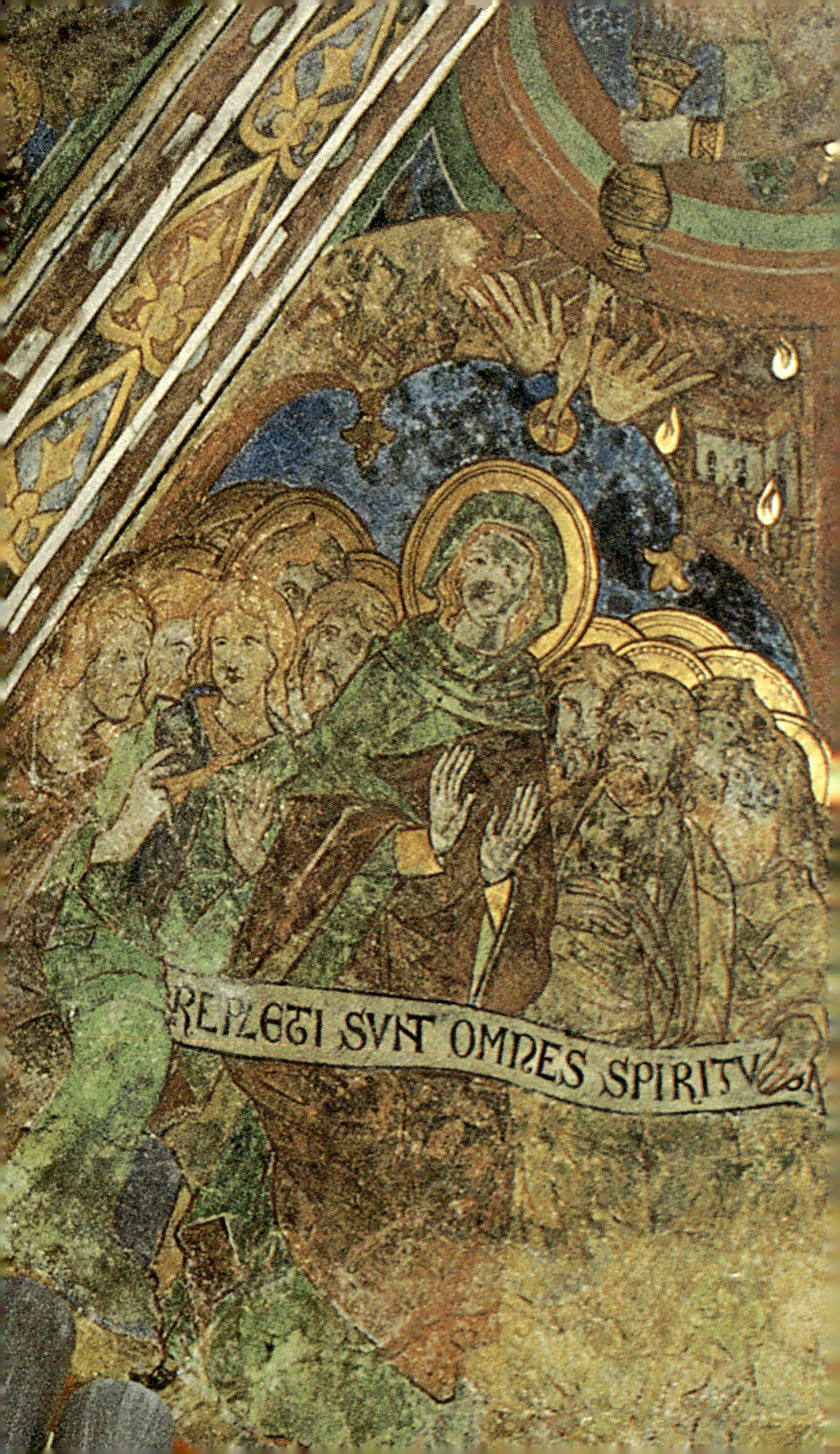
REPLETI SVNT OMNES SPIRITV

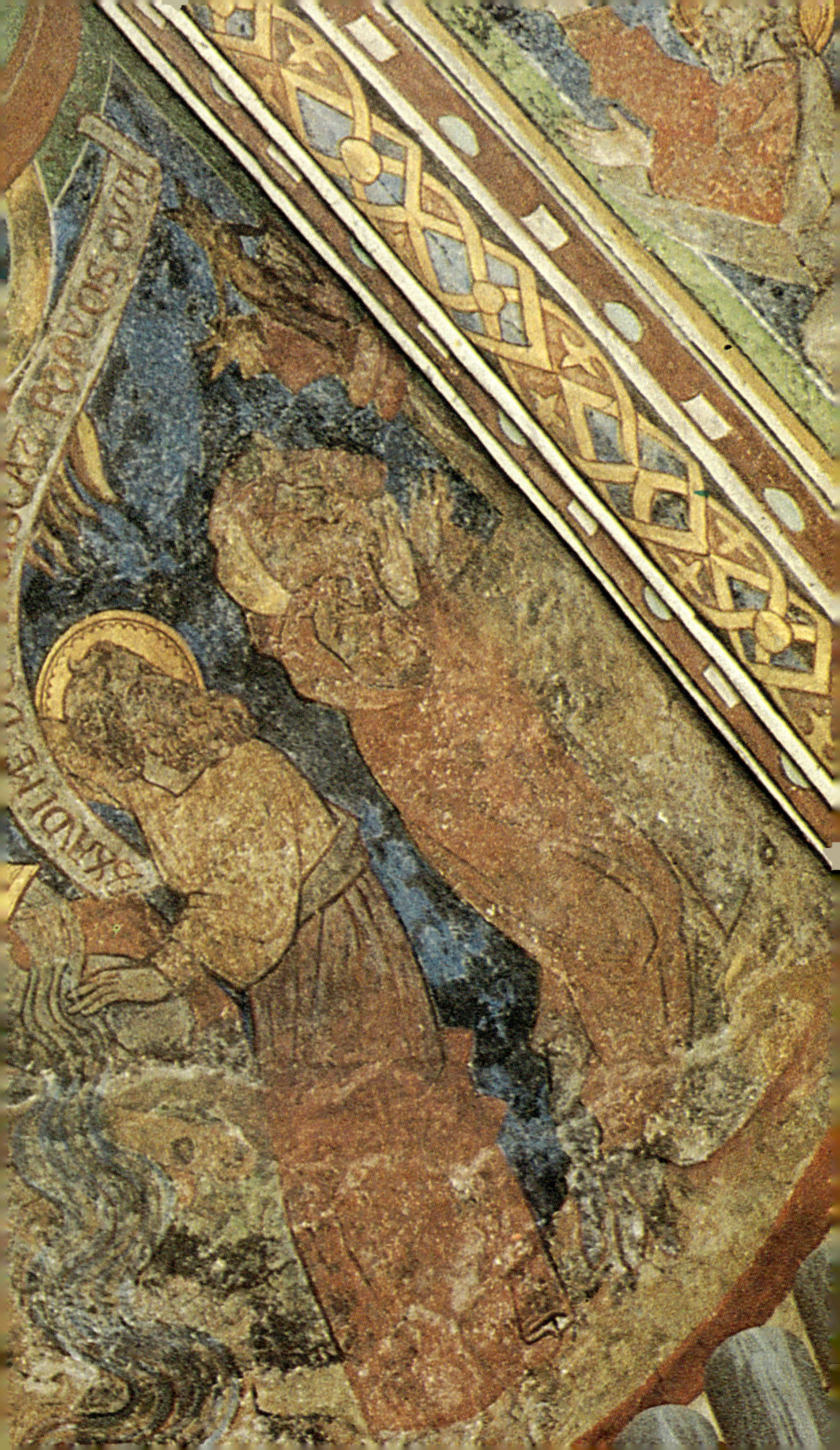

12a AUSGIESSUNG DES FEUERS GOTTES ÜBER DEM ALTAR DES ELIAS

In der größten Bedrängnis Israels unter dem gottlosen König Ahab und der ruchlosen Jezabel, seiner Gemahlin, ruft Elias, die aufragende Säule Jahwes, des wahren Bundesgottes, vierhundert Priester des Baal und das ganze Volk Israel auf den Berg Karmel. Elias wählt zwei Rinder als Opfer aus. Die Baalspriester sollen eins wählen und auf ihrem Altar zum Opfer herrichten. Dann sollen sie ihren Gott anrufen, daß er das Opfer verzehre. Sie rufen und schreien und schlagen sich Wunden, springen über den Altar und beschwören, aber kein Gott erhört sie.

Darauf rüstet Elias zur Zeit des Abendopfers seinen Altar und bereitet das Opfertier. Dreimal läßt er es samt dem Holz für das Feuer gänzlich durchnässen. Dann ruft er den Gott Israels an, daß er das Opfer verzehre: „*Erhöre mich, Herr, erhöre mich, damit dieses Volk innewerde, daß du, Herr, unser Gott bist, und du ihr Herz wieder gewendet hast*". *Da fiel Feuer vom Herrn herab und verzehrte das Brandopfer, das Holz die Steine . . . Als das ganze Volk dies sah, fiel es auf sein Angesicht und sprach: Jahwe ist der Herr, Jahwe ist der Herr* (3 Kön 18,19 ff). Dieses Bild des Alten Bundes wird im Gegenspiel zum Pfingsttag sichtbar. Rechts stehen die Baalspriester, ihr Opfer erscheint als Idol, links schaut Elias auf sie und hält das Schriftband:

EXAUDI ME DEUS, UT DISCAT POPULUS,
QUIA (TU ES DOMINUS DEUS) –
Erhöre mich, Gott, damit dieses Volk erkenne, daß du Jahwe, der Herr bist (3 Kön 18,37).

Elias ruft die Kraft Gottes an. Nicht Elias gebietet, sondern der Gott Israels, der ihn zu seinem Zeugen erkoren hat. Damit ist im ganzen Zyklus zu erkennen, daß die still dargebotenen Themen des Neuen Bundes durch ihre alttestamentliche Vergegenwärtigung sichtbar machen: Gott allein wirkt den Plan des Heiles und macht ihn offenbar, wenn seine Zeugen ihm vorbehaltlos dienen.

S. 121 Die vier Kardinaltugenden; innere Wölbung der Westrose ▶

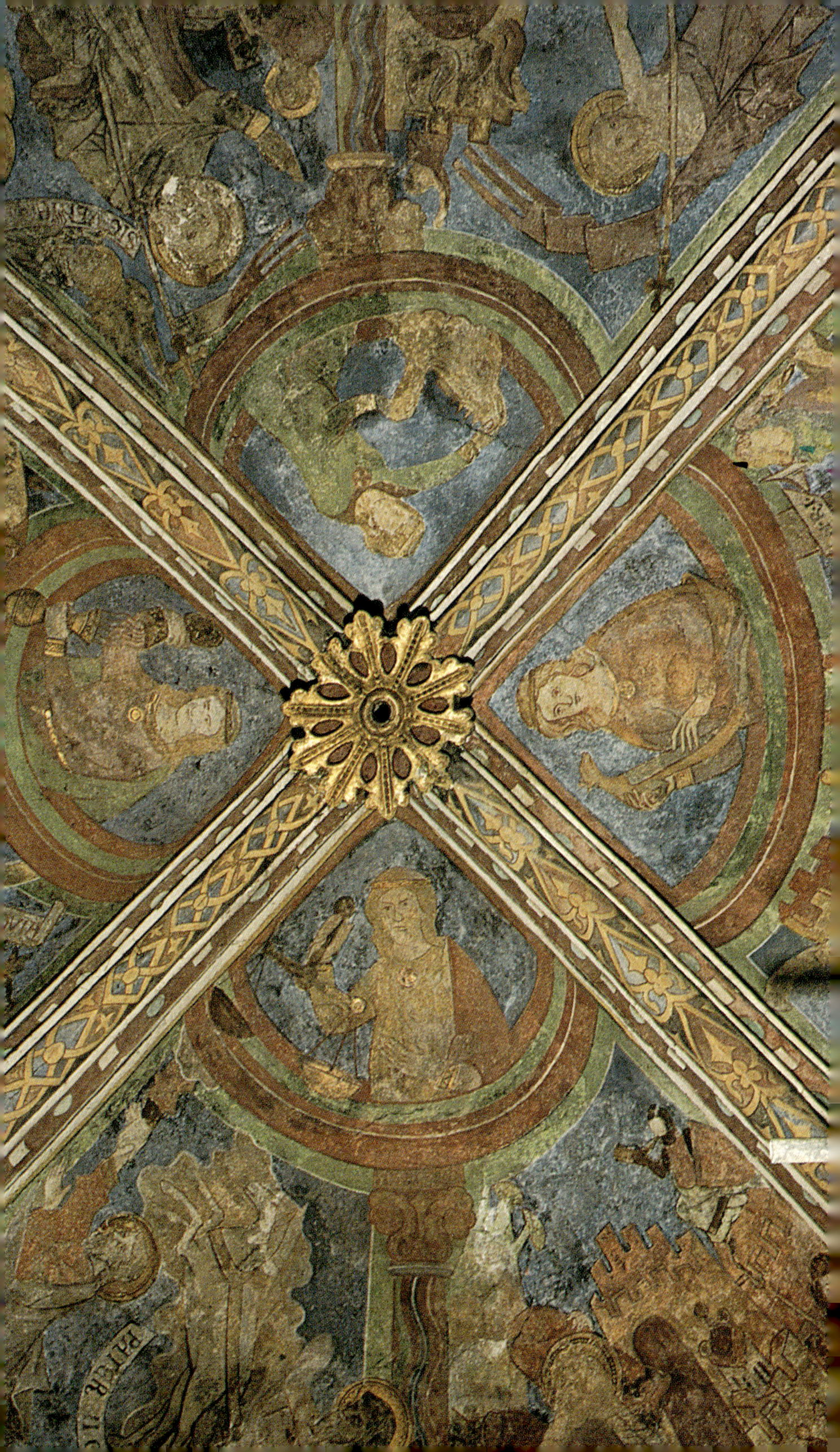
PATER

Mit Verwunderung und Bestürzung erkennt man, daß der kölnische Schrifttheologe Rupert von Deutz in diesem Bildprogramm nicht nur einen Einblick in das geheimnisvolle Zusammenspiel der Testamente eröffnet hat, sondern eine glaubwürdige Verdeutlichung, daß über alles Menschensinnen innerhalb und außerhalb der Kirche hinweg eindringlich der Sieg des Wortes Gottes allein als rettendes Zeichen hervortritt.

Die tragenden Zwickel der drei Gewölberosen

Bei der Darstellung der östlichen Gewölberose vom Anfang des Heiles konnte man erkennen, daß im inneren Kern der Rose vier ausgesparte Felder entstanden, von denen zwei die Beziehung von Lex und Gratia, Gesetz und Gnade, also Altem und Neuem Bund im Schriftband hervorhoben (S. 88). Der Kern der mittleren Gewölberose ist nur farblich getönt und in seinen Figuren und Schriftbändern nicht mehr erhalten. Dagegen wird im Kern der letzten Rose im Westen in den Gestalten der Kardinaltugenden Klugheit, Tapferkeit, Gerechtigkeit und Zucht ein reiches Figurenspiel wach, zumal die Bilder der Tugendkräfte mit ihren ausströmenden Wasserkrügen an die vier Ströme des Paradieses gemahnen (S. 121).
Außerdem erheben sich die drei Gewölberosen mit ihren weitausladenden „Blättern" über kleinen Zwickeln in der untersten Fläche der Wand, die sie tragen und von neuem deuten. Jede Rose wird von acht Gewölbezwickeln gehalten, und in ihnen verweisen Bischöfe und alttestamentliche Propheten mit ihren Schriftbändern von neuem in ungeahnter Variation auf den Zusammenklang der Testamente, wobei den Ereignissen des Alten Bundes die gesamte prophetische Verheißung zugeordnet wird, den Themen des Neuen Bundes dagegen kurze prägnante Sätze der Tradition, die sich auf die Tatsächlichkeit des geschehenen Heils beziehen.
Betrachtet man zuerst die Ereignisse des Neuen Bundes, dann erscheinen die Gestalten, die sie in den untersten Zwickeln tragen, mit ihren begleitenden Schriftbändern wie ein Jubel über das Heil,

das sich inmitten der Geschichte ereignet hat. Die Ereignisse des Alten Bundes jedoch werden von den sie tragenden Propheten mit ihren Schriftbändern in den gegenüberliegenden Zwickeln in einer solchen Fülle der Verheißung erkannt, daß man sowohl über die Möglichkeiten der Heilszusage Gottes an Israel wie über ihre Konkretisierung in der Fülle der Zeit nur noch zu staunen vermag.

In der ersten Gewölberose vom *Anfang des Heiles* im Osten ist das erste Bild des Neuen Bundes, die VERKÜNDIGUNG AN MARIA, im unteren Zwickel von einer Frauengestalt ohne Schriftband bestimmt, die man als die Königin von Saba bezeichnen möchte, wie sie aufbricht zur endlich gegenwärtig werdenden Weisheit Salomons. Wenn diese Deutung stimmt, wäre die Königin von Saba die einzige Gestalt des Alten Bundes, die eines der zwölf Ereignisse des Neuen Bundes trägt.

Gegenüber wird die Erscheinung der drei Engel bei Abraham vom Bild des Propheten der Heiden, Bileam auf seiner Eselin, getragen. Das begleitende Schriftband sagt sein Deutewort:

ORIETUR STELLA – *Aufgehen wird ein Stern,* jener Stern über Jakob, der das Heil bringt. Natürlich fehlt der Engel, der der Eselin den Weg verwehrt, weil die Szene übergreifend ist. Oben sitzen ja die drei Engel, von denen einer im Schriftband sagt, daß in der Geburt des Isaak, hinweisend auf den Menschensohn, das wahre Zeichen der Verheißung besteht.

Das Bild der ANKUNFT CHRISTI wird von Gregor dem Großen mit seinem Schriftband wie ein Gesang gedeutet: VISIBILIS EXSISTIT CORPORE, INVISIBILIS MAIESTATE – *Sichtbar tritt er im Leibe hervor, unsichtbar in seiner Majestät.*

Bei der GEBURT ISAAKS dagegen hält der Prophet Jesaja im Zwickel das Schriftband: ECCE VIRGO CONCIPIET – *Siehe, die Jungfrau wird empfangen* (Jes 7,14). Er will keineswegs sagen, daß Sara eine Jungfrau ist, sondern daß Isaak als der Träger der universalen Verheißung gilt.

Ähnlich geschieht es auch bei den beiden weiteren Feldern der Darbringung des Herrn im Tempel und der Darbringung Samuels.

Bei der DARBRINGUNG CHRISTI erscheint im Zwickel die Gestalt eines Bischofs mit dem das Geschehen bezeichnenden Schriftband: SIMEON SENEX DEUM AGNOVIT INFANTEM – *Simeon der Greis erkennt, daß Gott ein Kind geworden ist.*

Die DARBRINGUNG SAMUELS wird dagegen von der unermeßlichen Tiefe der Vision des Malachias im Wort getragen: VENIET AD TEMPLUM SUUM DOMINATOR – *In seinen Tempel tritt ein der Herrscher* (Mal 3,1).

In der Darstellung der TAUFE DES HERRN und dem verschwiegenen Vorbild der Taufe durch das Bad des Syrers Naaman wird wiederum ein Gegensatz in den Zwickeln deutlich, der die konkrete Gegenwärtigkeit des Heils von der Völkersehnsucht der Verheißung abhebt:

Die TAUFE CHRISTI „trägt" ein Bischof mit dem Schriftband: CUM CHRISTO PER BAPTISMUM SEPELIEMUR, UT CUM EO RESURGAMUS – *Mit Christus werden wir durch die Taufe begraben, auf daß wir mit ihm auferstehen.*

Die REINIGUNG DES NAAMAN dagegen begleitet im Tragen von unten der Prophet Ezechiel mit seinem von der Kirche ganz für das Taufgeheimnis des Neuen Bundes beanspruchten Wort: EFFUNDAM SUPER VOS AQUAM MUNDAM – *Ausgießen will ich über euch reines Wasser* (Ez 36,25).

So wird schon in der ersten Gewölberose im Osten sichtbar, daß die Beziehungsfelder zwischen Neuem und Altem Bund nicht nur in der Zuordnung der Bilder, sondern auch in der Zuordnung der Worte von jener Kühnheit geprägt sind, die einzig darauf bedacht ist, das geschehene Heil als Einklang der Testamente ganz neu gegenwärtig erstehen zu lassen.

Im mittleren Gewölbefeld der ROSE VOM FORTGANG DES HEILES verschränken sich in den Schriftbändern der Zwickel die Texte der gegenseitigen Entsprechungen.

Bei der VERKLÄRUNG CHRISTI erscheint im Zwickel darunter die gekrönte Ecclesia mit der Siegesfahne. Auf ihrem Spruchband steht das Psalmwort: MAGNA EST GLORIA EIUS IN SALUTARI TUO – *Gewaltig ist seine Glorie in deinem Heil* (Ps 20,6). Hier zeigt sich, wie gerade die Psalmen nicht allein Worte des Alten Bundes geblieben sind, sondern gegenwärtiger Gebetsausdruck der Kirche wurden.

Im Parallelbild mit MOSES AUF DEM BERGE wird im Zwickel ein Prophet sichtbar mit einem Wort der Weisheitsbücher: GLORIOSUS APPARUISTI IN CONSPECTU DOMINI – *Glorreich bist du erschienen im Angesicht des Herrn* (Eccli 45,3).

Beim EINZUG JESU IN JERUSALEM trägt im unteren Zwickel ein Bischof das Spruchband mit einer Antiphon aus der Palmprozession am Palmsonntag: CUM (ANGELIS ET) PUERIS FIDELES INVENIAMUR (TRIUMPHATORI MORTIS) CLAMANTES: (HOSANNA IN EXCELSIS) – *Mit (den Engeln und) den Kindern mögen wir als gläubig erfunden werden, da wir (dem Sieger über den Tod) zurufen: Hosanna (in der Höhe).*

SALOMONS EINZUG IN DEN TEMPEL ist dagegen von einem Propheten mit dem Schriftband des Psalmwortes getragen: FILII SION EXSULTENT IN REGE SUO – *Die Söhne Sions jauchzen auf über ihren König* (Ps 149,2).

Die weitere Bildfolge von Abendmahl des Herrn und dem Mahl des Ahasver bei der Königin Esther scheint von den begleitenden Texten in den Zwickeln her einige Schwierigkeiten zu bereiten.

Unterhalb des ABENDMAHLES erscheint eine Priestergestalt mit dem seltsamen antiphonalen Spruch, der den Menschensohn und auch den Verrat umschließt: HOSTIA QUAM VIDES NON EST PANIS, SED CARO MEA (PRO MUNDI VITA) – *Die Opfergabe, die du siehst, ist nicht Brot, sondern mein Fleisch (für das Leben der Welt).*

Der dem Verrat ausgelieferte Sohn wird erst durch diesen Verrat, d. h. durch seinen siegreichen Tod als Opfergabe zur Speise für die Welt. Dieses sein Erlösungsopfer wird im Abendmahl vorweggenommen.

Unter dem MAHL DES AHASVER allerdings erscheint eine gekrönte Gestalt mit einem Spruch des Weisheitsbuches PANEM DE CAELO PRAESTITISTI ILLIS – *Brot vom Himmel hast du ihnen gegeben* (Sap. 16,20).

Hier scheint jeder Gedanke an den Verrat aufgehoben zugunsten des einen Notwendigen, daß das Opfer zur Speise wurde.

Den Abschluß der mittleren Gewölberose bildet das Gegensatzpaar der Geißelung Christi und des Dulders Hiob.

Bei der GEISSELUNG CHRISTI stellt im unteren Zwickel ein Bischof in einem deutenden Spruch die volle Härte des Geschehens dar: ECCE PRO IMPIO PIETAS FLAGELLATUR – *Siehe für den Gottlosen wird die Liebe geschlagen.*

Im Bild des DULDERS HIOB dagegen ist unterhalb der Darstellung durch eine Prophetengestalt das auf den leidenden Gottesknecht hinweisende Deutewort des Jesaja aufgeschrieben: COR-

PUS MEUM DEDI PERCUTIENTIBUS – *Meinen Leib bot ich denen, die mich schlagen* (Jes 50,6).
Durch solche bisher ganz ungewohnte Parallelen zwischen Neuem und Altem Bund wendet man sich nun mit Spannung der letzten Gewölberose von der VOLLENDUNG DES HEILES und ihren geheimnisvollen Paralellen zu.
Die Darstellung der ABNAHME JESU VOM KREUZ erscheint wie ein äußerstes Bild der Schwäche und des Erliegens, da dem toten Christus gewiß keinerlei Kraft mehr innewohnt. Aber hier wird im Zwickel die Gestalt eines Mönchs sichtbar, die im Schriftband den lapidaren Text trägt: NON IN INFIRMITATE, SED POTESTATE MORTUUS EST – *Keineswegs ist er durch Schwachheit, sondern durch Kraft in den Tod gegangen.*
Das begleitende Thema des Alten Bundes ANBETUNG UND ZERSTÖRUNG DER EHERNEN SCHLANGE wird von einem jugendlichen Propheten im Schriftband begleitet: A FACIE MALITIAE COLLECTUS EST IUSTUS – *Angesichts des Verderbens wird der Gerechte dahingerafft* (Jes 57,1); das beleuchtet damals wie heute die anscheinend ausweglose Lage dessen, der sich dem Trend oder der Mode, auch innerhalb der Kirche, versagt und äußerlich, wie der Menschensohn, erliegt.
Dennoch sind größere Ereignisse, die äußerlich nicht wahrgenommen werden können, im Spiel. Die TOTENFAHRT CHRISTI befreit den ersten Adam zu neuer Ebenbildlichkeit. Ein Diakon trägt im unteren Zwickel das Schriftband: PASSIO CHRISTI TARTARUM PERFODIT – *Das Leiden Christi hat die Unterwelt durchstoßen.*
Das alttestamentliche Gegenbild, die Darstellung SAMSONS, DER DIE TORE VON GAZA AUF DEN BERG TRÄGT, scheint dem Geschehen des Neuen Bundes begleitend zur Hilfe zu eilen und im Deutewort seinen innersten Sinn zu verkünden: CONFRINGAM IUGUM CAPTIVITATIS VESTRAE – *Ich will das Joch eurer Knechtschaft zerbrechen* (Amos 9,14).
Das folgende Ereignis der HIMMELFAHRT DES HERRN wird dagegen in seinem entscheidenden Bezug zur gesamten Kirche von einem Bischof im Spruchband gedeutet: ASCENSIO DOMINI GLORIFICATIO NOSTRA – *Der Aufstieg des Herrn ist unsere Verherrlichung.*

Das Gegenbild der HIMMELFAHRT DES PROPHETEN ELIAS, das durch den Propheten Zacharias im Zwickelbild gedeutet wird, bezieht sich im tiefsten Sinne gänzlich auf den Menschensohn: SUNT PEDES EIUS IN ILLA DIE SUPER MONTEM OLIVARUM – *An jenem Tage schweben seine Füße über dem Ölberg* (Zach 14,4).

Auch das Thema der AUSGIESSUNG DES HEILIGEN GEISTES ist in der Darstellung seines tatsächlichen Geschehens wie in seinem alttestamentlichen Vorbild überraschend. Unter dem verschwiegenen Pfingstbild hält ein Bischof das Schriftband: SPIRITUS SANCTUS INSPIRATOR EST FIDEI, DOCTOR SCIENTIAE – *Der Heilige Geist haucht den Glauben ein, er ist Lehrer des Wissens.*

Das bestürzende Thema der AUSGIESSUNG DES FEUERS GOTTES ÜBER DEM ALTAR DES ELIAS dagegen ist vom Wort des Propheten Joel getragen: EFFUNDAM SPIRITUM (MEUM SUPER OMNEM CARNEM) – *Ausgießen will ich meinen Geist (über alles Fleisch)* (Joel 2,28).

Das Ergebnis dieser Darstellung ist überraschend. Aus einer Fülle von Parallelen zwischen Altem und Neuem Bund sind hier nur solche Themen gewählt, die nicht nur den verborgenen Charakter der Beziehung zwischen den Testamenten eröffnen, sondern das neue Moment eindringlicher Vergegenwärtigung, als sei dies die eigentliche Aufgabe der Darstellung, gleichsam ein gegenseitig sich hervorlockendes Wechselspiel von Bild und Wort.

SANCTOS AUREOS – ZU DEN GOLDENEN HEILIGEN

Zur Neugestaltung des Dekagons von Sankt Gereon

Als bedeutsamster Ort im geschichtsträchtigen Kranz der romanischen Kirchen Kölns erweist sich noch heute zweifellos die Basilika St. Gereon. Das Gedächtnis an frühchristliche Märtyrer seit konstantinischer Zeit am gleichen Ort, die Grundform des ellipsenförmigen Dekagons als Nischenbau des 4. Jahrhunderts, die unaufhörlichen Wallfahrten des ganzen Mittelalters zu den heiligen Zeugen des Glaubens, jenen Soldaten, die zu milden Kriegern im Heere des Menschensohnes geworden waren und dafür hingerichtet wurden, dies alles macht den denkwürdigen Ort zum ehrwürdigsten in seinem Umkreis.

Der erste, der Legende nach von der Kaiserin Helena errichtete Raum, der noch heute römisches Mauerwerk zeigt und der in den inneren Rundungen seiner Apsiden die Schalen zerbrochener römischer Amphoren verbirgt, wurde in merowingischer und fränkischer Zeit als Königskirche zu Ehren der Märtyrer der ägyptischen Thebäis über und über mit Schmuck ausgestattet. Der fränkische Geschichtsschreiber Gregor von Tours nennt diese Stätte um 590 Sanctos aureos, *zu den goldenen Heiligen: Est apud Agripinensem urbem basilica, in qua dicuntur quinquaginti viri ex illa legione sacra Thebeorum pro Christi nomine martyrium consummasse. Et quia admirabili opere ex musivo quodam modo deaurata resplendet, Sanctos Aureos ipsam basilicam incolae vocitare voluerunt . . . Bei der Stadt Köln befindet sich eine Basilika, in der fünfzig Männer aus jener heiligen Legion der Thebäer um des Namens Christi willen das Martyrium auf sich genommen haben sollen. Weil sie aber in rühmenswerter Errichtung und in kunstvoller Weise golden aufstrahlt, wollten die Einwohner diese Basilika „zu den goldenen Heiligen" genannt wissen* (Gregor von Tours, Lib. in gloria mart. c. 61).

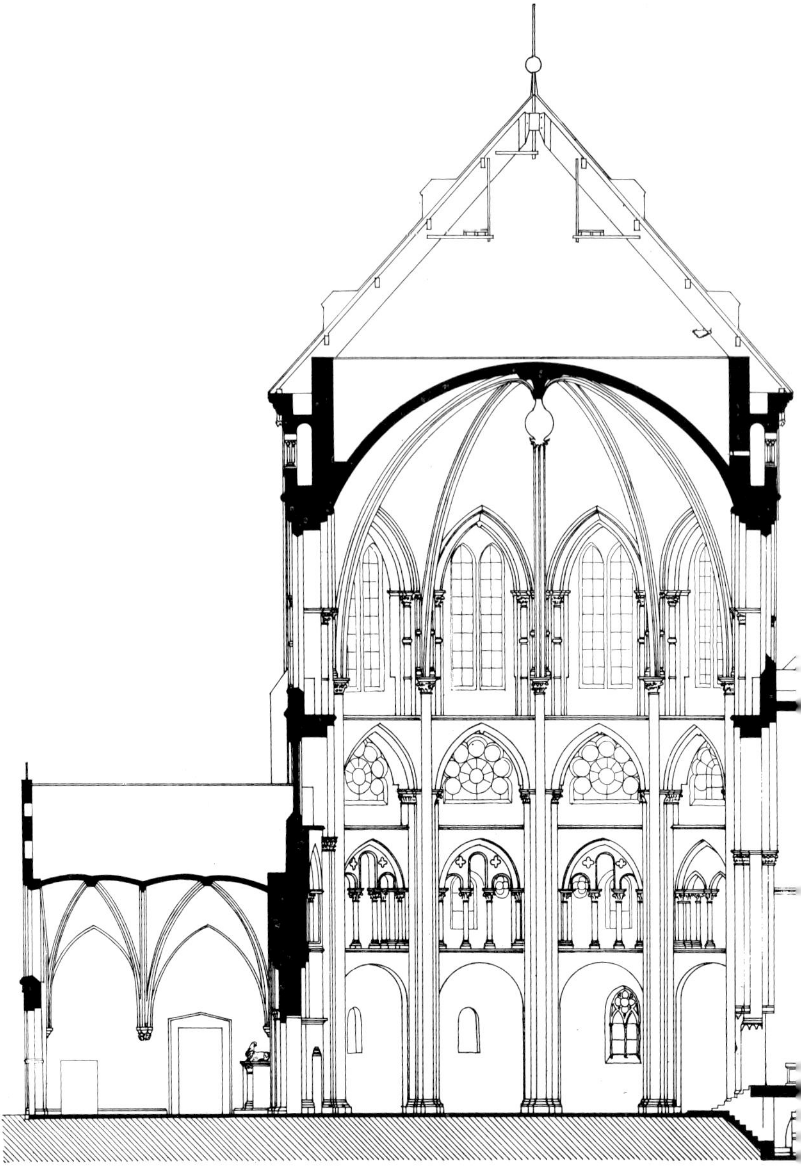

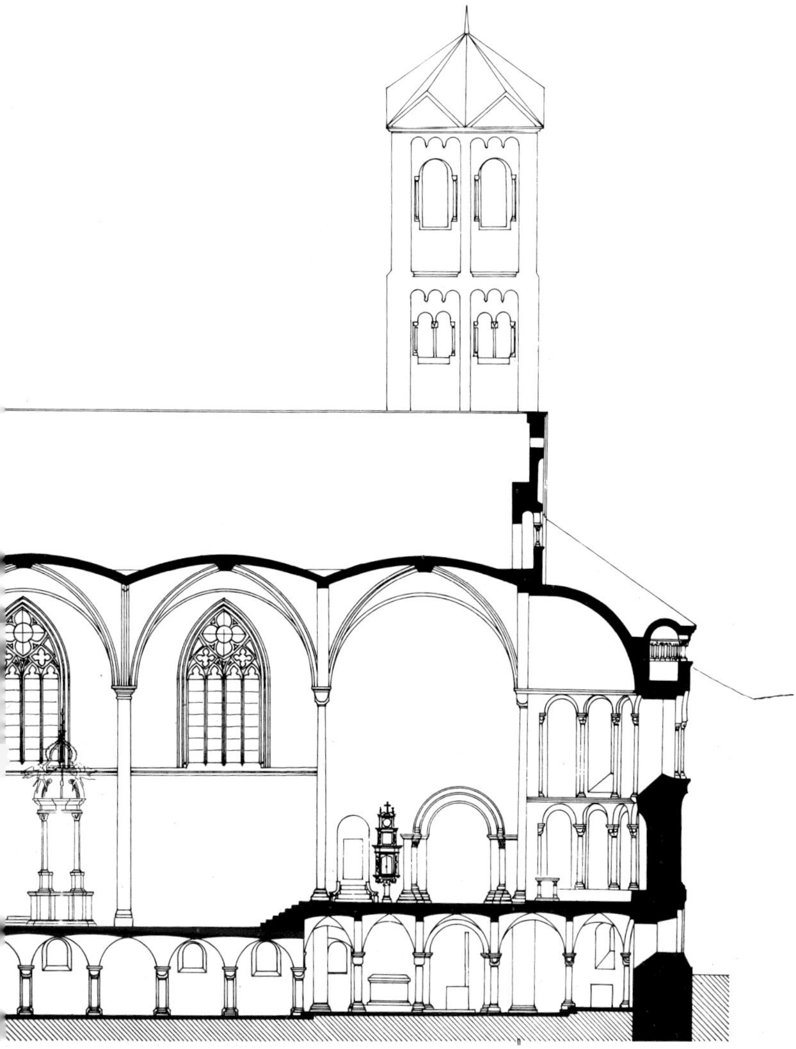

Um die Zeit Erzbischof Annos (1056–1075) *wird sie als ein reich mit Gold und Marmor geschmückter Zentralbau beschrieben und hier zuerst die Heilige Helena als Gründerin genannt* (Clemen VIII, 1, S. 16). Die Vita Annos berichtet von einem Nachlassen der Verehrung St. Gereons und seiner Gefährten im 11. Jahrhundert, so daß er sich entschloß, den Bau des Dekagons nach Osten zu erweitern und mit Krypta und Türmen zu versehen. In der Mitte des 12. Jahrhunderts wurden unter Erzbischof Arnold II. (1151–1156) Chor und Krypta nochmals erweitert und vollendet. Der Neubau des Dekagons und seine Erhöhung begannen 1219. Vom frühen Zentralbau blieben die Nischen des unteren Geschosses erhalten, 1227 wurde das Gewölbe des nunmehr vierstufig sich erhebenden gewaltigen Raumes geschlossen.
Vom südlichen Vorplatz aus läßt sich die Kirche am besten in ihrer Gesamtheit umgreifen, ein Raum, der sich aus schweren und schmalen Körpergliedern von Westen nach Osten fortsetzt und in seiner baulichen Ausdehnung eine gespannte Leiblichkeit verrät, eine Ablesbarkeit der erfahrenen Geschichte.
In den Zerstörungen des 2. Weltkrieges wurde das Dekagon so schwer getroffen, daß es einzustürzen drohte. Seine Instandsetzung hat man mit größter Sorgfalt durchgeführt, so daß die ganze Basilika in all ihren Räumen wieder begehbar geworden ist. Seit mehreren Jahren schon wurde in einer eigenen Kommission aus Vertretern der Kirche, der Stadt und des Landes beraten, wie das Innere des Raumes so gestaltet werden kann, daß einmal eine Durchsicht durch den ganzen Raum vom Eingang bis zur Ostapsis gewahrt bleibt, zum andern aber ein neues Bildprogramm, das vor allem den Raum des Dekagons angeht, den ursprünglichen Sinn des Baues *zu den goldenen Heiligen* wieder erfahrbar werden läßt.
Als erstes ergab sich die Frage, welche Künste bei der Neugestaltung herangezogen werden sollten. Wenn auch in verschiedenen Quellen früherer Jahrhunderte die Pracht des Raumes außen und innen als goldenes Leuchten oder Erstrahlen beschrieben wird, so gibt es doch keinerlei Hinweise auf das spätantike, fränkische oder frühmittelalterliche Bildprogramm. Der einzige, raumbeherrschende Schmuck ist die Malerei der Ostapsis, das nur noch in den Umrissen erkennbare Fresco mit der Majestas Domini, dem Bild des wiederkehrenden Christus zwischen Maria und Johannes dem Täufer und den vier Wesen, von denen nur zwei am oberen Bogenrand sichtbar

sind, sowie mit den in den unteren Nischen dargestellten Gestalten der Thebäer. Ähnlich bedeutsam ist das Fußbodenmosaik des salischen Chorbaues mit den Ereignissen aus dem Leben Davids und Samsons, das sich heute im Ostteil der Krypta befindet.

Im vorigen Jahrhundert ist ein Bildprogramm von Essenwein ausgeführt worden, das nach der Zerstörung in seinen Plänen erhalten blieb. Es entspricht ganz dem restaurativen Geist des 19. Jahrhunderts und läßt auch in seinem theologischen Konzept einen reinen Schmucksinn religiöser Gestaltung erkennen. Dieses Konzept kann kaum wiederholt, aber jederzeit mit Rücksicht auf den ursprünglichen Raumsinn gesteigert werden. Das läßt sich am besten durch Beispiele erweisen.

Eine erste Frage entstand bei der Überlegung, wie die von neuem vollendete Kuppel gestaltet werden sollte. Die Programme des 19. Jahrhunderts sahen bei der Darstellung von Kirchengewölben eine Ausschmückung als Himmelsgewölbe vor: blauer Farbgrund mit goldenen Sternen. Geht man aber an noch vorhandenen Beispielen dem älteren Sinn solcher Darstellung nach, so zeigt sich, daß das 19. Jahrhundert den tieferen Sinn dieser frühen Darstellung nicht mehr verstand.

Zu den ältesten im Abendland bekannten Kuppeln zählt die mittelalterliche Erhöhung zwischen vier gleich langen, als Tonnen gestalteten Kreuzarmen des sogenannten Mausoleums der Galla Placidia in Ravenna, eines Gedächtnisraumes für den Märtyrer Laurentius, entstanden im Jahr 324. Die tiefblaue Kuppel erhebt sich über farbigen Mosaikbordüren als sternenübersäter Himmelsraum, in dessen Mitte von Osten her ein breites goldenes Kreuz aufstrahlt. Die Zwickel sind besetzt mit den Zeichen der vier Evangelisten, die auf Wolkengründen schweben. Die Zahl der Sterne beträgt 99. Zu der östlichen Tambourwand des Raumes stehen die Apostel Petrus und Paulus in einem breiten, auf das Kreuz in der Mitte verweisenden Gestus.

Was ist hier gemeint? Die gläubige Strenge der Frühzeit verbietet, an einen bloßen Himmel mit Sternen zu denken. Hier ist eindeutig mit dem goldenen Kreuz der wiederkehrende Christus am Ende der Tage gemeint, den die Glaubenden ersehnen. Die 99 Sterne bedeuten nach der Theologie der Väter die Chöre der Engel, in deren Mitte der Herr erscheint.

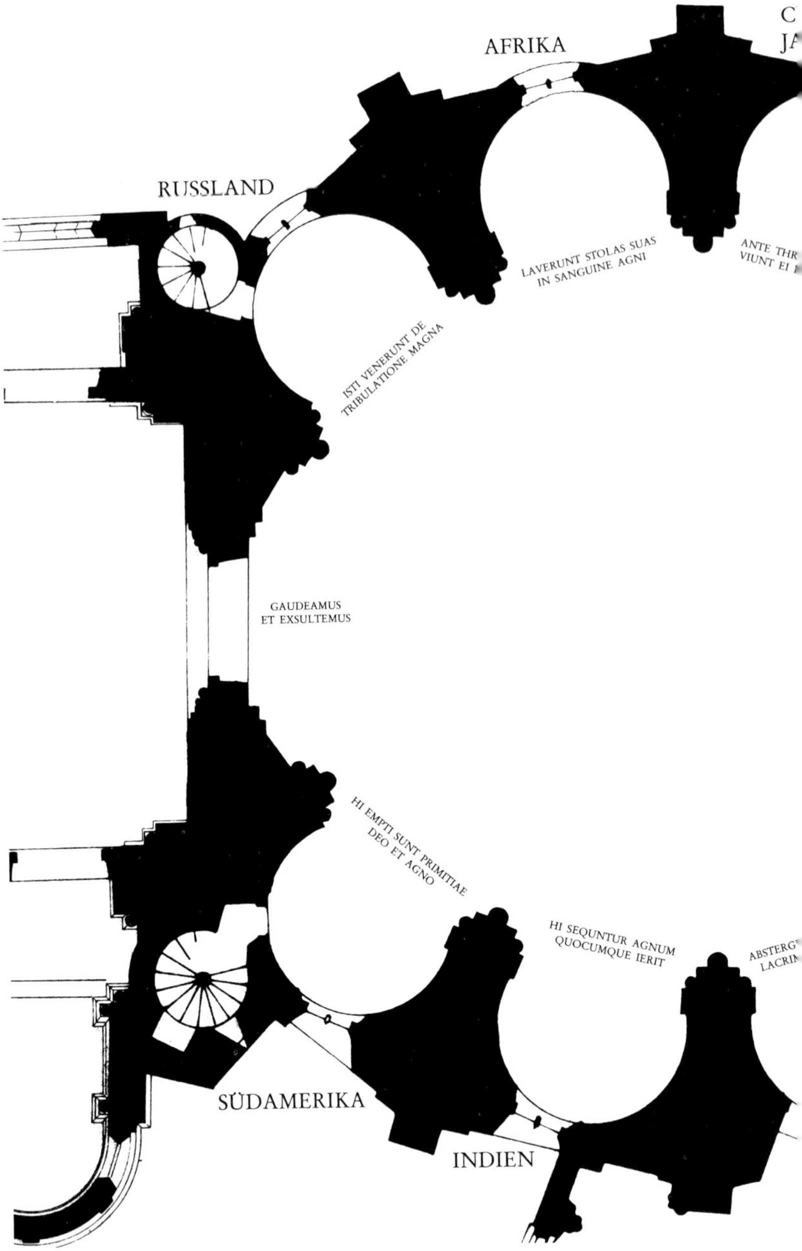
AFRIKA
RUSSLAND
LAVERUNT STOLAS SUAS
IN SANGUINE AGNI
ISTI VENERUNT DE
TRIBULATIONE MAGNA
GAUDEAMUS
ET EXSULTEMUS
HI EMPTI SUNT PRIMITIAE
DEO ET AGNO
HI SEQUNTUR AGNUM
QUOCUMQUE IERIT
SÜDAMERIKA
INDIEN

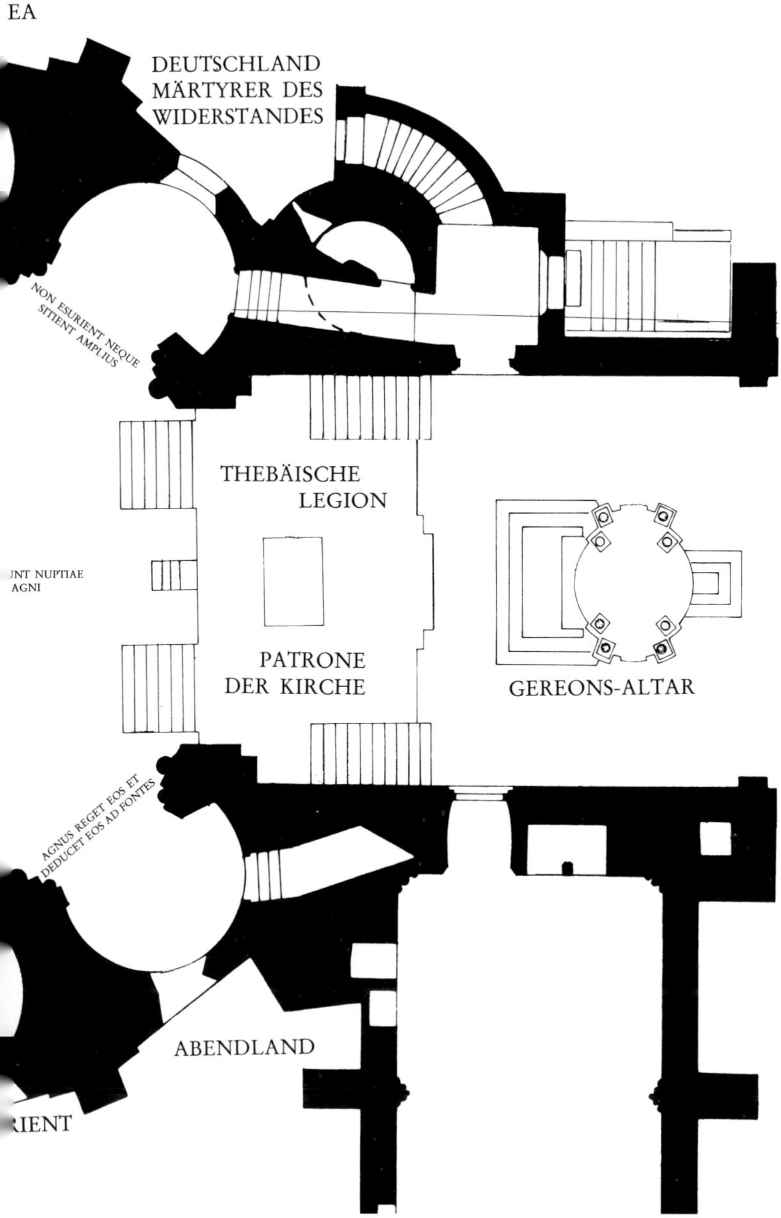
EA
DEUTSCHLAND
MÄRTYRER DES
WIDERSTANDES
NON ESURIENT NEQUE
SITIENT AMPLIUS
THEBÄISCHE
LEGION
JNT NUPTIAE
AGNI
PATRONE
DER KIRCHE
GEREONS-ALTAR
AGNUS REGET EOS ET
DEDUCET EOS AD FONTES
ABENDLAND
RIENT

Auch in den Apsiden der frühen Basiliken ist mit dem Kreuz im Sternengrund immer der erhöhte und wiederkehrende Christus gemeint. In der Frühzeit des Christentums gibt es keine, einen Bau erhöhende Natursymbolik, sondern nur den neuen Kosmos der Glaubenszeichen. Die größte Kuppel der frühen Christenheit, die Kuppel der 555 von Justinian errichteten Hagia Sophia in Konstantinopel, die für den christlichen Osten das Vorbild des Kuppelbaues blieb, trug in der Mitte vermutlich das Kreuzeszeichen, wird aber im Preisgedicht des Paulus Silentiarius als Kuppel der Lichtergießung geschildert. Das bedeutet allerdings nicht einen Hinweis auf die Lichtergießung der natürlichen Sonne, sondern auf den Menschensohn, der als Lichtgabe (photodosia) des Vaters den ganzen Kosmos erschafft und erhellt. Durch die Schriften des Dionysius Areopagita wurde dieser Gedanke in der ganzen Christenheit weiter und tiefer verbreitet.
Im Fortgang, besonders der mittelbyzantinischen Zeit, wird der ganze Kirchenraum als farbiger Kosmos des Heils mehr und mehr durch die Stationen der Erlösung und durch die Gestalten der Heiligen erweitert. Der gewöhnliche Fünfkuppelraum der byzantinischen Kirche (nach dem Vorbild der Apostelkirche von Byzanz) sieht im Schmuck der Kuppeln die Höhepunkte des Heils: Menschwerdung, Himmelfahrt, Pfingsten, Christus Pantokrator, Chöre der Heiligen. Es gibt keinerlei Tendez weder im Osten noch im Westen zu einer verbindlichen Natursymbolik. Das Heil ist dominant, weil es allein den neuen Kosmos darstellt, der den Gläubigen beim Eintritt in den Bau der Kirche umgibt. Weil der ganze Bau das Zeichen der Gegenwart Gottes ist, sind die genau den Himmelsrichtungen entsprechenden Bilder der großen Stationen des Heils die Fixpunkte dieses neuen Kosmos. Die aus der Romanik erhaltenen Kuppelbilder in Altarbaldachinen (Civate, S. Pietro al Monte, Feldkirchen u. a.) und Gewölben (Schwarzrheindorf, St. Maria Lyskirchen in Köln, Prüfening bei Regensburg) oder insbesondere Apsiden (Knechtsteden, St. Gereon in Köln, San Angelo in Formis, Hocheppan, Reichenau und viele andere) unterstützen und erweitern diese von Byzanz ausgehende Vielfalt eines Kosmos des Heils. Die Gewölberosen von St. Maria Lyskirchen sind keine Naturrosen noch so schöner Farben, auch keine blauen Himmel-

S. 137 St. Gereon, Blick von Westen nach Osten ▸

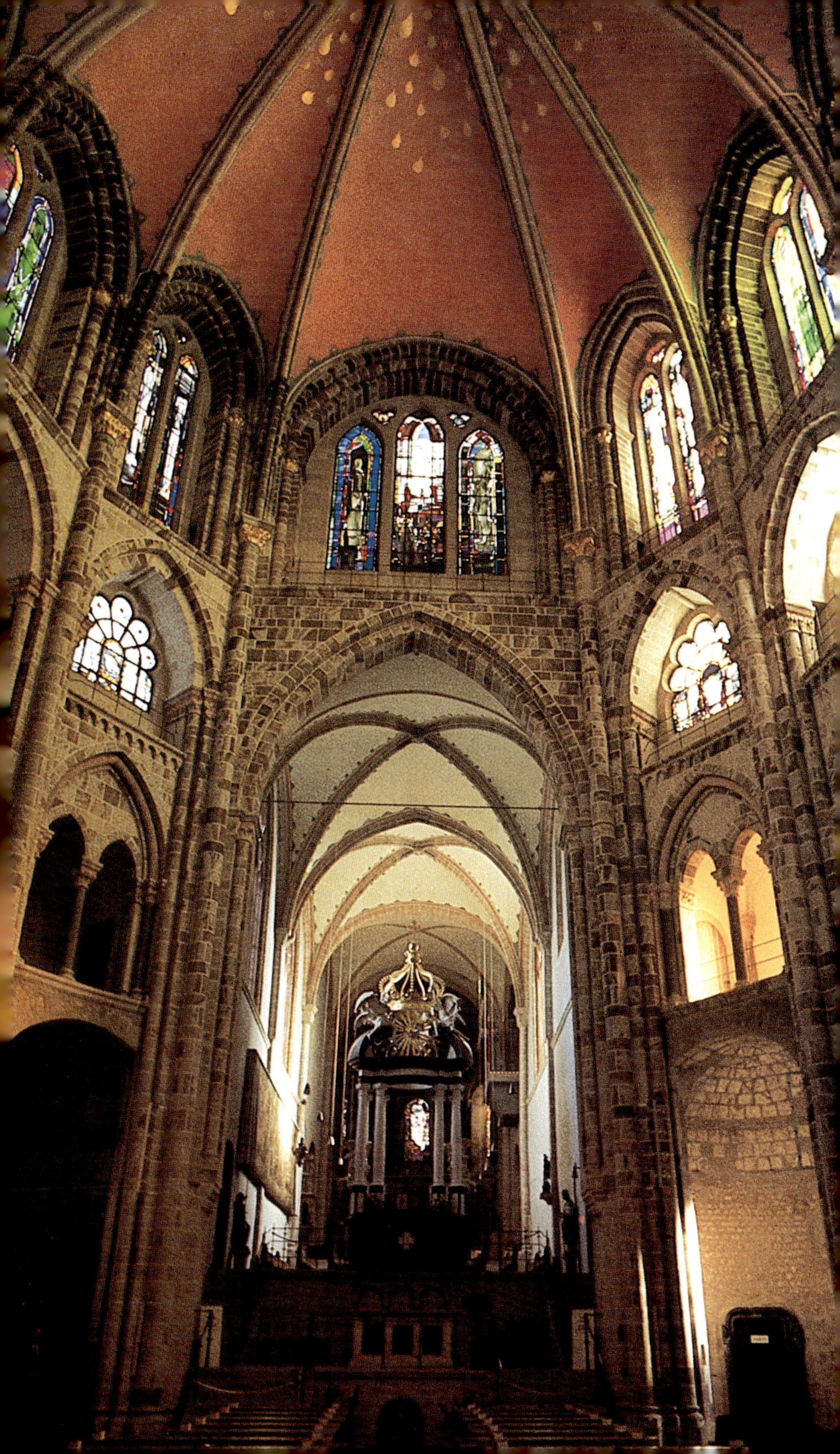

bilder, sondern Rosen des Heils, in eigenwilliger Farbgebung gefächert aus „Bildern" des Alten und Neuen Bundes.
In St. Gereon in Köln gab es an den früheren Sarkophagen dieser Heiligen, die in den acht Nischen des Dekagons untergebracht waren, eine Inschrift zum Ruhm der Märtyrer, die den Antiphonen des Allerheiligenfestes ähnlich ist:
In Herrlichkeit strahlt jetzt ihr kostbares Blut.
Ihre Namen bleiben im Buche des Lebens geschrieben.
„Gott der Scharen" ist König über die, die sein Spiegel waren im Leben.
Durch ihre Gefährtenschaft frohlockt der Himmel.
Ihr Erbe bleibt in Ewigkeit.
Solche Glorie erfüllt alle seine Heiligen.
Das herrliche Blut der Märtyrer läßt die Kirche erstrahlen.
Ihre Glorie verkündet die ganze Kirche.
Bei der Neugestaltung dieses Raumes hat man sich daher vom ältesten Sinn, dem Gedanken des erlittenen Martyriums der Zeugen des Menschensohnes, leiten lassen, wobei in der weiteren Ausgestaltung den Bildern der thebäischen Legion ohne weiteres Märtyrer der Weltkirche bis in unsere Tage (Korea, Uganda, Nagasaki) beigesellt werden können. Die zusammenfassende Kraft des Baues ist räumlich die Kuppel. Gerade sie macht jetzt das stärkste Zeichen sichtbar, indem sie als versammelndes Raumzeichen, als Glocke der Wölbung im Rot der Zeugenschaft die Flammengarben des Pfingstgeistes aufleuchten läßt, der jedes Martyrium in der Kirche bewirkt.
Da der Bau von St. Gereon beim Durchschreiten von Westen nach Osten im Dekagon einen Aufenthalt darstellt, der gleichzeitig Fortgang des Weges nach Osten auf die östliche Apsis mit dem Bild des wiederkehrenden Christus bedeutet, bietet sich der Kuppelraum einmalig und eindrucksvoll zur Darstellung des pfingstlichen Baldachins der Kirche an.
Die östliche Kirche lebt noch heute aus dem Bewußtsein, daß die an den Wänden der Kirche dargestellten Heiligen als Ikonen (die ihre Urbilder herbeirufen) die Feier der Liturgie mitvollziehen. Dieser Gedanke gegenwärtiger Zeugenschaft unter der Pfingstkuppel des Geistes sollte zu einem neuen Zeichen der Einheit der Kirche aus Ost und West eindringlich gestaltet werden.

S. 139 St. Gereon, Pfingstkuppel der Flammen des Geistes ▸

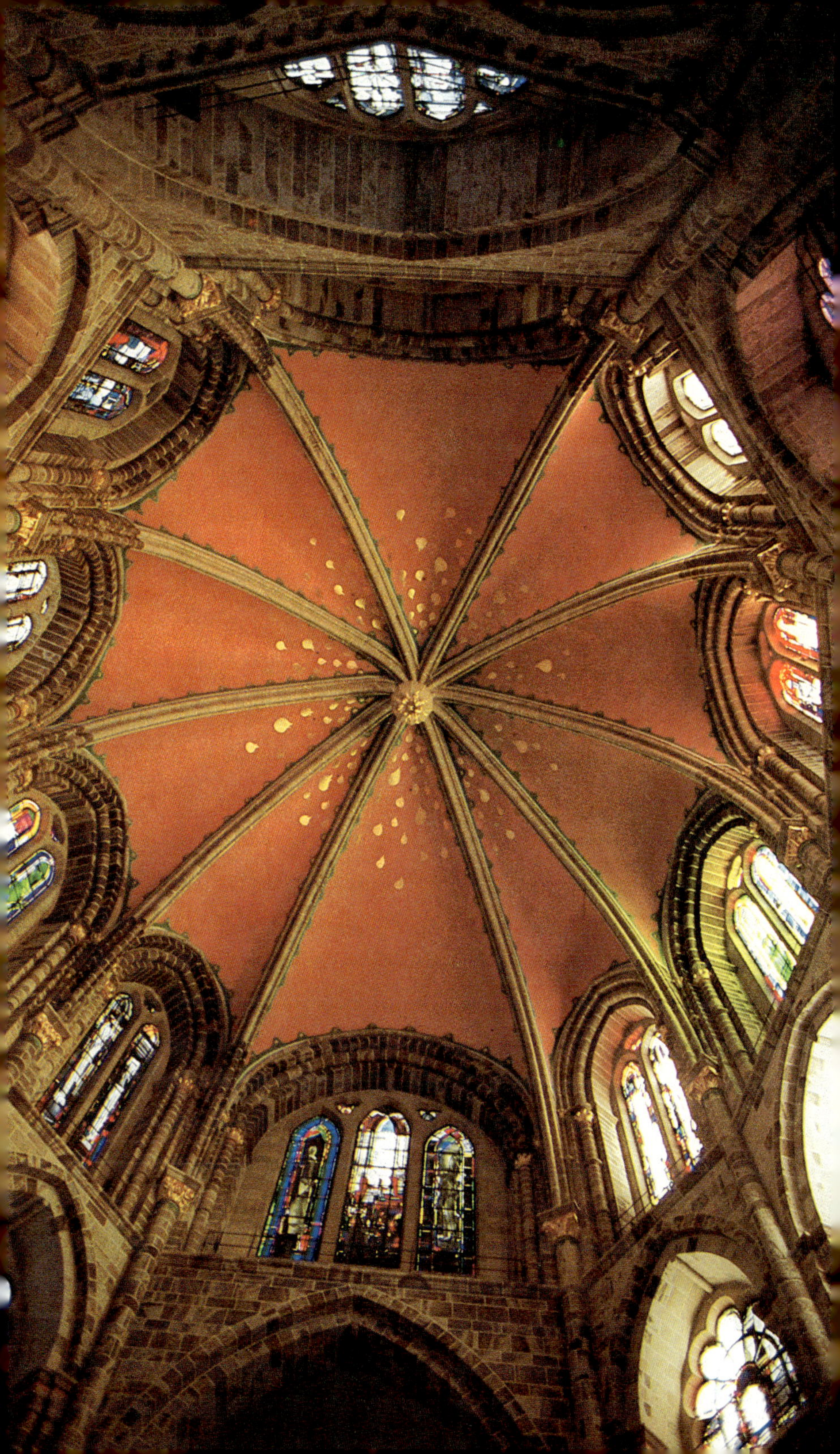

Nachdem das Wagnis, die Kuppel als pfingstlich roten Baldachin mit tropfenden Flammenzeichen des Geistes zu gestalten, bestanden war und überall freudig aufgenommen wurde, ergab sich eine neue Erfahrung des Innenraumes, so daß man einhellig der Meinung war, die zauberhaft wirkende Struktur des Steines dürfe nicht angetastet werden, ja man stimmte darin überein, daß nunmehr die Fenster selbst ein Bildprogramm ausstrahlen könnten, das den eigentlichen Sinn dieser Pfingstkuppel der Zeugenschaft gemeinsam erhellte. Vier übereinandergelegte Kreisungen von architektonisch vielfältig gestalteten Fensterzonen boten sich nunmehr wie von selbst an, unter dem Sinn der Kuppel die Urgestalt des Raumes auch thematisch so zur Einsicht zu bringen, daß eine Kurzform für alle zu gestaltenden Themen genügte:

DER SIEG CHRISTI IN SEINEN HEILIGEN,
DIE EINHEIT VON HIMMLISCHEM UND
IRDISCHEM JERUSALEM

Aus einer Vielfalt von angebotenen Themen und Themenkreisen wuchs allmählich ein ebenso einfaches wie eindringliches Konzept. Betrachtet man die schematische Zeichnung des ganzen Raumes, dann erstehen in der oberen Fensterzone auf beiden Seiten über den je vier Konchen je acht Lanzenfenster, zu zwei und zwei geordnet, in der Öffnung nach Osten und nach Westen dagegen in verschiedener Größe je eine Dreiergruppe von Lanzenfenstern. Das größte Gewicht hat dabei die Dreiergruppe nach Osten über dem Bogen, der das Dekagon zum Chor hin öffnet. Hier mußte der Schwerpunkt des Bildsinns aufleuchten:

Das Lamm der Geheimen Offenbarung, das als Sieger die Kraft hat, das Buch der Geschichte zu öffnen und seine Siegel zu lösen, umstanden von Maria und Johannes, dem Flehgebet des Alten und Neuen Bundes.

Nach Westen sollte die Fenstergruppe vom Bild der Himmelfahrt Christi und des Pfingsttages, dem Abschluß seines Kommens inmitten der Zeit, bestimmt sein. Was bot sich näher an, als die seitlichen Lanzenfenster mit den Gestalten von vier Propheten und den zwölf Aposteln Bild werden zu lassen? So bildet nun die oberste Zone ein Jerusalem der Ewigkeit, vom Heimgang des Sohnes zum Vater über Pfingsten bis zum Bild des Lammes auf dem Berg Sion, umstanden von den Zeugen aus Propheten und Aposteln.

Daraus ergibt sich für die obere Zone die folgende Skizze:

LAMM DER APOKALYPSE
wie geschlachtet von
Anbeginn der Welt

MARIA
bittflehend,
Stimme des
Neuen Bundes

JOHANNES BAPT.
bittflehend,
Stimme des
Alten Bundes

JESAIA
Prophet
des
Schauens

EZECHIEL
Prophet
des
Lauschens

SOPHONIAS
Prophet
des
Zürnens

AMOS
Prophet
des
Rufens

ANDREAS
Patron des
christlichen Ostens

PETRUS
Verleugner und
Schlüsselträger

PAULUS
Glühender im Apostolat
unter den Heiden
Apostel der Völker

JAKOBUS DER JÜNGER
Zeuge der Verklärung
erster Märtyrer der Apostel

JAKOBUS
Mann des Gesetzes
erster Bischof von Jerusalem

PHILIPPUS
Fragender und
Bekenner

JUDAS
Zeuge der
Wanderschaft

JOHANNES EVANGELISTA
Glühender in der
Erkenntnis des Herrn
Jünger der Nähe

THOMAS
Zweifler und
Huldigender

SIMON
Eiferer und
Verkündiger

BARTHOLOMÄUS
Wahrer Israelit
der Erwartung

MATTHÄUS
Evangelist des Einklangs
mit dem Alten Bund

AUFERSTEHUNG – HIMMELFAHRT –
PFINGSTEN
Nach seinem Todessieg kehrt der Sohn heim
zum Vater,
von dort sendet er vom Vater den Geist

Für die Gestaltung der Apostelthematik ergaben sich folgende Hinweise aus der künstlerischen Überlieferung der Frühzeit:

Fenster des Apostels Petrus:

Fels genannt; Schlüsselträger des Reiches Gottes; trotz eigener Schwachheit und schwankender Kraft angerufen zur unerschütterlichen Stärkung seiner Brüder; – in den Bildern der Tradition mit vollem Haupthaar und Bart sowie mit einem oder zwei Schlüsseln dargestellt.

Fenster des Apostels Paulus:

Als Saulus zuerst glühender Gegner der jungen Christenheit; eingefleischter, gesetzestreuer Jude voll Haß; vor Damaskus vom Menschensohn überwältigt, ein lebendiges Bild des Psalmwortes: *Der Eifer für dein Haus hat mich verzehrt*; – fortan verwundet vom Menschensohn; Ausbreiter des Glaubens fast im ganzen Imperium Romanum; von seiner eigenen Schwachheit gepeinigt, weiß er sich stark im Menschensohn, den er leidenschaftlich zu erkennen sucht, und nach dem er sich sehnt; Völkerapostel; in den Bildern der Tradition seit frühester Zeit mit Stirnlocke und Schwert dargestellt. Während Petrus als ruhendes Bild männlicher Kraft erscheint, wird Paulus als der Glühende, vor allem durch die Stärke der Augen, sichtbar gemacht.

Fenster des Apostels Andreas:

Fischer aus Betsaida; zuerst Jünger des Täufers Johannes, der durch das Zeugnis des Täufers Johannes über das Lamm Gottes in die Jüngerschaft Jesu eintrat. Der Legende nach verkündete er den Glauben bis Südrußland und auf der Krim, so daß er als Patron der östlichen Kirchen erscheint. Die traditionelle Darstellung zeigt ihn mannhaft, behütend, ausgewogen in der nüchternen Klarheit mit dem Zeichen seines Todes, dem sogenannten Andreaskreuz, das für die Alten ein Bild des Weltumgriffs war.

Fenster des Apostels Johannes:

Mit seinem Bruder, dem Apostel Jakobus, vom Menschensohn *Donnersöhne* genannt, stand er dem Menschensohn unter den Aposteln in der Empfängniskraft seines Geistes am nächsten und

S. 143 St. Gereon, Apostelfenster ▸

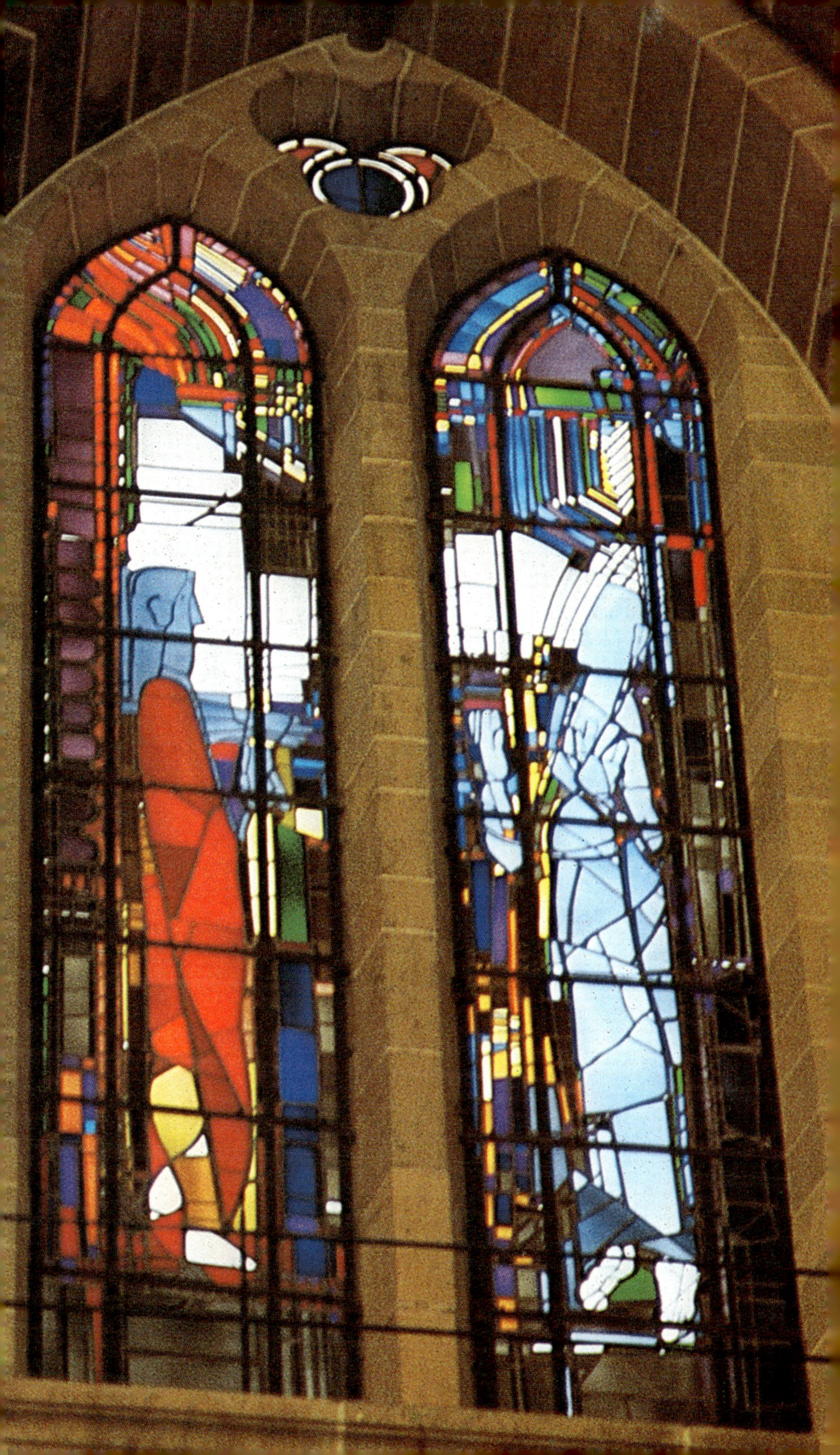

war am tiefsten von seinem Heilsplan ergriffen. Er birgt in sich die Ströme des Wissens und der Erkenntnis. Neben Maria ist er das Bild der äußersten Offenheit des Menschen gegenüber der Ankunft des Sohnes. In der westlichen Tradition wird er jugendlich, bartlos, flammend dargestellt, oftmals mit einem Kelch, aus dem eine Schlange springt (Hinweis auf einen Vergiftungsanschlag, dem er auf diese Weise entging). Im christlichen Osten wird er bärtig und mit einem Antlitz dargestellt, das wie ein Siegel der Weisheit fast entrückt ist; die Bezeichnung im Osten lautet immer: Johannes der Theologe.

Fenster des Apostels Jakobus des Älteren:

Jakobus der Ältere, Sohn des Alfäus, wird in der Tradition der Bruder des Herrn und Verfasser des Jakobusbriefes genannt. Nach dem Pfingsttag spielte er als Bischof von Jerusalem eine große Rolle, vor allem auch in der Bewahrung des jüdischen Gesetzes. Sein Bild wird gern aus den Worten seines Briefes geschaffen: *Jede gute Gabe und jedes vollkommene Geschenk kommt von oben herab, vom Vater der Lichter . . .*, verbunden mit einer aufragenden männlichen Gestalt.

Fenster des Apostels Jakobus des Jüngeren:

Mit seinem Bruder, dem Apostel Johannes, vom Menschensohn „Donnersöhne" genannt, Zeuge der Verklärung Jesu und Zeuge des Ölbergs, in der Tradition jugendlicher dargestellt als Jakobus der Ältere; nach westlicher Überlieferung in Santiago da Compostela begraben, deswegen an der Muschel auf dem Gewand erkenntlich, dem Zeichen der Pilgerfahrt nach Santiago.

Fenster des Apostels Philippus:

Philippus stammte wie Petrus und Jakobus aus Betsaida und befand sich im Kreis der Jünger um Johannes den Täufer. Nach dem Bericht des Johannes-Evangeliums wurde er einer der ersten Jünger des Herrn, zu dem der Herr nur sagte: *Folge mir nach* (Joh 1,43). Das Echo des Philippus auf seine eigene Berufung war unmittelbar bei seiner Begegnung mit Natanael: *Den, von dem Mose im Gesetz geschrieben hat und die Propheten, den haben wir gefunden, Jesus, den Sohn Josephs, aus Nazareth* (Joh 1,45). Im Johannes-Evangelium erscheint Philippus später als der, der sich versichern will und den Herrn bittet: *Herr, zeige uns den Vater und dann genügt es uns* (Joh 14,8). Die Bitte des Philippus führt im Evangelium zu einer der unmittelbarsten Aussagen Jesu: *Wer mich sieht, der sieht den Vater* (Joh 14,9). In den frühen Apostelverzeichnissen steht Philippus immer an fünfter Stelle. Er soll in Hierapolis (Kleinasien) gestorben sein.

Fenster des Apostels Thomas:
Der aramäische Name des Thomas bedeutet „Zwilling". Er wird im Johannes-Evangelium als Grübler und Zweifler dargestellt (Joh 11,16; 14,5; 20,24-29). Auf seine Frage in den Abschiedsreden des Herrn: *Herr, wir wissen nicht, wohin du gehst. Wie können wir den Weg wissen?* erhielt er die Antwort: *Ich bin der Weg, die Wahrheit und das Leben . . .* (Joh 14,5 f.). Als er nach seinem Zweifel an der Gegenwart des Auferstandenen vor diesen im Kreis der Zwölf gerufen wurde, spricht er das klarste Bekenntnis zum auferstandenen Herrn: *Mein Herr und mein Gott* (Joh 20,28). Seine Missionsreisen sollen ihn bis nach Indien gebracht haben. Dort ist er der Legende nach als Märtyrer gestorben. Im 3. Jahrhundert wurden seine Reliquien nach Edessa überführt. Ephräm der Syrer hat ihn in Hymnen gepriesen.

Fenster des Apostels Bartholomäus:
In den Apostel-Listen der drei ersten Evangelien wird er Bartholomäus genannt, im Johannes-Evangelium Natanael, dessen Berufung in Joh 1,45-50 erzählt wird. Die frühe Tradition nimmt die Gleichsetzung zwischen Natanael und Bartholomäus an. Dann wäre dieser „der wahre Israelit, in dem kein Falsch ist", d. h. der ganz auf die Erwartung Israels, auf den Verheißenen der Völker ausgerichtete Mann des Alten Bundes, der in seinem Berufungsbericht vom Erkennen Jesu so tief getroffen war, daß er ausrief: *Meister, du bist der Messias, du bist König in Israel.* Der Legende nach hat er in Indien, Mesopotamien und vor allem in Armenien das Evangelium verkündet. Dort ist er auch den Martertod gestorben. Viele Darstellungen bilden ihn mit einem Messer ab als Zeichen seines Martyriums. Seine Reliquien wurden nach Lepara und nach Benevent überführt. Kaiser Otto III. ließ sie nach Rom bringen und auf der Tiberinsel beisetzen.

Fenster des Apostels Matthäus:

Matthäus ist der Überlieferung nach der Verfasser des 1. Evangeliums und war Zöllner in Kafarnaum, wahrscheinlich im Dienst des Herodes Antipas. Bei Markus wird er genannt *Levi, Sohn des Alfäus*. Nach seiner Berufung gab Matthäus für Jesus und seine Begleitung ein Mahl, bei dem Jesus zu den Pharisäern das Wort sagte: *Ich bin gekommen, um die Sünder zu berufen, nicht die Gerechten*. Als Evangelist wird er mit dem ersten Zeichen der vier Wesen des Propheten Ezechiel bezeichnet, dem Engel- oder Menschenantlitz. Matthäus soll in Äthiopien und Persien das Evangelium gepredigt haben. Seine Reliquien werden in Salerno verehrt.

Fenster des Apostels Simon:

Simon trägt den Beinamen *der Eiferer* und gehörte wahrscheinlich zu der kämpferisch nationalistischen Gruppe der Zeloten (Mt 10,4; Mk 3,18; Lk 6,15; Apg 1,14). Er tritt im Evangelium, außer der Nennung des Namens, nicht weiter hervor. Der Legende nach hat er in Äthiopien und Persien gepredigt und in Persien mit Judas Taddäus das Martyrium erlitten.

Fenster des Apostels Judas:

Unter diesem Judas ist Judas Taddäus gemeint, der in Lk 6,16 und Apg 1,13 *Judas des Jakobus* genannt wird, was vermutlich als Sohn des Jakobus zu verstehen ist. Wir wissen nicht, welcher Jakobus gemeint ist. Auch er hat das Evangelium nach Persien getragen und dort das Martyrium erlitten. Unter den Aposteln wird er bis heute als Nothelfer in vielen Krankheiten und ausweglosen Lebensschicksalen verehrt. Er wird wie ein Wanderer dargestellt.

Die zweite Lichtzone des Baues ändert alle Maße der Fenster oben und unten und erscheint wie ein breitangelegtes bogenförmiges Wellenband, das nur im Westen in eine Vierergruppe von Lanzenfenstern mündet, in denen die Ankunft Christi als Epiphanie und die Vollendung der ersten Ankunft im Zeichen des Kreuzes sichtbar geworden sind. Diese Zone läßt sich sinnenhaft als Zone des göttlichen Planes in Schöpfung und Erlösung gestalten, nach Osten auf das obere Fenster des Lammes zu als Bildwerdung der vier

Wesen Engel, Stier, Löwe, Adler, als Zeichen des vierfachen Wortes und dessen Gegenwart; nach Westen auf das Bild von Epiphanie und Kreuzigung zu auf die ganze Schöpfung bezogen als Engel des Weltgevierts und der vier apokalyptischen Reiter, also nach folgender Skizze:

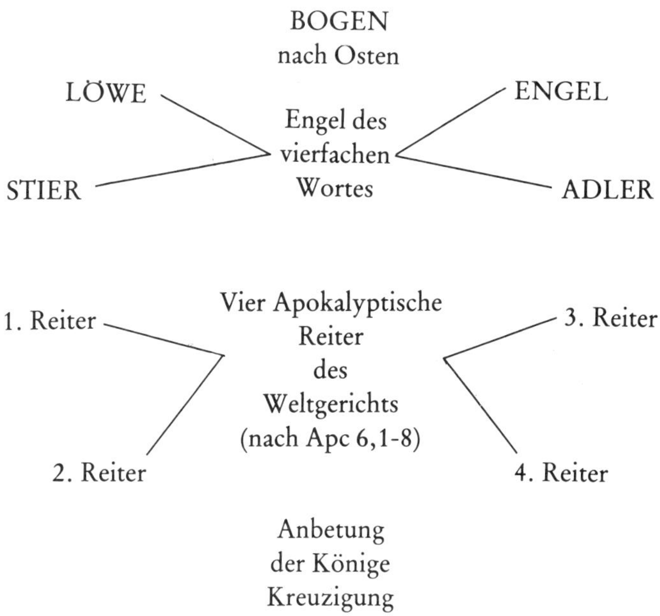

Die bisher von Georg Meistermann gestalteten Fenster des oberen und mittleren Lichtgadens zeigen einmalig, wie sich Glaskunst mit Architektur verschwistern und gegenseitig erhellen kann. Jedes seiner Fenster ist in Farbe und Bildwerdung ein so überzeugendes Ereignis, daß man sagen kann, hier ist das uralt Überlieferte mit dem gegenwärtig Drängenden unserer Zeit zu einer klaren Einswerdung gelangt.

In der dritten Zone befinden sich die Fenster in der äußeren Emporenwand. Die Bögen der Wand öffnen sich zuerst in Räume, in denen Gottesdienste gefeiert werden können, oder – wie in früheren Zeiten – Chöre Aufstellung nehmen und zueinander singen können. Aus der Vielzahl der Heiligen kann man für die Außenfenster dieser Emporen acht Gestalten, Männer und Frauen kölnischer Verehrung erwählen:

GEREON Stadtpatron	URSULA Stadtpatronin
MATERNUS erster Bischof von Köln	BARBARA Kölner Patronin
HERIBERT Erzbischof der Demut und Liebe	KATHARINA Kölner Patronin
PETRUS CANISIUS Glaubenserneuerer	ADELHEID Äbtissin von Vilich

In den kleinen Vierpaßöffnungen lassen sich Variationen der schimmernden Gesteine der himmlichen Stadt Jerusalem verwirklichen, die aus der Tiefe der Nischen wie blitzende Lichter erstrahlen.
Die unterste Zone der acht Nischen im Norden und Süden des Baues bietet sich bei tiefen Apsiden der Wand als Ort der kleinsten Fensteröffnungen dar: vier Rundbogenfenster und vier kleine, spitzbogige Doppelfenster, unregelmäßig, auch in ihren Wänden, verteilt. Großfigurige Themen scheinen von vornherein ausgeschlossen, sie würden engbrüstig wirken. Man denkt sofort an die Möglichkeit, die Nischen durch Malerei zu gestalten und dann die Fenster als Grisaillen einzusetzen. Aber dagegen wehrt sich die Erkenntnis, daß man bisher im ganzen Raum acht darauf nahm, die Wände und Wandgerüste zu lassen, wie sie sind. Auch ließe sich in den Nischen durch leichte Tönung der Wand der Eindruck der frühen Nischen des 4. Jahrhunderts lebendig erhalten, zumal dann, wenn man in ihnen wieder die aufgefundenen Steinsarkophage birgt. Was soll dann aber mit den Fenstern werden? Im östlichen Chor befinden sich unter der Majestas Domini die gemalten Gestalten der Thebäischen Legion. Auf ihr Martyrium und auf das aller Zeugen in der Geschichte der Christenheit wollen die Nischen hinweisen. Sie sind also eine Zone der letzten, leib-

lichen Ernstnahme des Martyriums und seiner blutigen Konsequenz. Will man aber die Nischen getönt als Räume unversehrt lassen, dann könnten sich in den Fenstern wie in einer letzten Strahlung die Zeichen des Martyriums ergeben, so wie sie der Hebräerbrief aufzeigt: *Sie wurden gesteinigt, zersägt, starben den Tod durch das Schwert, zogen umher in Schafspelzen und Ziegenfellen, darbend, geängstigt, mißhandelt. Sie, deren die Welt nicht wert war, irrten umher in Einöden und Gebirgen, in Höhlen und Klüften der Erde* (Hebr 11,37).

Schwert, Säge, Beil, Stein, Rad, Zange, Feuer, Wasser, Pfeile, Nägel, Kreuz, Strick, zwölf Zeichen des Martertodes vielleicht nur angedeutet durch ein Gitterwerk der Fesselung, durchsetzt mit farbigen Lichtpunkten, entsprächen dann der Glorie der Apostel im oberen Lichtgang, die blutige Wirklichkeit der letzten Nachfolge unter der Teilhabe am Sieg des Lammes und seiner Herrschaft über den neuen Himmel und die neue Erde oben.

Durch diese Zeichen des Martyriums reicht der Gedanke des Blutzeugnisses von der frühchristlichen Zeit bis in die Gegenwart. Damit aber offenkundig wird, daß auch unsere Gegenwart in den vielfältigen Formen des Martyriums bei uns und bei anderen Völkern deutlich wird, lassen sich in den Nischen auf Tafeln oder in Verbindung mit den dort wieder aufgestellten Sarkophagen die Namen der einzelnen Kontinente und Erdteile oder Länder bis in unsere Zeit anbringen.

Bei der Gestaltung des unteren Raumes wurde jede Aufdringlichkeit und jede plakative Verselbständigung vermieden. Denn der ganze Raum ist in sich das steingewordene Zeichen des Martyriums und wird bei der Vollendung am eindringlichsten wirken, wenn sich alle bildhaften Zeichen, wie es jetzt schon bei den Fenstern von Georg Meistermann eindeutig zu sehen ist, dienend dem ganzen Raum einfügen. Man kann sagen, daß die allgemeine Aussage des Hebräerbriefes über die Arten des Martyriums für diesen Raum zu allgemein erscheint, zumal er in den acht Apsiden der Nord- und Südseite in sich selbst Teilungen darbietet, die nach einer deutlichen Artikulierung rufen. Da in der obersten Fensterzone bereits Apostel und Propheten dargestellt sind, in der Emporengalerie dagegen die Ortsheiligen von Köln, könnte man jetzt in den Apsiden auf das vielfältige Martyrium der ganzen Kirche in allen Teilen der Erde hinweisen und auch an das geheime Martyrium unserer

Zeit erinnern, das heute kaum mehr genannt wird. Dabei kann man folgenden Plan zugrundelegen: Beim Eintritt in den Raum schaut man auf die Zone des Altars in der Ostöffnung des Dekagons, also eigentlich in die 9. Konche, und sieht durch das Fenster unter dem Altar auf den dreifachen Steinsarkophag mit den Gebeinen der Thebäischen Legion, so daß von dort aus die seitlichen Apsiden von Osten nach Westen gleichsam als das Geleit der Märtyrer durch die ganze Zeit der Kirchengeschichte gestaltet werden können. Dazu sollte folgendes Schema als Anregung dienen:

Altar
Märtyrer
der Thebäischen Legion
Gereons und seiner Gefährten,
Patrone der Kirche

Deutschland
Märtyrer des
Widerstandes

Europa
Märtyrer der abendländischen
Geschichte

Japan, China und Korea
alle Märtyrer
seit der Ausbreitung
des Glaubens

Orient
Märtyrer aller morgenländischen
Kirchen, besonders der
armenischen Kirche

Afrika
Märtyrer vieler Länder
der afrikanischen Geschichte

Indien und sein Umkreis
alle Märtyrer, insbesondere
der Neuzeit

Rußland
Märtyrer des
20. Jahrhunderts

Südamerika
Märtyrer vieler Länder, vor
allem des vorigen und dieses
Jahrhunderts

So wird in den Konchen des Dekagons über dem Lichtgehäuse aus Propheten, Aposteln, Engeln und Heiligen aller Erdteile in der Geschichte das Martyrium für den Herrn bis in die jüngste Zeit beschworen.
Dieses Geschehen sollte der Fußboden als Spiegelung zu der Kuppel der Ausgießung des göttlichen Geistes ein letztes Mal aufnehmen. Während in früheren Zeiten die Fußböden vieler Kirchen im Gegenspiel zu Kuppeln und Gewölben auf vielfältige Weise ein

Bild des ganzen Kosmos darstellten, können wir heute eher in großer Zurückhaltung auf die Vollendung der Geschichte durch den göttlichen Heilsplan hinweisen. Da sich hier der Boden stufenlos in den Konchen fortsetzt, wird eine natürliche Einheit des Raumes gebildet, die durch eingelegte Schrifttafeln vor jeder Konche leicht unterbrochen ist und doch wieder auf das Ganze bezogen bleibt. Beim Eintritt von Westen erkennt man auf dem Boden hinter der Tür die Metallplatte mit der Aufschrift:
GAUDEAMUS ET EXSULTEMUS –
Lasset uns voll Freude sein und frohlocken (Apc 19,7).
Geht man in der Richtung nach Osten weiter, dann wird dem Fragenden unmittelbar vor der Confessio der Märtyrer der thebäischen Legion die Antwort zuteil:
VENERUNT NUPTIAE AGNI –
Gekommen ist die Hochzeit des Lammes (Apc 19,7).
Dieses Wort der Apokalypse entspricht dem Bild im Ostfenster des Dekagons über dem Aufgang zum Chor, der Anbetung des Lammes auf dem Berge Sion.

Das Spannungsfeld dieser beiden Inschriften zwischen Eingang und Confessio ist dann ringsum durch die Schrifttafeln im Boden vor den Konchen durch Sätze aus der Apokalypse begleitet. Die einzelnen Steine bezeichnen die Sieger der Geheimen Offenbarung, die dem Lamm bis in den Tod die Treue hielten, die dort mit der Zahl 144.000 aus allen Stämmen, Völkern, Sprachen und Nationen bezeichnet werden.
Leo Hugot hat im Aufmessen des Bodens nachgewiesen, daß der Raumumfang der Ellipse bis zum Ansatz der Konchen genau 144 Ellen mißt, ein tiefes Zusammenspiel zwischen Zahl und Wort.
Die Texte der Apokalypse, die auf Metallplatten verschwiegen in den Boden vor jeder Konche gelegt sind, lauten links unten beginnend:

Konche der Märtyrer Rußlands:
ISTI VENERUNT DE TRIBULATIONE MAGNA – (7,14)
Diese kommen aus der großen Trübsal

Konche der Märtyrer Afrikas:
LAVERUNT STOLAS SUAS (7,14)
IN SANGUINE AGNI
Sie haben ihre Gewänder gewaschen im Blute des Lammes

Konche der Märtyrer Chinas, Japans und Koreas:
ANTE THRONUM DEI SERVIUNT (7,15)
EI DIE AC NOCTE
Vor dem Throne Gottes dienen sie ihm bei Tag und Nacht

Konche der Märtyrer des Nationalsozialismus:
NON ESURIENT NEQUE SITIENT AMPLIUS (7,16)
Sie werden nicht länger hungern und dürsten

Konche der Märtyrer des Abendlandes:
AGNUS REGET EOS ET DEDUCET (7,17)
EOS AD FONTES
Das Lamm ist König über sie und führt sie zu den Wasserquellen

Konche der Märtyrer des Orients:
ABSTERGET DEUS OMNEM LACRIMAM AB (7,17)
OCULIS EORUM
Gott wird abwischen jede Träne von ihren Augen

Konche der Märtyrer Indiens:
HI SEQUNTUR AGNUM QUOCUMQUE IERIT (14,4)
Diese folgen dem Lamme wohin immer es gehen wird

Konche der Märtyrer Südamerikas:
HI EMPTI SUNT PRIMITIAE DEO ET AGNO (14,4)
Diese wurden als Erstlinge erkauft für Gott und das Lamm

Die Vorhalle von Sankt Gereon

Seit dem Aufstieg der Kirche aus der Nacht der Verfolgungszeit in die Öffentlichkeit der Geschichte unter Kaiser Konstantin, entfaltet sich aus der antiken Basilika eine erste Form des Kirchenbaues in der Richtung von Westen nach Osten. Bald danach schon entsteht der Zentralbau mit Kuppeln, der im Osten vorherrschend bleibt, während im Westen vielfältige Bauformen in den einzelnen Landschaften und Völkern bis zum Ende der Romanik auf der basilikalen Grundlage entstehen.

Alle verschiedenen Formen der Kirchen in Ost und West stellen die Zone des Eingangs im Westen durch besondere bauliche Gestaltungen heraus. Vor der Feier der Liturgie im Innern des Baues bedarf es außen der Sammlung und Besinnung der Gläubigen, der Abkehr vom Geschehen des Alltags oder des Beginns einer Prozession. In der basilikalen Form entsteht das Atrium im Westen, ein Säulengang mit Brunnen. Das Oktogon von St. Vitale in Ravenna (6. Jhdt.) kennt eine breit angelegte Vorhalle. In karolingischen Kirchen entsteht, aus der früheren Vorhalle entwickelt, der doppelstöckige Vorbau, der im oberen Stockwerk die Kaiserloge birgt. Weiter finden sich ein- oder doppelstöckige Räume, die als Vorhalle oder Vorkirche gedacht sind und im oberen Stock die Altäre der drei Erzengel Michael, Gabriel und Raphael hüten. Später gibt es neben dem Narthex offene Vorhallen unter dem Westturm oder den Westtürmen, die bis in die gotische Zeit hinein als Stätten der Rechtssprechung bestimmt waren.

Der Sinn all dieser den eigentlichen Kirchen vorgelagerten Räume bestand trotz aller Vielfalt der Einzelformen ganz in ihrer Einbeziehung in das liturgische Geschehen des gesamten Raumes. Es ging dabei nicht um wohldurchdachte Maßnahmen gegenüber dem eintretenden Menschen, sondern um innere Notwendigkeiten, die sich aus der liturgischen Bedeutung des Baues ergaben. Wenn in ihm die Mysterien des Neuen Bundes gefeiert wurden, bedurfte dieser auch äußerlich eines „räumlichen Vorspiels", das sich ganz auf das im Innern gefeierte Ereignis bezog. Dabei treten Raum und Bild (in Kapitälen, Tympana, Fresken oder Mosaiken) in vielfältiger Weise hervor, als wäre das gefeierte Geschehen selbst von einem räumlichen und bildlichen Zeichen begleitet, oftmals von den Bildern der

Apokalypse, so daß sich der Eintretende einbezogen sah in die letzten Zeiten, die mit dem Kommen des Herrn angebrochen waren.
Obwohl in St. Gereon die angenommene frühere Vorhalle vor dem Dekagon durch eine spätromanische 1227 ersetzt und erweitert wurde, ist diese doch ganz auf das Fresko des Tympanons im inneren Portalbogen bezogen, auf den im Brustbild erscheinenden Christus Pantokrator, Christus den Allherrscher, der von St. Gereon und der Kaiserin Helena, die man als die Stifterin der Kirche ansah, umgeben ist. Wer eintreten will, muß unter dem Gericht des Menschensohnes eintreten; er muß wissen, was er tut, wenn er eintritt und muß sich dem Gericht des Menschensohnes stellen. Das Anschauen des Themas, hier des wiederkehrenden Herrn, führt zur Bewußtwerdung auf das eigentliche Geschehen im Innern des Raumes, dem man sich jetzt naht.
Noch die kleinen Konsolen am Ende der Deckenbögen des Raumes geben davon Zeugnis. In der linken Ecke, also rechts vom Menschensohn, der Engel, Zeichen der Erwählung; in der rechten Ecke, also links vom Menschensohn, der Dämon, Zeichen der Verwerfung. Auch die beiden Löwen auf den beiden Eckpfeilern der Vorhalle gemahnen an den siegreichen Löwen von Juda links und den brüllenden Löwen des Widersachers rechts, wiewohl sie in verschiedenen Zeiten entstanden sind. Die übrigen Konsolen des Raumes zeigen den Menschen im Kampf mit verschiedenen Tieren, die damals schon den verschiedenen Bildern der Laster und damit den Zeichen der Abhängigkeit des Menschen von der Macht des Bösen zugeordnet waren. Nach früher Überlieferung wurde in diesem Raum, ,,unter den Houwen" genannt, für den Bereich des Stiftes St. Gereon Recht gesprochen.
Somit bleibt in der neugestalteten Vorhalle das klar hervortretende Tympanon der Gedanke an den Weltenrichter, der alles durchdringend anschaut und erkennt. In den Fenstern der Vorhalle erscheinen behutsam in den Farben die drei Erzengel, Michael, Gabriel und Raphael, die Wächter des irdischen Jerusalem gegen die Macht der Finsternis.

Die Taufkapelle von Sankt Gereon

Mit großer Verwunderung registriert man heute, daß die Neugestaltung von St. Gereon zu Anfang des 13. Jahrhunderts trotz großer baulicher Bedrängnis zwischen der zweiten und dritten Konche der Südseite des Dekagons eine eigene Taufkapelle mit kühnen eingeklemmten und ausgefalteten Gewölbebögen erstehen ließ. Offenbar gehörte das Taufereignis im Stiftsbereich von St. Gereon, vielleicht verbunden mit einer Prozession der Neugetauften ins Dekagon, in einen eigenen Raum, dessen Kühnheit heute nach sorgfältiger Restaurierung im Bildprogramm der Fresken wenigstens teilweise erhalten geblieben ist. Die Fresken gelten als reifstes Werk der kölnischen Malerei im Übergangsstil von der Romanik zur Gotik. Die Malereien der Chorapsis im Osten, die die Fresken der Deesis, des Menschensohnes mit Maria und Johannes dem Täufer in den einzelnen Gewölbezwickeln in Halbfiguren enthielt, sind heute gänzlich zerstört. Die drei Nischen der Südseite sind von stehenden Figuren bestimmt, in der östlichen Nische wohl von Kaiser Konstantin im weiten Krönungsmantel, der über sich das Zeichen des Johannesadlers trägt. Die nächste Nische zeigt zwei Krieger der Thebäischen Legion, wahrscheinlich Gereon und Maurus, die einen Engel über sich tragen. Dann werden nach Westen zwei Bischöfe sichtbar, Maternus und Anno, über denen der Markuslöwe erhoben ist. Links von der östlichen Apsis erheben sich die Diakone Stephanus und Laurentius mit dem Engel des Matthäus über sich. Über der Tür zur Kirche wird ein weiterer Diakon sichtbar, über ihm erscheint ein zeptertragender Engel. In den weiteren Nischen, die durch den Pfeiler des Dekagons unterbrochen sind, erscheint zuerst Katharina, über der sich der Lukasstier befand. Neben ihr mit Krone und Zepter vermutlich die Heilige Helena.

Das ist kölnische Tauftheologie in irdisch streitbarer Kurzform. Der Täufling wird berührt vom Menschensohn im Zeichen des vierfachen Wortes, dargestellt in den vier Wesen, Engel, Stier, Löwe, Adler. Aber deren Garanten sind die Zeugen der Weltzeit, die heiligen Märtyrer, von St. Gereon bis zu St. Katharina, dazu die Bekenner und ebenso Konstantin und Helena als Schirmer der Christenheit. So ist der Täufling hineingenommen in die „Wolke der Zeugen“ und ebenfalls zum Zeugnis angerufen.

Baulich bedeutet diese Kapelle ein Unikum, weil sie sich zwischen den Konchen und einem überdachten Gang vom Stiftsgebäude zu den Friedhöfen an der Südseite der Kirche eingezwängt erheben mußte. Die Apsis im Osten mit drei kleinen Konchen als Ort der Altarnische ist nur unmerklich ausgebuchtet, noch weniger die Westseite, wo sich der Taufbrunnen befand. Das Gewölbe erhebt sich über Wandsäulen, die Kapitäle sind mit spätromanischem Laubwerk versehen. Trotz des unregelmäßigen Grundrisses gelang hier rein architektonisch ein kleiner Bau von solchem Ebenmaß und solcher Schönheit, daß man vor allem angesichts älterer romanischer Bauteile auch einen älteren Taufraum an dieser Stelle annehmen möchte, denn wenn im romanischen Köln ein spätromanischer Raum trotz des sperrigen Grundrisses in solcher Klarheit gelang, kann man annehmen, daß sich schon ein früherer Raum an der gleichen Stelle befand, ,,an der rechten Seite des Tempels", an der der Prophet die rettenden Wasser des Lebens hervorquellen sah (Ez 47). Dieser räumlich gestaltete Vorgang war im Ostergesang der gesamten westlichen Christenheit an allen Sonntagen der Osterzeit zum Ausdruck gebracht:

VIDI AQUAM EGREDIENTEM DE TEMPLO A LATERE DEXTRO, ALLELUJA. ET OMNES, AD QUOS PERVENIT AQUA ISTA, SALVI FACTI SUNT ED DICENT: ALLELUJA, ALLELUJA. –

Ich sah ein Wasser hervorquellen an der rechten Seite des Tempels, alleluja. Und alle, zu denen dieses Wasser gelangte, die wurden heilgemacht und rufen: alleluja, alleluja (Ez 47,2).

DEUTZ IM BANNKREIS DER GESCHICHTE DES HEILES

Die wiedergefundene Säulenkrypta in Alt-Sankt-Heribert

Als ein Beispiel für Maße, Zahlen und Bilder eines Raumes nach biblischen Worten mag die kurz nach dem Jahre 1000 durch den Erzbischof Heribert von Köln (999–1021) auf dem anderen Rheinufer direkt am Wasser im Castellum Tuitiense auf kaiserlichem Grund errichtete Marienkirche mit einer Mönchsabtei gelten. Der kaiserliche Besitz des gesamten Kastells gelangte vermutlich um 1001 an Erzbischof Heribert, der auf ihm bereits 1002 ein Benediktinerkloster errichtete. Man nimmt an, daß die erste Kirche, die sehr hastig gebaut wurde, bereits 1003 vollendet war, aber im Jahre darauf einstürzte. Unmittelbar nach dem Einsturz erfolgte ein Neubau, und man vermutet, daß byzantinische Architekten an ihm tätig waren, wie es in der frühen Chronik heißt: *peritiores architectos ab externis finibus.* Dieser Bau wurde als Zentralbau errichtet und hatte seine Weihe am 3. Mai 1019. Vom älteren Bau fanden sich bisher keine Spuren mehr. Diese zweite Kirche entstand über einem oktogonalen Grundriß, der nach außen wie ein Rundbau oder Turm (daher die Bezeichnung „turris Mariae") wirkte, beinahe kreisrund gebaut mit einem Durchmesser von 30 m. Im Norden und Süden waren je drei Nischen in schweres abgerundetes Mauerwerk eingefügt, im Westen und Osten dagegen blieb durch die Eingangshalle und das Sanctuarium mit der Apsis der Charakter der Wegkirche, der dem Okzident immer eigen war, erhalten. Auch nimmt man an, daß dieser Zentralbau bereits gewölbt war. Nach Osten zu wurde er mit einem Langchor mit Apsis erweitert. An der Westseite vermutet man einen massiven Bau mit Vorhalle, über dem, wie man glaubt, eine Empore lag.

Bei den Wiederherstellungsarbeiten im Jahre 1977 fand man im Fußboden des mittleren Raumes vor der Chortreppe die Basen von 42 kleinen Säulen aus Rotsandstein mit Stützenwechsel, ein in den Raum gelegtes Geviert, in Sechserreihen siebenmal hintereinandergestaffelt, so daß durch diese Säulen im oktogonalen Gesamtbau ein Raum im Raume entstand, eine offene fünfschiffige Krypta über der Erde, kreuzförmig eingewölbt und vermutlich mit einer Holzdecke versehen, noch vor dem höher gelegenen Chor. Hinter diesem „Raum im Raum" war der Chor durch Treppen von zwei Seiten zugänglich. Zwischen dem Anfang der Treppen wurde das Grab des Bischofs Heribert eingefügt, der 1021 starb. Als Rupert von Deutz zu Anfang des 12. Jahrhunderts dort Abt war, hat er diesen „chorus", wie sein Chronist sagt, mit Gewölben errichtet und *mirabili decore perfecit – mit wunderbarer Zierde vollendet*. Was mag hier vor sich gegangen sein? Offensichtlich war er die Stätte für den Mönchschor, also der Ort des Stundengebetes für die Schar der in der Gründung angegebenen vierzig Mönche. Auch damit hat es eine besondere Bewandtnis.

Bevor man die näheren Einzelheiten erörtert, muß darauf hingewiesen werden, daß gerade dieser Bau, der als einer der bedeutendsten Zentralbauten Mitteleuropas bezeichnet wird, in dem der Bautyp der kaiserlichen Palastkapelle von Aachen mit der Bauform des Dekagons von St. Gereon in Köln zu einer neuen Einheit verschmolz, durch die späteren Kämpfe der Kölner Bürger mit ihrem Erzbischof mehrfach zerstört wurde. Man fürchtete in Köln, der Erzbischof würde aus diesem Bau gegen die Kölner Bürger, die um ihre Selbständigkeit kämpften, eine Burg machen. Insgesamt sechsmal wurde Deutz im Laufe der Geschichte zerstört. Trotz Interdikt und Verpflichtung zum jeweiligen Neubau wurde die Erinnerung an den ursprünglichen Sinn mehr und mehr ausgelöscht und jede Kontinuität vernichtet.

Erzbischof Heribert hatte mit Kaiser Otto III., seinem Freund, ausgemacht, daß der, der von beiden (nach 1001) als Überlebender aus Italien heimkehrt, für den anderen ein Marienheiligtum errichtet, damit darin für ihn gebetet werde. Als Otto III. schon im Jahre 1002 in Rom starb, erfüllte Heribert auf dem anderen Rheinufer gegenüber Köln sein Versprechen. Es entstand die Marienkirche am Wasser mit dem jetzt wiederentdeckten rätselhaften Chorus im Raum, der aus 42 Säulen bestand. Vierzig Mönche,

Sinnbild der Zahl der streitenden Kirche der Weltzeit, sollten dort Chorgebet und Gedächtnis für den toten Kaiser halten. Wenn sich nun in einem Raum, prägnant in den Maßen, ein zweiter Raum erhebt, dann ist, wie immer in dieser Zeit, die Zahl für seine Deutung bestimmend. Hier hat die Zahl der Säulen – 42 – ihren gewichtigen Sinn. Sie ist im Alten wie im Neuen Bund ein Bild für das Zeitmaß der Wanderschaft aus der gegenwärtigen Not in das Land der Verheißung. Im Alten Bund errichtete Israel auf seinem Wanderzug durch die Wüste 42 Bleiben und Aufenthalte, deren jeder an den weiteren Aufbruch gemahnte. Im Neuen Bund ist durch das Wort der Apokalypse mit der Zahl 42 die Bezeichnung der Monate gegeben, Zeitspanne der Unvollendung, in der die Frau der Offenbarung, Maria-Kirche, in der Wüste der Weltzeit ausharren muß bis zur endgültigen Vollendung der Zeit.

Die Bedeutung dieser Zahl wurde in der Frühzeit oftmals in Schriftkommentaren untersucht. Im Alten Testament macht sie deutlich die Spanne der zweiundvierzig Aufenthalte während des vierzigjährigen Wüstenzuges Israels aus, wobei der letzte Aufenthalt unmittelbar am Jordan geschah. Im Neuen Testament in der Apokalypse wird diese Zahl nach Jahren, Monaten und Tagen beschrieben. 3 1/2 Jahre sind 1260 Tage oder 42 Monate. Sie bezieht sich auf die Zeitspanne, die die große Frau am Himmel nach der Geburt und Entrückung ihres Sohnes, vom Drachen verfolgt, in der Wüste aushalten muß (Apc 12).

Hieronymus schon deutete die Zahl 42, wobei er eine lange Darlegung des Origenes präzisiert:

Durch diese 42 Bleiben eilt der wahre Hebräer, der aufbricht, von der Erde zum Himmel hinüberzugehen, und läßt das Ägypten der Weltzeit zurück, um das Land der Verheißung zu erreichen. Das ist kein Wunder, denn durch das Geheimnis jener Zahl gelangen wir zum Königreich der Himmel, weil unser Herr und Heiland unter ihr vom ersten Patriarchen an bis zur Jungfrau, gleichsam zum Jordan gelangte, der in voller Kraft fließend durch die Gnaden des Heiligen Geistes überströmte (Hieron. Epist. 78).

Rupert von Deutz bezieht sich auf Hieronymus und sagt in seinem Buch über den Sieg des Wortes Gottes wie in seinem Kommentar zur Apokalypse, daß die Kirche der Weltzeit auf ihrer Wanderschaft zum himmlichen Jerusalem in dieser Zahl der Unvollendung, der halben Sieben (3 1/2 Jahre, 42 Monate, 1260 Tage) die Zeit ihres

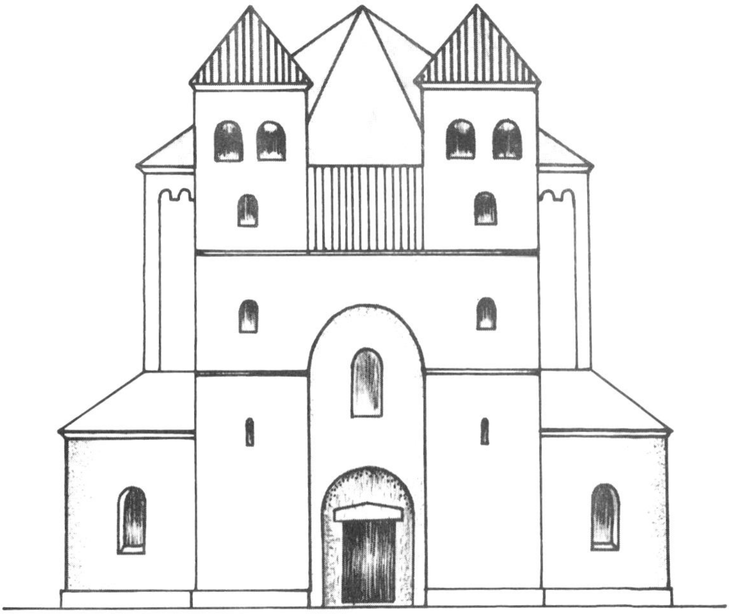

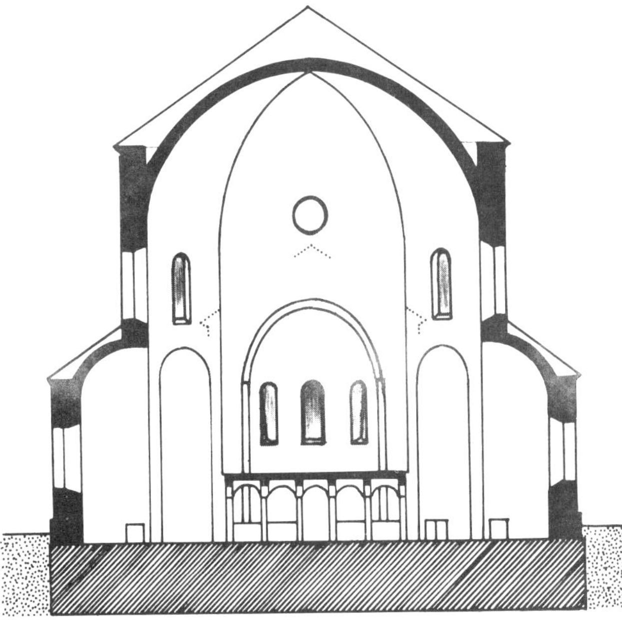

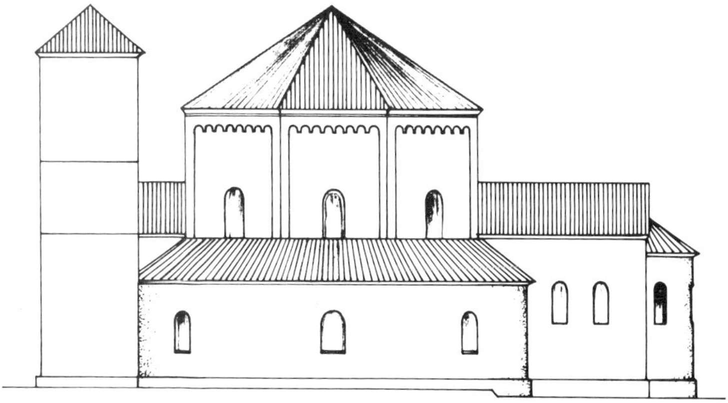

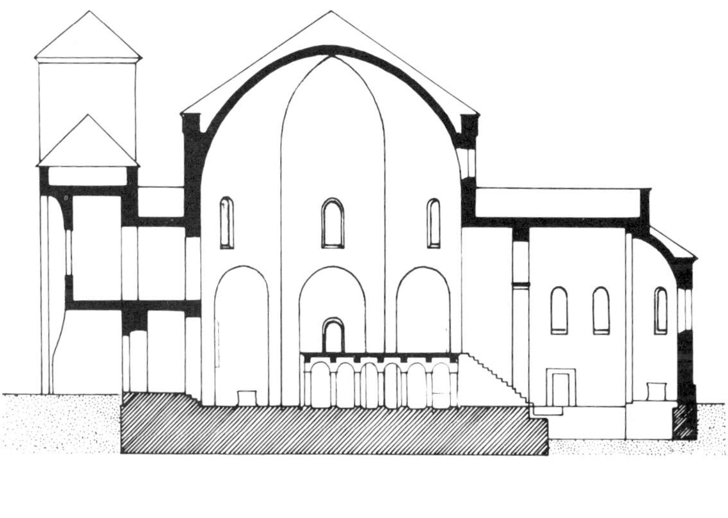

Weges erkennt, wobei er angibt, daß diese Zahl nach der Überlieferung der Väter genau die Zeitspanne ausmacht, in der Jesus in seinem irdischen Leben das Wort vom Reich verkündete. Rupert sagt in seinem Buch über den Sieg des Wortes Gottes:
Die Frau aber, nachdem ihr Sohn zu Gott und zu seinem Thron entrückt wurde, floh in die Wüste; das bedeutet: Nachdem Christus zum Himmel auffuhr, verließ seine Mutter, das ist jener Teil seines Volkes, aus dem er selbst dem Fleische nach stamme, also die aus den Juden gesammelte apostolische Kirche der Vollkommenheit, alles weltliche Treiben, wie die Apostelgeschichte berichtet . . . Alle, die aus dieser Gemeinschaft waren, lebten vom gemeinsamen Erlös zwölfhundertsechzig Tage, dem Evangelium gemäß nach dem Vorbild des Herrn, der eine solche Spanne von Tagen hindurch mit seinen Jüngern das Evangelium verkündigte (Ed. Haacke, Buch XIII, cap. 4).
In seinem Kommentar zur Apokalypse aber heißt es:
Eine Zeit und zwei Zeiten und eine halbe Zeit (= 3 1/2 Jahre, 42 Monate, 1260 Tage) das ist drei Jahre und ein halbes, solange der Antichrist mit seiner Verfolgung in der Zeit, in der die Kirche verfolgt wird, weil sie Christus gemäß leben will, mit gutem Grund in diese Schranken eingeschlossen."
(Augsburg 1788, VI. Buch, zu Apc. XII, 16)
Bezogen auf den Turm Mariens, die Kirche des Erzbischofs Heribert am Rhein, kann man sagen: Nicht nur ein Wort der Heiligen Schrift wird Bild in einem Raum, sondern der Bau umschließt in genauer Zahlenentsprechung eine biblische Zeitspanne. Das Raumgehäuse verbildlicht einen Zeitprozeß: Nahe am Ufer des Rheins, dem Jordan der Zeitgeschichte, stellt eine Marienkirche als steinernes vom Chorgesang der Mönche erfülltes Summarium den Ablauf der neutestamentlichen Zeitfolge dar, also der nachösterlichen Geschichte zwischen Heimgang und Wiederkunft des Schöpfungswortes. Ein solcher Zusammenhang erscheint heute mehr als ungewöhnlich, und man kann sich kaum vorstellen, daß es eine Zeit gegeben hat, in der sich Räume von Zahlen her bestimmten, ohne dabei verstandesmäßig verflüchtigt zu werden. Es gab keine direkt interpretierende Deutung. Jeder Eintretende wußte sich in Gesetze gebunden, die aus Zahlen ablesbar waren. Hier wurde der Ablauf der Geschichte nicht interpretiert, sondern gegenwärtig. Zahlen und Proportionen waren steinerne Maße der Glaubwürdigkeit.

Die Tragik der Geschichte innerhalb der Kämpfe der Kölner Bürger um ihre Selbständigkeit gegenüber ihrem Erzbischof besteht darin, daß sie selbst dieses Juwel, das ihre Stadt von neuem als ein „Jerusalem der Weltzeit am Rhein" erstrahlen ließ und das nur zu ihrem geistlichen Ruhm symbolischer Spiegelsinnigkeit errichtet war, durch die Blindheit winziger Perspektiven und Zeitmaße so gründlich zerstörten, daß heute davon nur noch eine Ahnung erhalten geblieben ist.

FARBIGE SIEGEL DER LEBENSSTUFEN –

Das Leben des Erzbischofs Heribert

Bild geworden auf seinem Schrein

Der Gedanke an mittelalterliche Schreine, die in der Zeit des Übergangs von der Romanik zur Gotik, also gegen Ende des 12. Jahrhunderts entstanden sind, nährt sich von der Vorstellung etwa des Dreikönigsschreins in Köln, seiner goldgetriebenen Figuren auf den aus Gehäusefeldern hervortretenden Stirnseiten und den filigranbesetzten bogenförmigen Nischen mit Apostel- und Prophetenfiguren der Längsseiten, die voneinander durch Emailsäulen und Bögen abgesetzt sind. Ein Körpergefühl von neu empfundener Leiblichkeit beherrscht die Erinnerung, das dem sich wandelnden Körpersinn zwischen Romanik und Gotik ähnlich ist. Aus der Zeichensprache früher Figuren und den abstrakten Kraftfeldern ihrer Gewandung werden jetzt leibliche Gestalten in flutenden Kleiderbahnen, die das körperhaft fühlbare Vorhandensein neu erahnen lassen.

Demgegenüber ergibt sich bei den früheren Schreinen ein anderer Bildsinn, den man kaum noch streng artikuliert. Hier geht es nicht um eine Leiblichkeit in kostbar gestalteten Bögen aus Gold und Email, sondern um die geistig begriffene Kraft des Hervortretens irdischer Formen in verschiedenen Künsten, wobei jeder Kunst ein bestimmter Sinn zugesprochen wird, mit dem geistig Empfundenen in einen Einklang zu treten.

Das Spannungsgefüge mehrfältiger künstlerischer Bezogenheit wird am Ende der romanischen Welt einmalig im Heribert-Schrein in Köln ablesbar. Seine Stirnseiten eröffnen sich räumlich; vorne im Dreipaßbogen, aus dem drei verhaltene Figurenbilder erstrahlen: Maria mit dem Kind, umgeben von Engeln; an der Rückseite im Feldergeviert Erzbischof Heribert mit den Gestalten der Tugendkräfte caritas (Liebe) und humilitas (Demut), die ihn besonders

S. 166/167 Schrein des Heiligen Heribert ▸

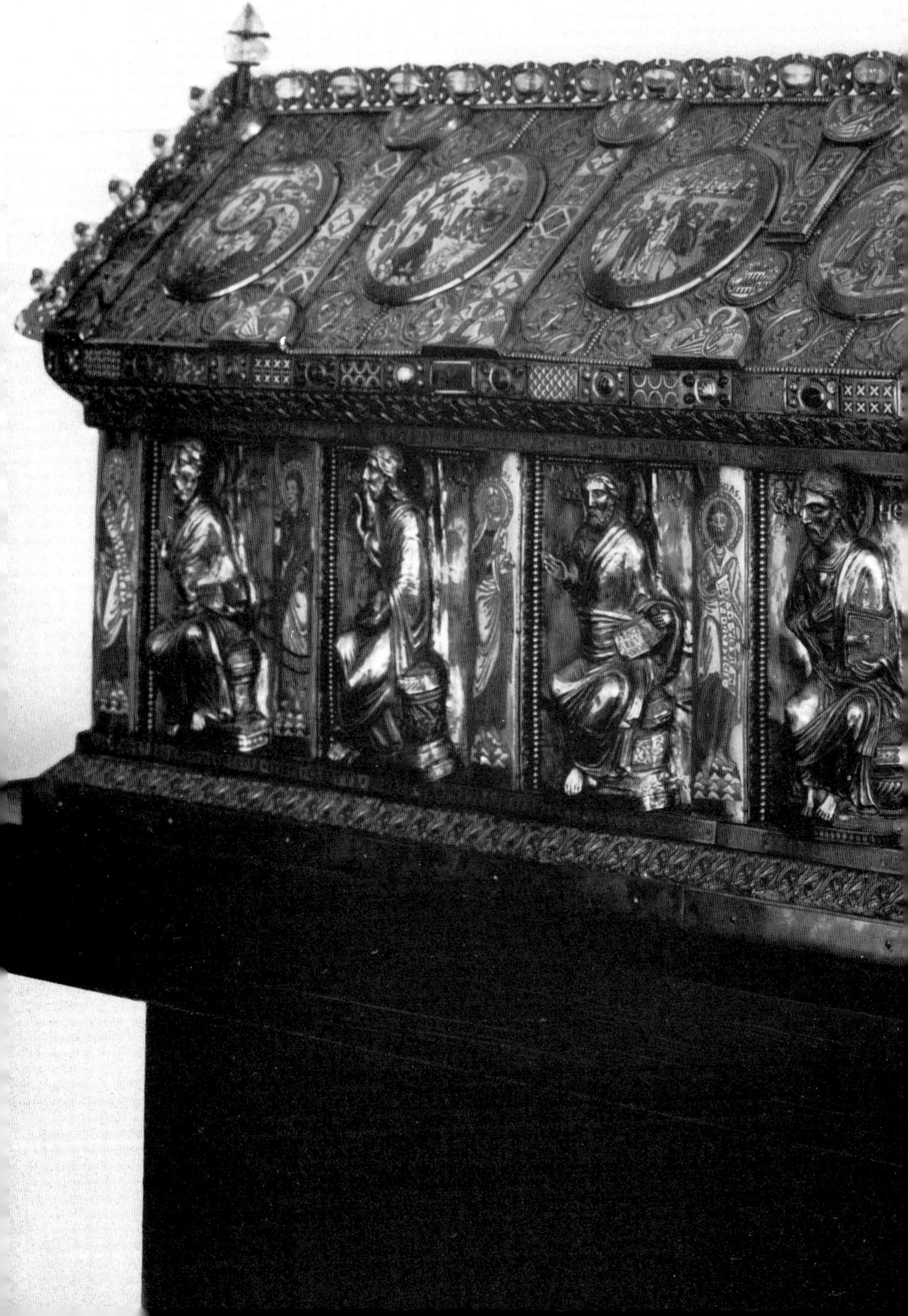

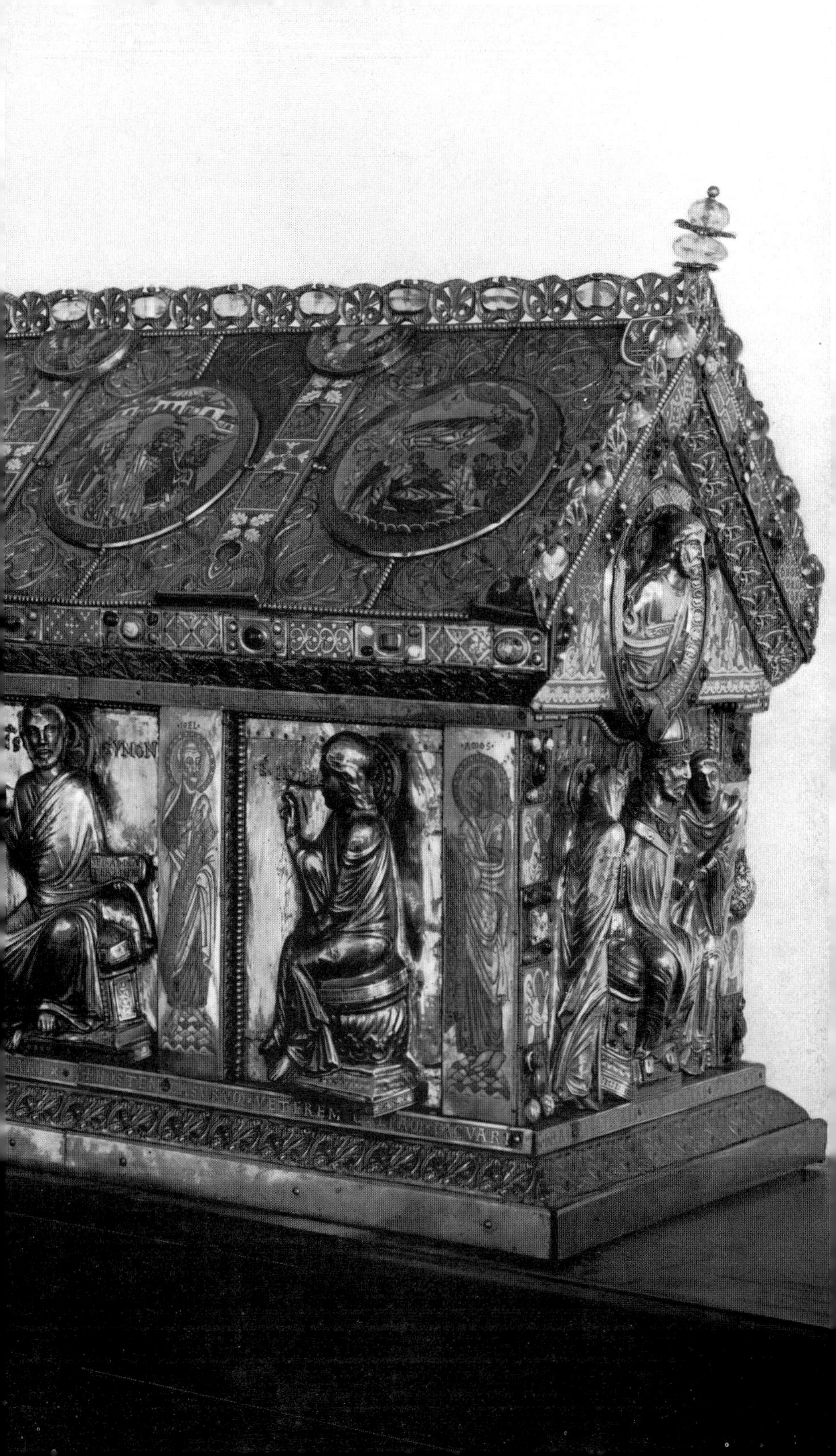
SYMON
IOEL
AMOS
VETEREM

auszeichneten, übergeben vom email- und perlenbesetzten Kreis der Erscheinung des Menschensohnes gemäß dem Vorbild des brennenden Dornbuschs. Schon an den Stirnseiten ist ein Spiel abzulesen, das durch die verschiedenen Künste in den Wettstreit gegenseitiger Hervorhebung tritt, goldgetriebene Figuren gegen flaches, aber in Farben leuchtendes Email, die Macht der farbigen Fläche gegen das im Licht schimmernde Spiel der goldblitzenden Figur. Die Macht der Figur ist körperlicher, die Macht der Fläche mit ihren Farben geistiger, verschwiegener; aber dennoch wird die eine durch die andere getragen. An den Längsseiten des Heribert-Schreines wird dies zum bestürzenden Erlebnis; den Aposteln fällt die Rolle wogender, im Gold rauschender körperlicher Vorhandenheit zu, den Propheten dagegen, in dazwischengesetzten Emailfeldern gleich Pfeilern eines Raumes, die abstrakte Kraft farbiger Geistigkeit, unterstützt von Schriftbändern mit den lateinisch gefaßten Summarien ihrer prophetischen Botschaft.
Da, wo später in den Schreinen nur noch Säulen stehen und ihre Bögen über Figuren werfen, da stehen hier gleichsam goldene Pfeiler mit Gestalten aus Email, die die apostolische Lauthaftigkeit in den prophetischen Ursinn bannen und jene durch diesen ergänzen.
Nun aber hat dieser Schrein, der die Gebeine Sankt Heriberts birgt und für diesen Heiligen angefertigt ist, im Gegensatz zu vielen anderen Schreinen, seine Dächer in der ursprünglichen Form erhalten: auf beiden Seiten sechs goldgestanzte, fast quadratische Felder, die durch Emailpfeiler höchster künstlerischer Variation unterbrochen sind, während in den gestanzten Goldflächen in je sechs aufgesetzten Rundscheiben aus farbigem Email die Stationen aus dem Leben des Bischofs Heribert aufgezeichnet sind. Sie wirken wie eine im Ablauf der Geschichte neu aufschimmernde Wiederkehr des Lebens Christi in einem seiner erwählten Zeugen, dem Bischof Heribert von Köln. Auch dies ist ein bedeutsamer Vorgang, denn hier tritt das Leben Heriberts nicht repräsentativ rauschend hervor, sondern demütig in seiner Verschwiegenheit zurück und wird dadurch sogar zum verborgenen Schmucksinn seines Schreins.
Heribert wurde um 970 als Sohn des Grafen Hugo von Worms geboren. Als Diakon wird er 994 nach dem Tode Bischof Hildi-

S. 169 Prophet Habakuk vom Schrein des Heiligen Heribert ▶

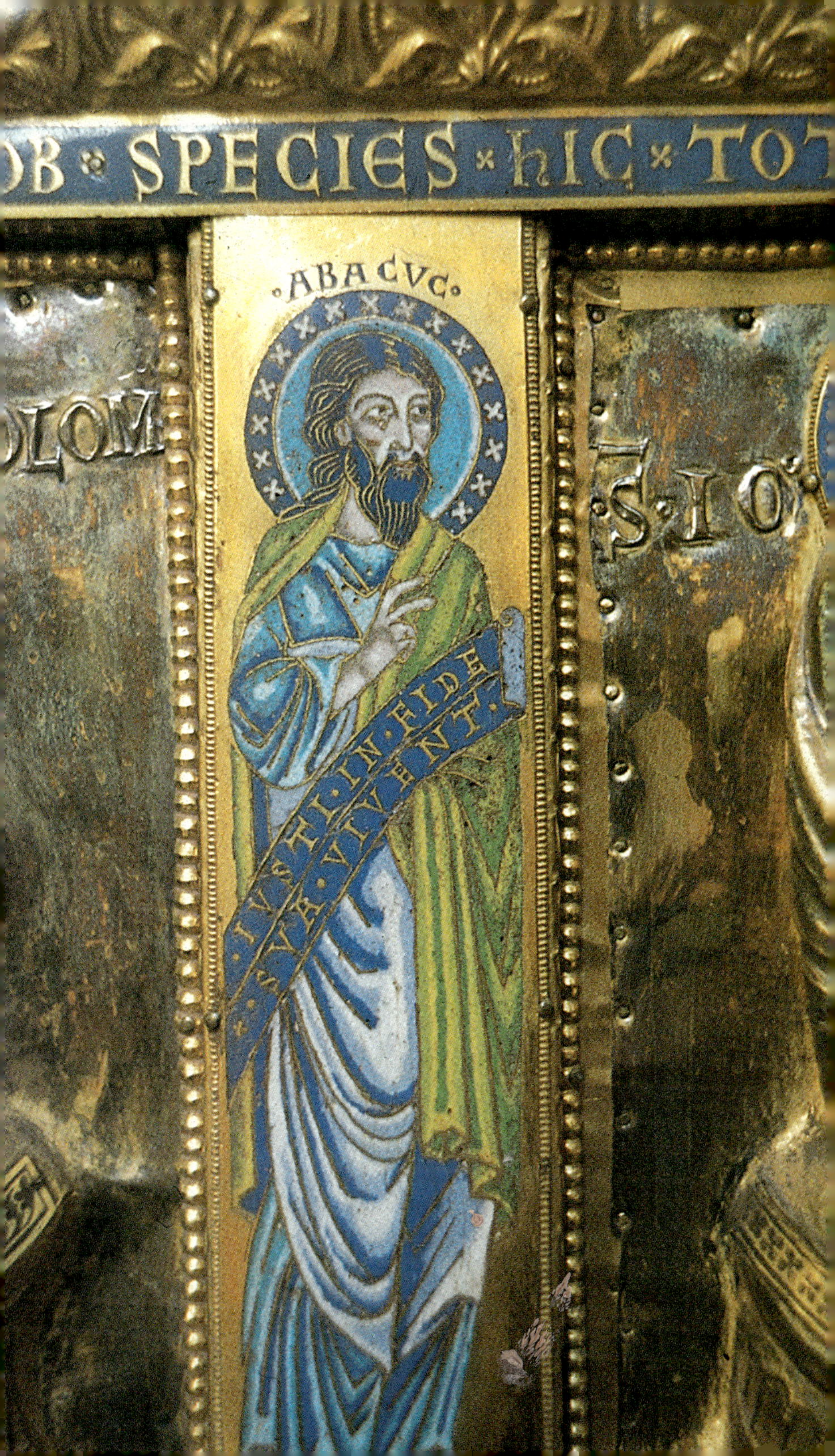
OB · SPECIES · hIC · TOT
ABACVC
IVSTI · IN · FIDE
SVA · VIVENT ·
OLOM
S · IO

balds Kanzler für Italien, 998 Kanzler für das Reich. 999 wird er, der nahe Freund Kaiser Ottos III., Erzbischof von Köln.
Der Kaiser und er geben sich das Versprechen, daß der Überlebende von beiden eine Abtei zu Ehren Mariens gründen wird, damit dort für den Heimgegangenen fortwährend gebetet werde. 1002 entschlief Otto im jugendlichen Alter auf der Burg Paterno in Italien nach schwerer Krankheit. 1003 gründet Heribet die „Turris Mariae", die Benediktinerabtei Deutz auf der anderen Rheinseite, im Grundriß an das Dekagon von St. Gereon erinnernd. Er versöhnt sich 1020 mit Ottos Nachfolger Heinrich II. und stirbt 1021 nach einem Leben größter Mühsal in mönchlicher Armut. Gemäß der Biographie Heriberts durch den Mönch Lantbertus schreibt Wilhelm Neuß von ihm: *Innerlich ist Heribert Mönch geblieben, der unter der kostbaren Amtstracht das Bußgewand auf dem bloßen Leibe trägt, der in den Nächten nach der Matutin weiter betet, die Armen heimlich ohne die Abzeichen seiner Würde aufsucht und sich noch auf dem Sterbebett um ihren Unterhalt sorgt. Vielleicht hatte gerade diese Weltentsagung inmitten der Welt ihn dem jungen Kaiser verbunden. Ihr gemeinsamer Plan – vielleicht gefaßt in den Tagen zu Paterno, als Otto sich auf seinen Tod vorbereiten mußte – war, ein Kloster zu Ehren der Gottesmutter zu gründen. Heribert bestimmte das in Ruinen liegende castellum in Deutz für dieses Kloster, nach Lantpert auf den Befehl Mariens hin. Die erste Kirche stürzte kurz nach ihrer Vollendung ein. Der zweite Bau wurde von Grund auf neu aufgeführt. Nicht einmal die Grundsteine wurden dafür verwendet. Tiefe Fundamente wurden gelegt, auswärtige Baumeister zugezogen. Am 3. Mai 1020 konnte Heribert selbst den Bau einweihen . . . Im Wissen um seinen nahen Tod besucht Heribert 1021 noch einmal die heiligen Stätten seines Bistums, die Leiber der Heiligen, erbittet ihren Schutz und bewaffnet überall seine Schafe gegen die Nachstellungen der Wölfe durch seine Predigt und stärkt sie scheidend durch seinen bischöflichen Segen. Im Hafen Neuss, berühmt durch Verdienst und Namen des hl. Märtyrers Quirinus, wirft ihn das Fieber auf das Krankenbett. Er läßt den Abt Helyas (von Groß St. Martin) kommen, mit dem er sich im geistlichen Gespräch unterhält und der ihm dann die Letzte Ölung und Leib und Blut des Herrn spendet. Zu Schiff nach Köln gebracht, läßt der Erzbischof sich noch spät in der Nacht in den Dom vor den Gekreuzigten tragen, wo er in*

langem Gebet die Sache seiner Seele Gott empfiehlt und die ihm anvertraute Herde jetzt dem hl. Petrus anvertraut. Darauf wird er in sein Gemach gebracht, wo er den Abt und andere Getreue nicht von sich läßt, die ihm aus den heiligen Schriften und den Zeugnissen der Väter eine Ansprache (sermo) zusammenstellen und für ihn beten sollen. Er verteilt, was er noch an Schätzen hat, einiges seinen Eltern und Freunden, einiges seinen jammernden Dienern; den größeren Teil aber legt er für Christus und seine Armen beiseite . . .

In der Nacht seines Heimganges wird sein Tod entfernten Bischöfen und Ordensmännern kundgetan. Der Leichnam wird über den Rhein gebracht und im Kloster der hl. Gottesmutter, das er selbst gegründet, mit größter Ehre durch Klerus und Volk vor dem Altar in der Kirche beigesetzt, so daß es zum Brauch wird in der Stadt, während der ganzen folgenden dreißig Tage zu ihm zu pilgern (W. Neuß, Gesch. d. Erzb. Köln, I, Köln 1964, 178 f).

Gemäß der Klarheit der Zeichnung ergibt sich in den folgenden zwölf Darstellungen der Emailfelder der beiden Dächer, wie hier ein Leben zwischen Geburt und Tod entfaltet wird, das im einfachen Ablauf seiner irdischen Stationen göttliche Kräfte aufschimmern lassen darf. Natürlich macht das farbige Email die einzelnen Stationen noch deutlicher sichtbar und läßt sie gleich der Pracht leuchtender Blumen verschwiegen in sich ruhen: Im ersten Feld die Geburt Heriberts als Mysterium, begleitet vom Strahl aus der Höhe;

im zweiten die Übergabe des Kindes in den geistlichen Dienst und zugleich seine aufblitzende Weisheit;

im dritten die Übernahme des geistlichen und des weltlichen Amtes als Zeichen seiner Auserwählung;

im vierten die Steigerung dieser Erwählung in das Hirtenamt des Bischofs gemäß doppelter Belehnung;

im fünften die Demut der eigenen Antwort auf dieses Amt im Zeichen des Büßergewandes, in dem der Bischof barfuß seine Kirche betritt;

im sechsten erneut die Darstellung der Schwere des hohenpriesterlichen Amtes durch Prüfung und Salbung;

im siebten die Erfüllung des Gelübdes an den kaiserlichen Freund in der Gründung der Abtei unter dem Schutz Mariens;

im achten das einfache Ereignis, in einem großen Baum vor dem

Landgut den gekreuzigten Menschensohn zu erkennen;
im neunten das Offenkundigwerden der Erfülltheit des Bischofs mit dem Heiligen Geist, während er versunken um die Wendung der Not der großen Dürre betet;
im zehnten die aus ihm ausbrechende Heilkraft während der Erfüllung seines Amtes bei der Prozession;
im elften die tiefe Kraft der Versöhnung gegenüber dem Kaiser;
im zwölften das bewußt erfahrene Geschick des Todes als Aufbruch in die letzte Gottesnähe.
Die einzelnen Scheiben wirken wie Siegel aus den Vita des Lantbertus, in denen, vermehrt um die Erweiterungen der Vita des Rupert von Deutz, die Lebensereignisse Heriberts in einer den biblischen Worten der Vulgata nahen Sprache und in ihrem zeitörtlichen Ereignischarakter so beschrieben werden, daß das Leben selbst zum Spiegel des göttlichen Wirkens wird. Im Zeichen der ihm geheimnisvoll innewohnenden Grundkräfte der Liebe und der Demut wird das Leben Heriberts dargestellt.

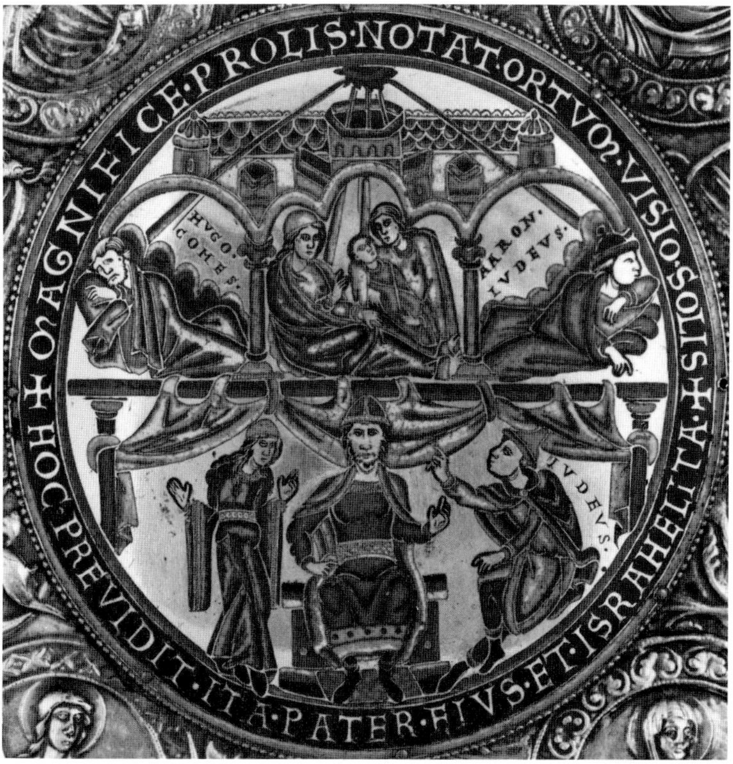

Das erste Emailfeld erzählt die Ereignisse um die Geburt Heriberts.

Feierlicher liturgischer Glanz, der ottonischen Heiligenleben eigen ist, läßt die Geburt Heriberts wie ein Weihnachtsmysterium im Licht erstrahlen. In der oberen Hälfte der Rundscheiben sind unter einem Dach drei Räume sichtbar. In den Außenräumen schlafen der Vater Hugo und ein zufällig anwesender Jude, Aaron. Im mittleren Raum ereignet sich die Geburt. Von oben gehen Strahlen zu den schlafenden Männern und deuten ein nächtliches Gesicht an, das in der Mitte Ereignis wird. Dort ist die Kuppel des Raumes geöffnet, und drei Strahlen fallen in den Raum, in dem Heribert geboren wird. Wie vom Stern aus der Höhe wird das Antlitz des Knaben erleuchtet. In der unteren Hälfte sitzt herrscherlich Graf Hugo, der sich vom Juden Aaron den Traum erzählen läßt.

Die Umschrift lautet:

MAGNIFICE PROLIS / NOTAT ORTUM VISIO SOLIS.
HOC PREVIDIT / ITA PATER EIUS ET ISRAHELITA:

Des ruhmvollen Sprosses Anfang
bekundet das Aufleuchten der Sonne.
Sein Vater sah dies voraus und ein Jude.

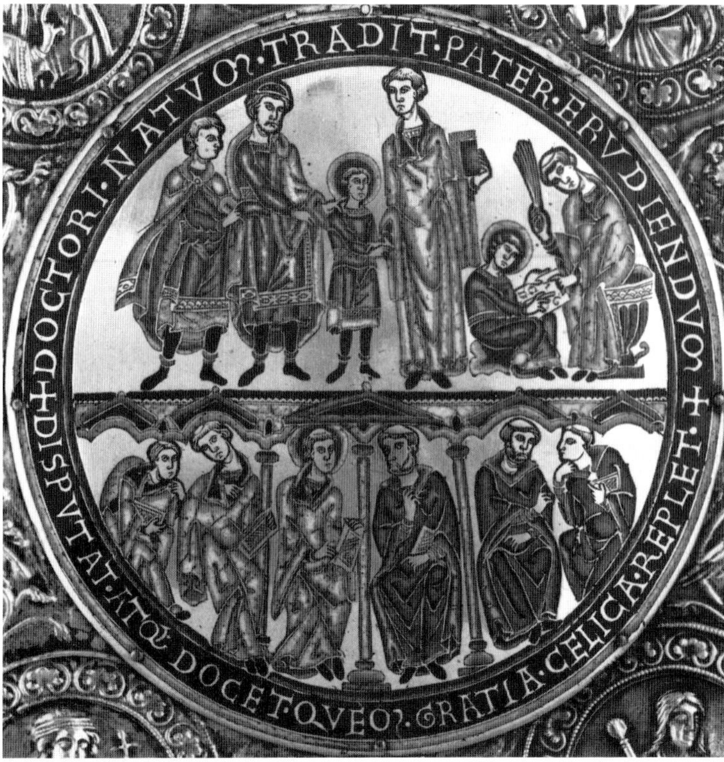

Das zweite Emailfeld zeigt den beginnenden Lebensweg Heriberts, wie er vom Vater dem Lehrer der Schule im Mönchsgewand übergeben wird.
Der Vater legt die Hände auf die Schultern des Knaben, so daß dies wie ein oblatio pueri erscheint, eine Darbringung des Kindes, das für den Dienst des Herrn ausersehen ist. Rechts in der Ecke oben wird die Strenge der Schule sichtbar, der lernende Knabe und ein Lehrer mit der Rute. In sechs Bogenfeldern darunter sieht man Heribert als Jüngling, wie er sich in der Rede übt und lehrt.
Dazu tritt die Umschrift:
DOCTORI NATUM / TRADIT PATER ERUDIENDUM.
DISPUTAT ATQUE DOCET / QUEM GRATIA COELICA REPLET.
Dem Lehrenden übergibt der Vater den Sohn zur Erziehung.
Dieser selbst aber führt die Rede und lehrt, da ihn die himmlische Gnade erfüllt.

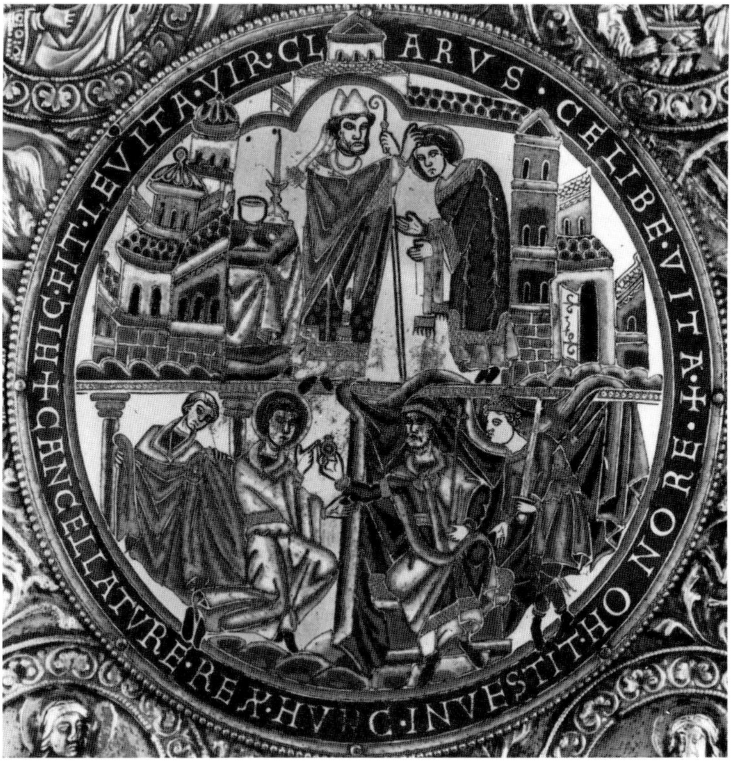

Im dritten Emailfeld erblickt man im oberen Raum außen die Architektur einer Kirche, innen die Zone des Altares, der für das heilige Opfer bereit ist.

In der Mitte ist Bischof Hildebald von Worms sichtbar, der den von rechts ehrfürchtig herantretenden Heribert zum Diakon weiht. Während in der oberen Hälfte der Beginn des geistlichen Weges im Raum der Kirche sichtbar wird, eröffnet sich die untere Hälfte als feierlicher Thronsaal mit Kaiser Otto III., seinem Schwertträger und einem Diener außen. Vor ihm kniet Heribert nieder und empfängt aus der Hand des Kaisers das Siegel des Reiches. Damit ist der Diakon zum Kanzler ernannt. Die Inschrift lautet:

HIC FIT LEVITA / VIR CLARUS CELIBE VITA.
CANCELLATURE REX / HUNC INVESTIT HONORE.

Hier wird der ehelos lebende, ruhmvolle Mann zum Leviten.
Ihn bekleidet der König mit der Würde des Kanzleramtes.

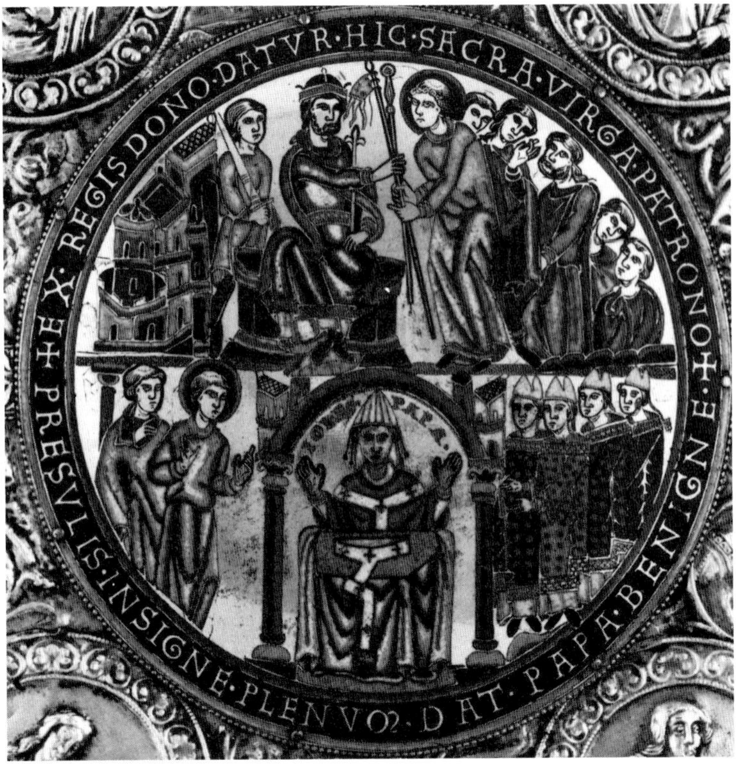

Das vierte Emailfeld zeigt oben die Belehnung Heriberts mit dem Hirtenstab der Kirche von Köln durch den Kaiser.
In der unteren Hälfte sieht man mit ausgebreiteten Händen den Papst frontal auf seinem Thronsitz sitzen, umgeben von den Bischöfen rechts und von dem sich nahenden Heribert links, der das Pallium durch den Papst empfangen wird, das bereits auf seinem Schoß liegt. Gemäß der Sitte der Zeit ist hier der zweifache Augenblick der Übernahme des Hirtenamtes deutlich gemacht.
Die Inschrift lautet:
EX REGIS DONO / DATUR HIC SACRA VIRGA PATRONO.
PRESULIS INSIGNE / PLENUM DAT PAPA BENIGNE.
Aus der Huld des Königs wird hier dem Hirten der heilige Stab gegeben.
Das vollgültige Zeichen des Vorstehers schenkt gütig der Papst.

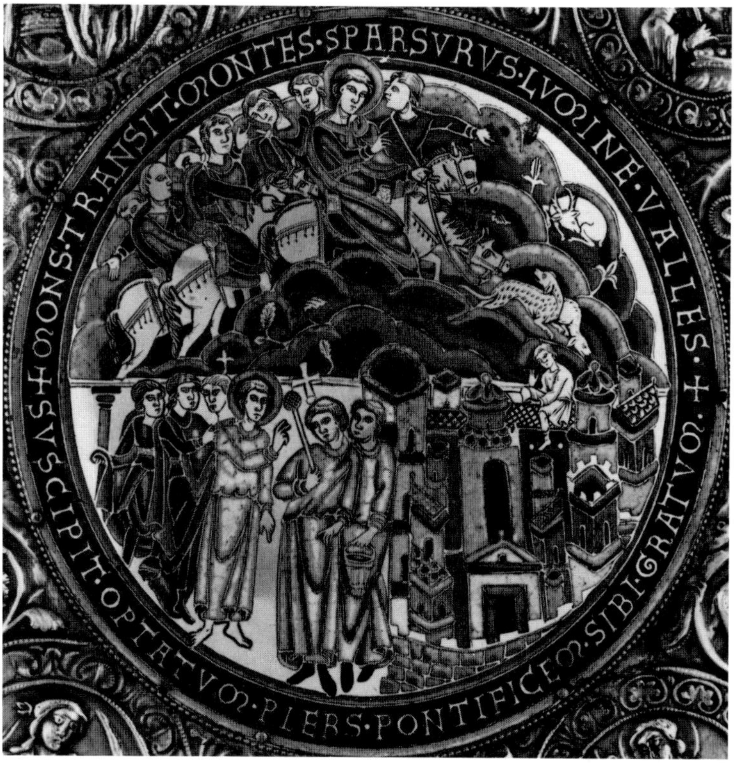

Das fünfte Emailfeld zeigt in der oberen Hälfte den äußerst bewegten Zug Heriberts mit seiner Begleitung und mit Pferden und Hunden über die Berge nach Köln.
Auf kleinstem Feld wird der Eindruck erweckt, daß ein Gebirge überschritten werden muß, damit der Bischof in seiner Stadt Einzug halten kann. Im unteren Feld wird Heribert im einfachen Gewand barfuß am Eingang seiner Bischofskirche mit Kreuz und Weihwasser empfangen. Barfuß und im Büßergewand wollte der Bischof im Zeichen der Demut am Weihnachtstag in seine Kirche eintreten.
Die Inschrift lautet:
MONS TRANSIT MONTES / SPARSURUS LUMINE VALLES:
SUSCIPIT OPTATUM / PLEBS PONTIFICEM SIBI GRATUM.
Der Berg übersteigt die Berge, breitet Licht aus über die Täler.
Das Volk empfängt den ersehnten und ihm geneigten Bischof.

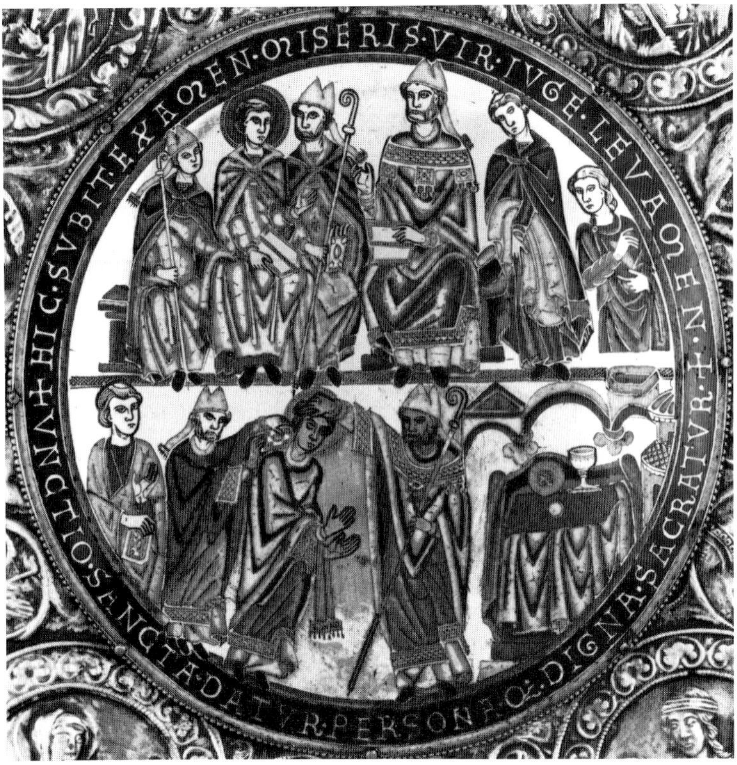

Das sechste Emailfeld beschreibt die Bischofsweihe in Köln.
Unter den anwesenden Bischöfen sitzt Heribert während seines Skrutiniums, der Prüfung seiner Würdigkeit, die am Eingang einer Bischofsweihe stattfindet. In der unteren Hälfte befindet man sich in der Nähe des Altares und seiner Gaben. Der konsekrierende Bischof salbt Heribert, während ein zweiter Bischof ihm das Evangelienbuch als Last auf die Schulter legt.
Die Inschrift lautet:
HIC SUBIT EXAMEN / MISERIS VIR IUGE LEVAMEN.
UNCTIO SANCTA DATUR / PERSONAQUE DIGNA SACRATUR.
Hier nimmt der Mann die Prüfung auf sich, der den Armen trostreicher Helfer sein wird.
Die heilige Salbung wird gespendet, eine würdige Gestalt wird geheiligt.

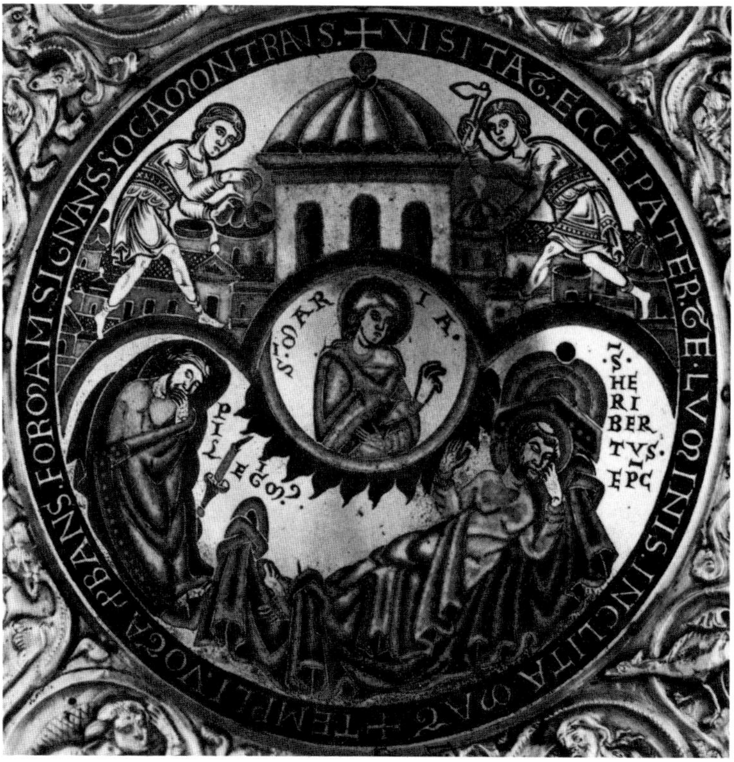

Das siebte Emailfeld beschreibt die Gründung der Abtei Deutz.

Die tiefe Freundschaft, die Heribert mit Kaiser Otto III. verband, zeigt sich in dem gegenseitigen Gelöbnis, daß dem von beiden, der zuerst stirbt, durch den anderen eine Stätte des Gebetes in Form einer Abtei errichtet werde. Da Otto III. 1002 noch als Jüngling stirbt, muß Heribert sein Gelübde einlösen. Im Traum erscheint ihm, wie man im unteren Bildfeld sieht, Maria, zu deren Ehre die Abtei, die turris Mariae, Turm Mariens genannt wird, errichtet werden soll. An der linken Seite sieht man schlafend visionär Erzbischof Pilgrim, den Nachfolger Heriberts, der den Bau der Abtei vollenden wird. Oben sind die Bauleute bei der Arbeit.

Die Inschrift lautet:

VISITAT ECCE, PATER / TE LUMINIS INCLITA MATER.
TEMPLI VOTA PROBANS, / FORMAM SIGNANS, LOCA MONSTRANS.

Siehe, hier besucht dich, Vater, des Lichtes ruhmreiche Mutter, erfreut über das Gelübde der Kirche.

Sie bestimmt die Gestalt des Baues, sie zeigt den Ort der Errichtung.

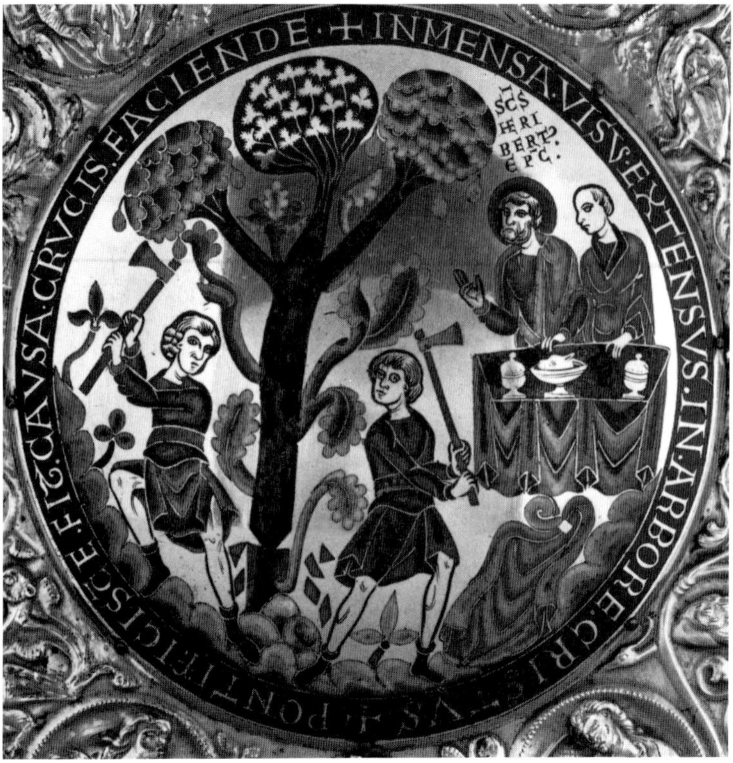

Das achte Emailfeld läßt Heribert, mit einem Begleiter auf seinem Landgut am gedeckten Tisch sitzend, einen mächtigen Baum schauen, dessen Gestalt die Form eines Kreuzes hat. Aus diesem errichtet er das Kreuz für die Kirche.

Die Inschrift lautet:

IN MENSA VISUS EXTENSUS / IN ARBORE CHRISTUS.
PONTIFICI SANCTE / FIT CAUSA CRUCIS FACIENDE.

Während des Essens schaut man ausgestreckt im Baum Christus.
Dies gibt dem Bischof Anlaß, das heilige Kreuz zu errichten.

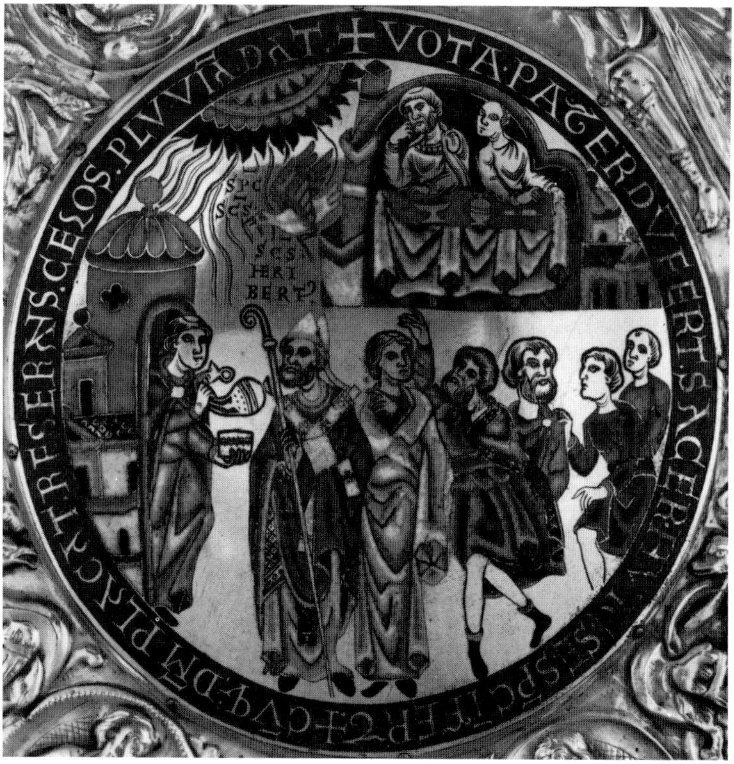

Das neunte Emailfeld berichtet von einem Ereignis in seiner Bischofsstadt während der Zeit einer großen Dürre.
Vom Dom ausgehend hält Heribert eine Bittprozession nach St. Severin und weiter nach St. Pantaleon, der großen Abtei seines Vorgängers Bruno. Dort umfliegt eine Taube aus der Höhe, als Heiliger Geist bezeichnet, dreimal sein Haupt. Nach dem Gottesdienst, in dem der Bischof in Versunkenheit um Regen bat, wird sein Gebet erhört. Auf dem Heimweg weist einer aus dem Gefolge schon auf den niederströmenden Regen.
Die Inschrift lautet:
VOTA PATER DUM FERT / SACER HUIC SE SPIRITUS INFERT.
CUMQUE DEUM PLACAT / RESERANS COELOS PLUVIAM DAT.
Während der Vater sein Flehgebet darbringt, gießt sich ihm ein der Heilige Geist. Da er Gott milde stimmt, öffnet Er die Himmel und läßt Regen strömen.

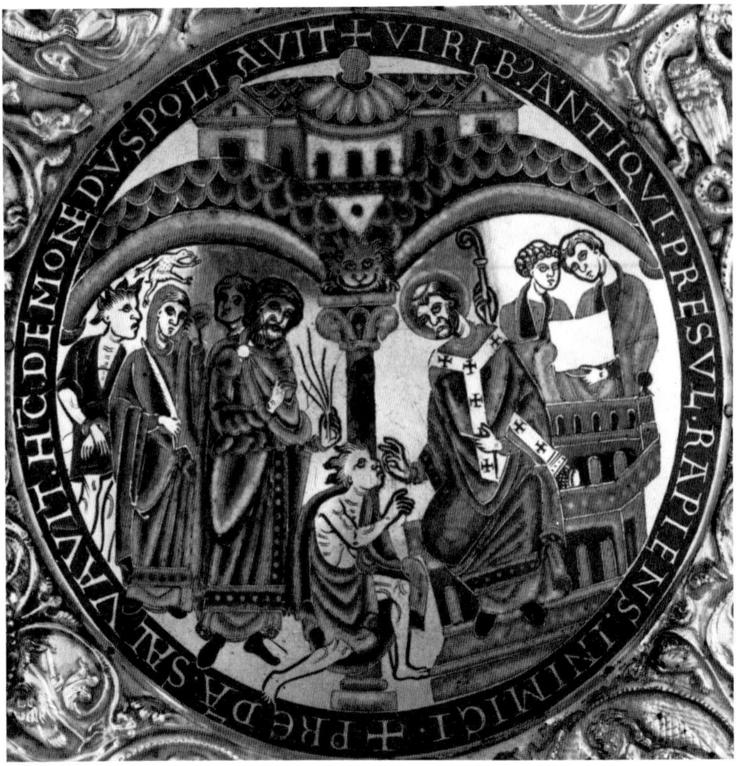

Das zehnte Emailfeld berichtet wieder ein Ereignis während einer Prozession in Köln.

Bei der Römerfahrt am Palmsonntag predigt Heribert vor der Kirche St. Maria im Kapitol. Da beginnt ein Besessener zu schreien. Heribert betet über ihn und kann ihn dadurch heilen. Man sieht rechts im Doppelbogen der Kirche von St. Maria im Kapitol Heribert auf der Cathedra sitzen, links kommt die Prozession, als Letzter gefesselt der Besessene, dem schon der Dämon entweicht. Vor der Säule kniet er vor Heribert nieder, der ihn segnet.

Die Inschrift lautet:

VIRIBUS ANTIQUI / PRESUL RAPIENS INIMICI.
PRAEDAM SALVAVIT, / HANC DEMONE DUM SPOLIAVIT.

Den Kräften des uralten Widersachers die Beute entreißend, schenkt der Bischof Gesundheit,
da er den Dämon der Beute beraubt.

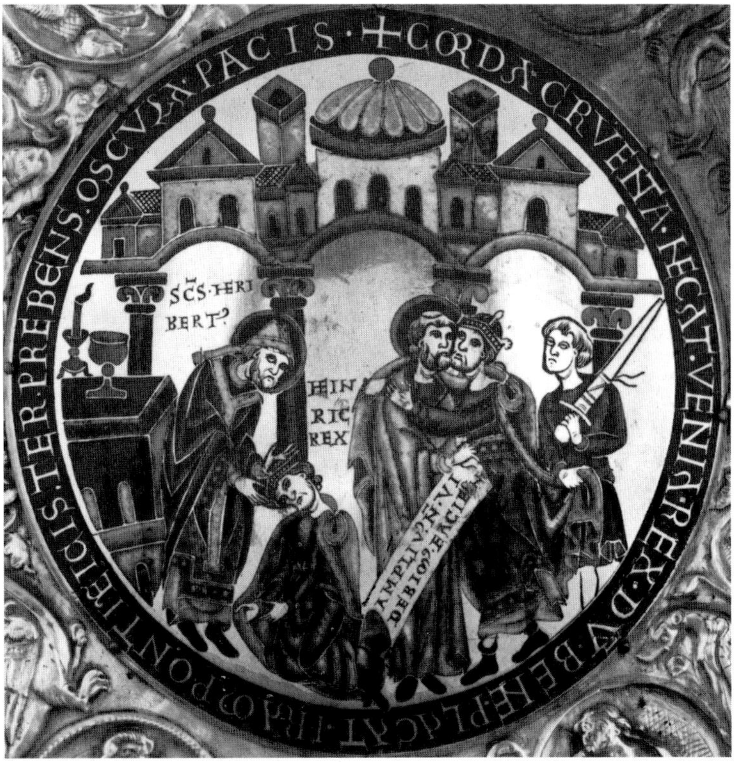

Das elfte Emailfeld zeigt im dreifachen Bogen wiederum das Innere einer Kirche mit dem Altar und der brennenden Kerze an der linken Seite.
Beim Altar kniet König Heinrich II. vor dem Bischof nieder und bittet ihn um Verzeihung für seinen Argwohn. Hier ist die Legende bezeichnet, als der Kaiser 1020 nach Köln kam und in der Kapelle des hl. Johannes bei der bischöflichen Pfalz dem Bischof begegnet. Heribert richtet den knienden Kaiser auf. Auf der rechten Seite umarmen sich beide im Zeichen der Versöhnung. Der Kaiser trägt in einem Schriftband das Deutewort, das sich erfüllen sollte: Amplius non videbimus faciem nostram: *Fortan werden wir unser Antlitz nicht mehr schauen.*
Die Inschrift lautet:
CORDA CRUENTA NECAT / VENIA, REX DUM BENE PLACAT.
IRAM PONTIFICIS, / TER PREBENS OSCULA PACIS.
Von Schuld befleckte Herzen läßt sterben die Verzeihung.
Da der König ehrfürchtig den Zorn des Bischofs versöhnt, reicht ihm dieser dreimal den Kuß des Friedens.

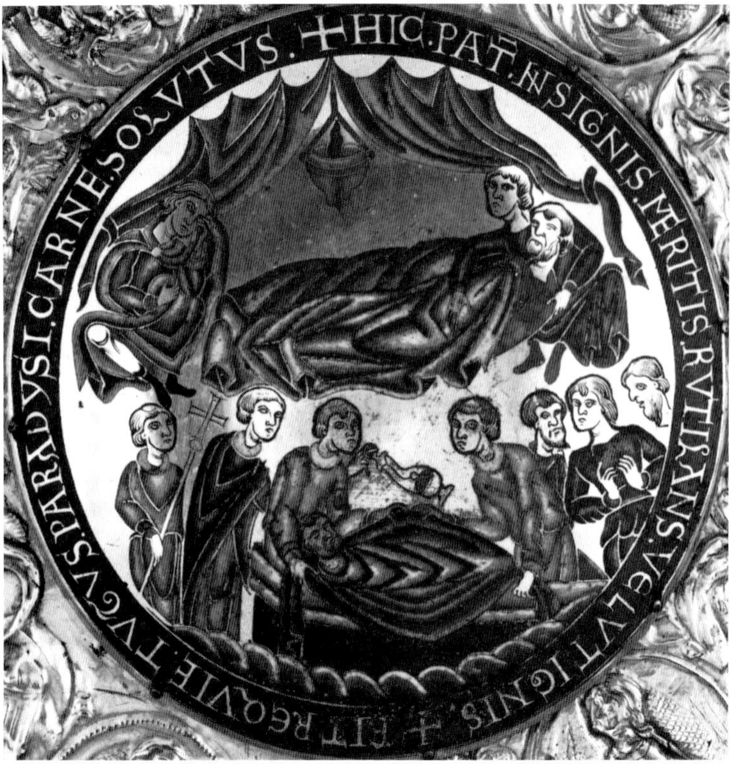

Das letzte Emailfeld eröffnet das Todesmysterium des Bischofs Heribert. Auf einer Fahrt nach Neuss wurde er von tödlichem Fieber befallen und nach Hause gebracht. Die Legende berichtet, daß er auf dem Sterbebett all seine Habe „für Christus und seine Armen beiseitelegt“ und am 16. März 1021 stirbt. Im oberen Bildfeld ist dargestellt, wie er sich sterbend mit Abt Helyas (von Groß St. Martin) unterhält. Darunter wird die Prozession des Begräbnisses sichtbar, wie man ihn in die Gruft bettet. Die Inschrift lautet:

HIC PATER INSIGNIS MERITIS / RUTILANS VELUT IGNIS.
FIT REQUIE TUTUS / PARADYSI, CARNE SOLUTUS.
Hier findet der Vater, geprägt von Verdiensten, aufleuchtend wie das Feuer,
vom Leibe gelöst, die sichere Ruhe des Paradieses.

DIE UNERMESSLICHE EINSAMKEIT

Romanische Kreuze in Köln

Im Anblick der noch verbliebenen Pracht vielfältiger romanischer Bildzeugnisse in Köln kann man behutsam die Frage stellen, ob es vielleicht auch einen kölnischen Eigenakzent bei der Darstellung besonderer Themen des Heils gibt, etwa des gekreuzigten Christus. Indem man die wichtigsten Bilder des Gekreuzigten in Köln betrachtet und über die Tiefe ihrer Aussage verwundert ist, vergleicht man sie sogleich mit verwandten Aussagen des gleichen Themas in anderen Landschaften und hat deren Variationen auch unmittelbar vor Augen, etwa den Bronzekruzifixus von Werden, das Kreuz von Gerresheim, den gewandeten Christus am Kreuz in Braunschweig, den Gekreuzigten von Bockhorst in Westfalen, das frühe Kreuz im Mainzer Dom und in Worms, den großen Gott von Altenstadt, das Bronzekreuz im Chorumgang des Freiburger Münsters und viele andere.

Durch das immer neue Anschauen möglichst vieler Beispiele erhärtet sich der Eindruck, daß die frühen Kreuze aus Köln sowohl im Holz wie in der Buchmalerei in der Vielfalt möglicher Kreuzesbilder selbst Variationen nur einer einzigen Thematik sind, als hätte diese am stärksten die Herzen der hier Lebenden berührt. Man könnte dieses eine Thema nennen: *die unermeßliche Einsamkeit im Antlitz des gekreuzigten Herrn* oder: *die künstlerische Mitteilung eines irdisch kaum noch zu fassenden Maßes erlittener Qual.* Das wäre dann wieder ein neuer Beweis dafür, wie ein einzelnes Thema des Heils in einer vorgegebenen Bildaussage eine überraschende lokale Variation erleben kann, so stark, als wolle ein ganz durchgestaltetes Bild schon am nahen Nebenort in der gleichen Stadt in unbegreif-

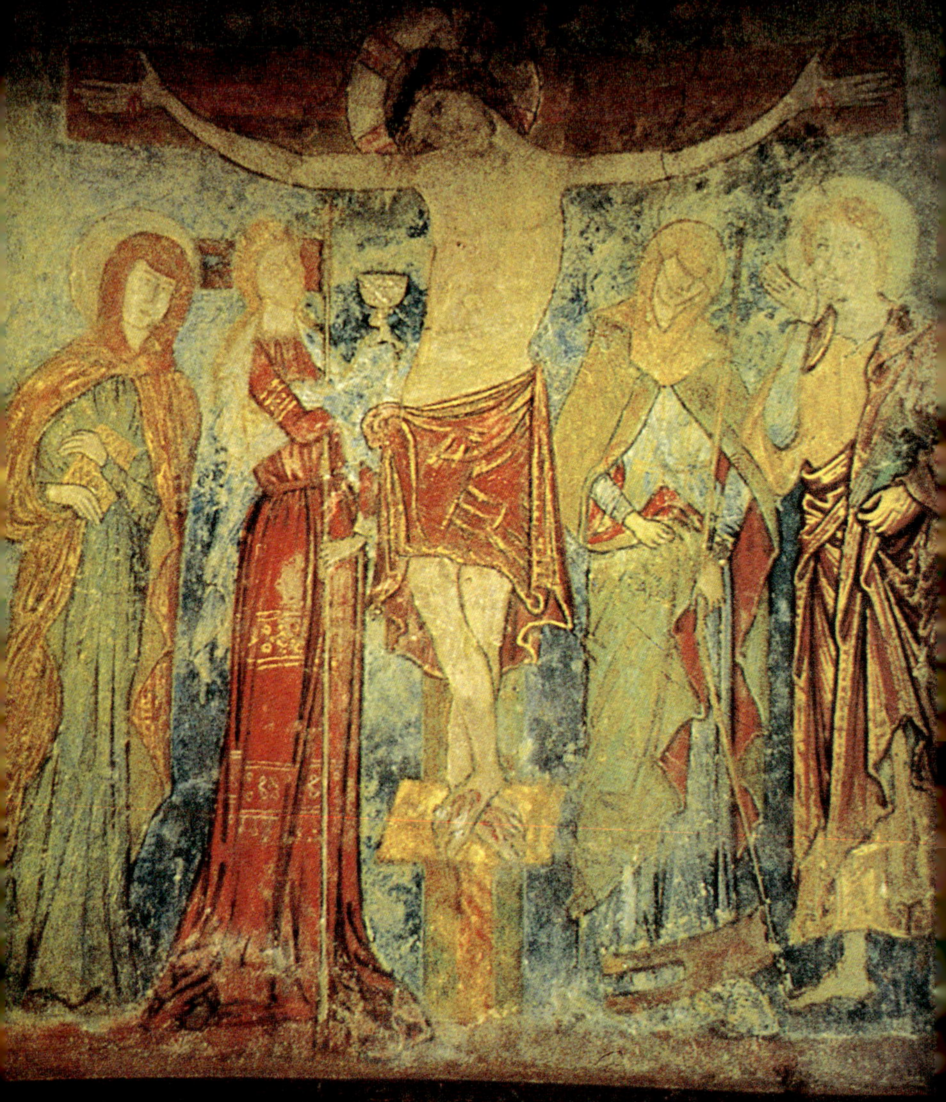

licher Weise überboten werden. Dabei stellen die auf uns gekommenen Zeugnisse nur einen Bruchteil des frühen Reichtums dar, der die Kirchen in Köln einmal schmückte.
Als man nach dem Krieg im zerstörten St. Kunibert in der nördlichen Chorwand in einer Nische, in der ein kostbarer Reliquienschrank durch die Bomben verbrannt war, fast wie durch Zufall am schwarz gewordenen Verputz kratzte, zeigten sich dahinter überraschende Farben, die bei der Restauration ein spätromanisches Kreuzesbild ergaben. Ein körperschwerer Kruzifixus erschien stehend mit übereinandergesetzten Füßen auf seinem Suppedaneum vor dem Doppelkreuz aus mächtigen Balken und rötlich umrandetem Stab. Die Hände waren weit ausgebreitet, das Haupt mit der Kreuzesglorie ruhte fast auf der Schulter. Man sah beim Gekreuzigten links die in ein rotes gegürtetes Gewand gehüllte Ekklesia mit der Siegesfahne, die den goldenen Kelch an die Seite des Gekreuzigten hob, um das Erlöserblut aufzufangen. Bei ihr sah man Maria wie hinzutretend, hoch aufgerichtet, in schmerzhaftem Staunen. Parallel zur Gestalt der Ekklesia wurde rechts die Synagoge sichtbar, ihre Fahne umgekehrt, ihr Stab zerbrochen, ihre Augen vom Kopftuch verdeckt, sie erschien wie blind. Bei ihr stand Johannes, der Evangelist, ganz in sich gefestigt mit erhobenem Haupt und wachem Auge. Seine Wachheit wurde durch die erhobene Rechte verdichtet. Ganz links in der Nische stand ein Prophet mit erloschenem Schriftband, vielleicht Jesaja.
Das ist ein spätes kölnisches Mysterienbild, das das Geheimnis des Opfertodes sichtbar machen will. Der Blutstrom des Gekreuzigten wird von der Ekklesia, der Sehenden, im Kelch aufgefangen, während die Synagoge erblindet ist. Dennoch steht bei ihr der hellsichtige Johannes, das Zeichen der letzten Liebe des Sohnes zu seinem Volk.
Seit 843, seit dem Sakramentar von Metz und seiner winzigen Kreuzesdarstellung im Buchstaben „O" des Palmsonntags (fol 43 v; Paris, Bibl. nat. M. lat. 9428), ist dieses Thema bekannt, aber erst am Ende der Romanik wird es vielfältig wieder aufgenommen. Das Kreuz wird Inbegriff des Geschichtsablaufs zwischen Ekklesia und Syna-

◂ S. 186 Kreuzigung Christi
an der nördlichen Chorseite von St. Kunibert
S. 188 Kreuzigung Christi, Hitda-Codex ▸
S. 189 Kreuzigung Christi, Gießener Codex ▸

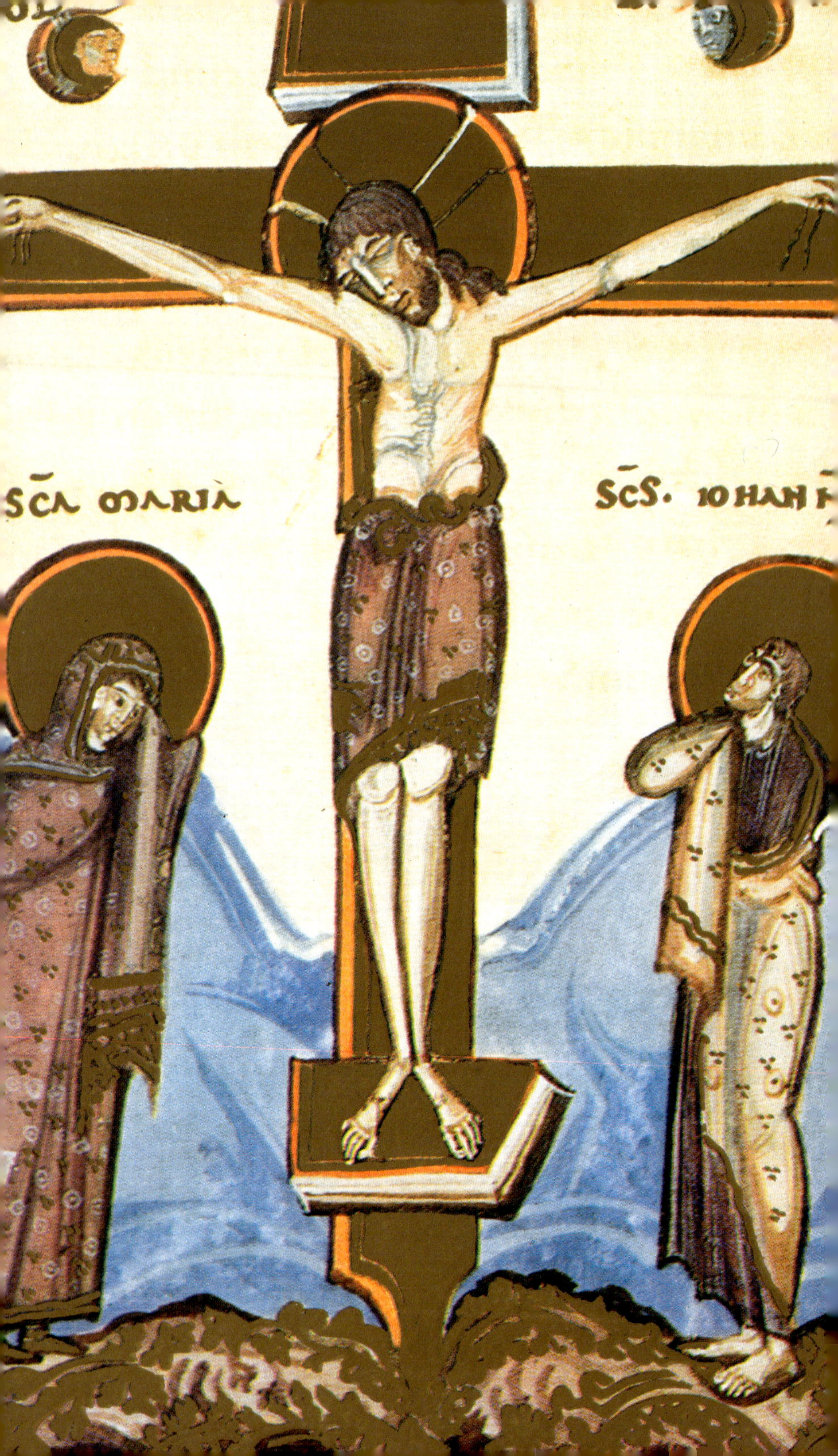

SCA MARIA
SCS. IOHANN

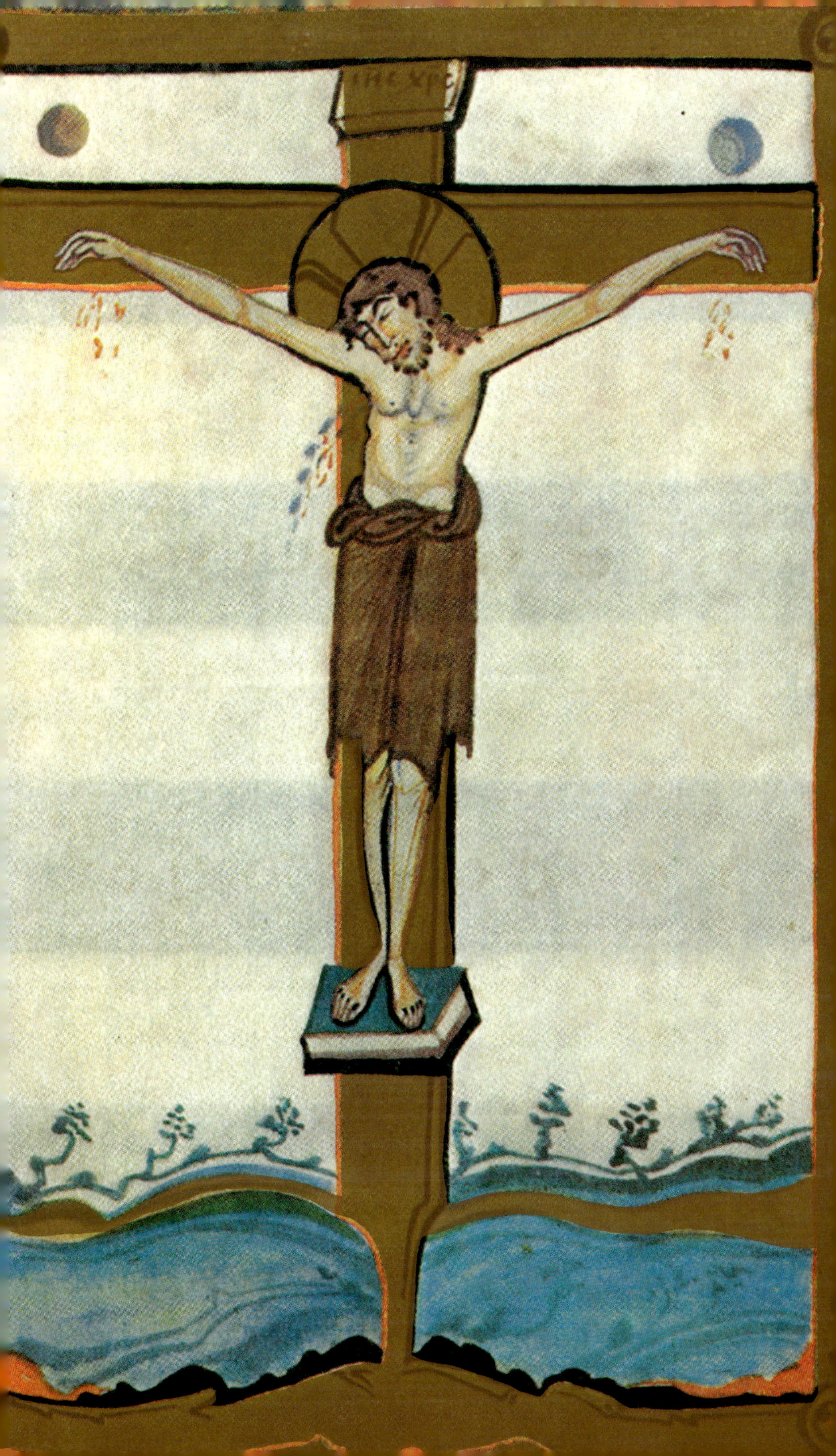

goge bis zum Johannesbild, dem Zeichen der letzten großen Erbarmung des Herrn.

Wie scharf heben sich davon die Kreuze der Frühzeit ab. Wie stark erkennt man etwa in den Kreuzesbildern der kölnischen Buchmalerei um 1000, daß im Gekreuzigten allein, in seinem Antlitz und in seiner Leibesgestalt das Siegel der Erlösung ausgesagt werden muß. In der Darstellung aus dem Sakramentar von St. Gereon (s. S. 18 und 19) wurde dies bereits zusammen mit dem ergreifenden Titulus beschrieben. Im Hitda-Codex aus Meschede (Darmstadt, Cod. 1640 fol 207 v) wird der Gekreuzigte auf dem goldenen Siegeszeichen des Kreuzes, das sich wie ein Baum aus dem blauen Kelch der Erde erhebt, noch künstlerisch eindeutiger in den impressionistischen Farbzeichen des wachen Ersterbens im Ausdruck seiner ungestillten Hingabe als Opfer der Erlösung für die Welt gesehen. Auch der Titulus nebenan ist prägnant in einem einzigen Satz auf den bezogen, der dieses Opfer vollbringt: *Ille cuius imaginem hic cernis pendentem in cruce est conditor ac rector universae creaturae. – Jener, dessen Bild du hier siehst, der, der am Kreuze hängt, der ist der Gründer und der Lenker jeglicher Kreatur.*

Man glaubt auch heute noch gerne, daß das frühe Mittelalter großer theologischer Gedanken mächtig war und daß es sie künstlerisch genial zu steigern vermochte. Als Beispiel kann man diese beiden Darstellungen des Gekreuzigten vom Sakramentar aus St. Gereon (S. 19) und vom Hitda-Codex anführen. Aber man stellt rundweg infrage, daß die Frühzeit in der Lage gewesen wäre, menschliche Prozesse größter durchlittener Qual im künstlerischen Bild genuin darzustellen. Diese Theorie wird durch ein etwas späteres Kreuzesbild der Kölner Schule im Codex von Gießen (Cod. 660 fol 188r um 1020) vollständig widerlegt. Es gibt kein Bild der Frühe, in dem die erlittene Qual des Menschensohnes, der auch hier am goldenen Siegeszeichen des Kreuzes zwischen Himmel und Erde ausgespannt ist, in so vollständiger Verlassenheit gespiegelt wird. Weder umgeben ihn die Soldaten noch Maria und Johannes, als Zeichen sind nur über den Querbalken des Kreuzes Sonne und Mond angegeben. Er erleidet inmitten der Erde eine nahezu kosmische Verlassenheit mit einem jünglinghaften Angesicht, das aus der Spannung von erlittenem und erfahrenem Weh gestaltet ist, während die Pulsung

von Wasser und Blut aus seiner Seite strömt. Wahrscheinlich ist eine solche Darstellung wie ein innerstes künstlerisches Erfahrungsmoment für das in der Frühzeit immer neu betrachtete Psalmwort: *Deus autem noster ante saecula operatus est salutem in medio terrae – Unser Gott wirkte vor ewigen Zeiten das Heil inmitten der Erde* (Ps 73,12). Das Ausloten der größten Tiefe des Opferschmerzes wird Zeichen für die vollbrachte Erlösung.
Schaut man diesen farbigen Zeichen der Buchmalerei gegenüber auf drei aus Holz gestaltete fast lebensgroße kölnische Darstellungen des Gekreuzigten, so wird in ihnen sichtbar, daß die plastische Gestaltung im Holz gegenüber dem farbigen Bild größter bildhauerischer Reduktion und zugleich künstlerischer Zurückhaltung bedarf, um das Unmaß des Erlittenen in ein Zeichen zu bringen. Ganz gewiß war auch hier ein präziser Umgang mit den Berichten des Neuen Testamentes und den alttestamentlichen Worten vom leidenden Gottesknecht vonnöten, damit das im plastischen Bild gestaltet werden konnte, was man den Welttod nennt, jene Deutung des gerade gestorbenen Menschensohnes, der in seinem Tod die Todesgrenze, das Verhängnis aller Sterblichen, siegend durchbricht.
Natürlich bedarf es zur Aussage der Formeln, bei denen man allerdings zu bedenken hat, das das Unaussagbare stärker durch das Bild als durch das Wort gegenwärtig wird. Das erste Beispiel ist das Gero-Kreuz des Kölner Domes, am Ende des 10. Jahrhunderts entstanden. Es ist vermutlich jenes Kreuz aus dem alten Hildebold-Dom, vor das sich Erzbischof Heribert, als er den Tod nahen fühlte, „*noch in der Nacht*" tragen ließ, „*wo er in langem Gebet die Sache seiner Seele Gott empfiehlt . . .*" (s. S. 170 f). Man möchte dieses Bild nennen: das Siegel des Todesfriedens nach aller erlittenen Qual. Wiewohl das verhaltene Zeichen des Schmerzes auf eine Unendlichkeit seiner seelischen Erfahrung schließen läßt, wird das Antlitz nicht zerstört oder verschwommen, sondern zum geprägten Bildnis zwischen erduldeter und vollbrachter Mühsal. Sein starkes Spannungsgefüge läßt das betrachtende Auge ohne Ermüdung vor ihm verweilen.

S. 192 Gekreuzigter Christus von St. Georg ▸
S. 193 Kreuzigung Christi, Gero-Kreuz des Kölner Domes ▸

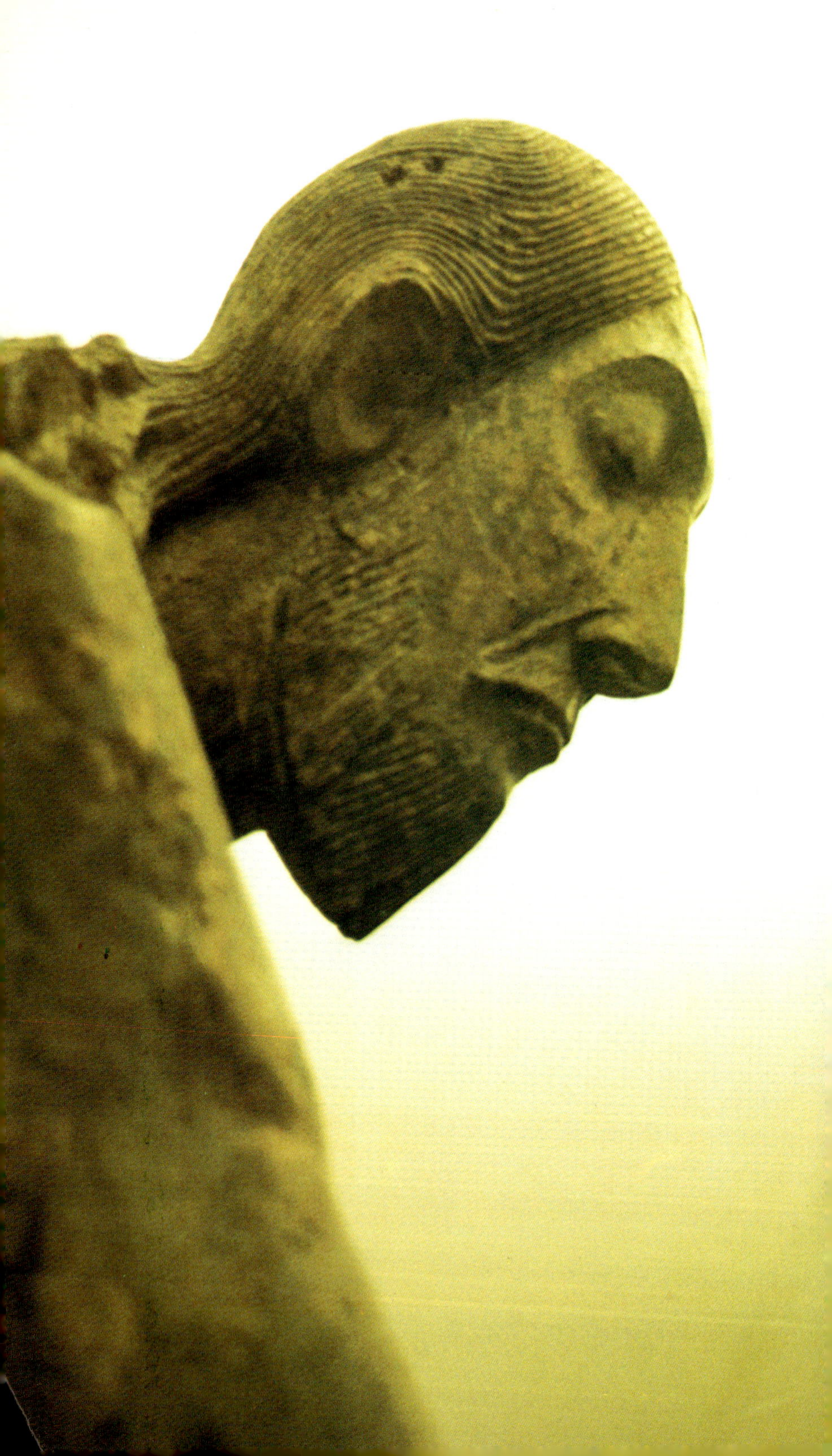

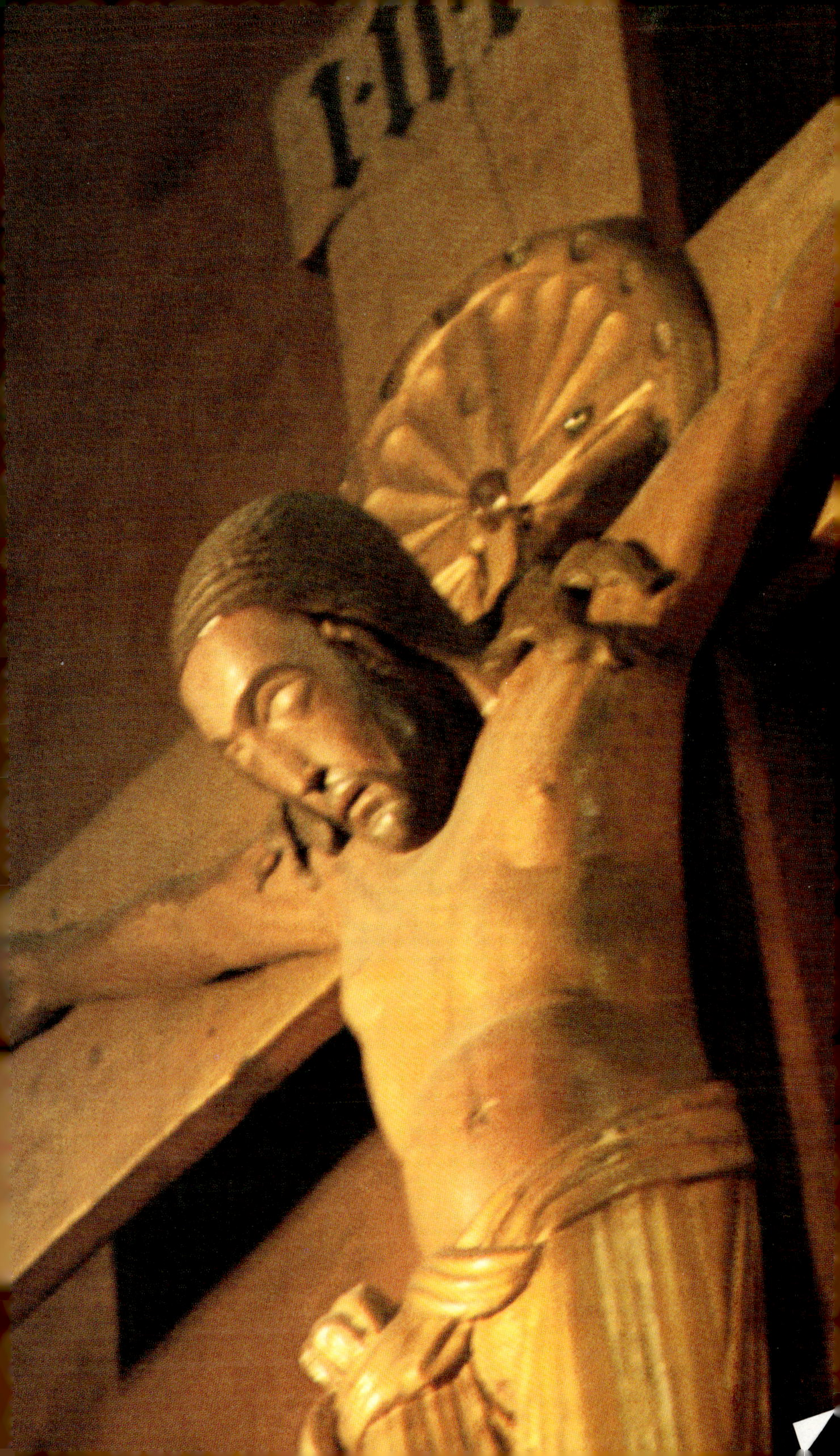

Das zweite Beispiel ist das Kreuz von St. Georg aus dem Jahre 1067, das nur noch als Torso erhalten ist und sich heute im Schnütgen-Museum befindet. Es ist also zwei bis drei Generationen nach dem Gero-Kreuz entstanden und birgt eine völlig neue Erfahrung seiner Zeit. Man möchte es das Zeichen der Todesweisheit nennen. Das dargestellte Antlitz mit seinen tiefen Graten und Furchen gleicht einem Relikt, der übriggebliebenen Anschauung eines Wesens, das selbst in eine unsagbare Einsicht oder Weisheit zurückgetreten ist. Das hier Ausgedrückte wird zur glaubhaften Verweisung in eine unbegreifliche Jenseitigkeit, in der nur die tiefsten menschlichen Qualitäten bewahrt werden. Gerade seine innig gefaßte Stummheit ist auch seine äußerste Beredsamkeit.

Den bisher am wenigsten beachteten Versuch der hohen Romanik, im Bild des Gekreuzigten das Sterben als Ereignis des eingetretenen Todes und zugleich den Triumph über dieses Sterben darzustellen, bildet zweifellos das fast lebensgroße Kreuz von Erp, einer Filialkirche von St. Pantaleon in Köln, das um 1200 entstanden ist. Hier will in der Gestalt des Menschensohnes selbst aufbrechen, was Tod und Sieg ineins bedeuten. Seine Gewandung besteht aus dem dunklen Leibrock und dem roten an seiner rechten Seite von hinten herausschwingenden Mantel, der über den Leibrock gelegt ist, sich dennoch stark an die Körperform anschmiegt. An den ausgebreiteten Armen erscheint der Leibrock wie das stulpenartige Gefieder eines Adlers, rechts ist er in Brusthöhe klaffend aufgerissen und zeigt die Wunde des festgestellten Todes, an seinem Saum ist er in der wehenden leichten Bewegtheit wie bei einem Menschen, der sich aufschwingt, wie es schon an einem frühen Elfenbeinkreuz aus Lüttich deutlich abgelesen werden kann. *Christus-Aquila, Christus-Adler,* so möchte man dieses Bild nennen, das auch im Antlitz jene frühe Tradition wachruft, die schon vom Rabula-Evangeliar her bekannt ist. Danach hat der Sohn noch im Sterben sein Auge geöffnet nach dem Wort des 121. Psalmes „*Wahrlich nicht schlummert noch schläft Israels treuer Hüter*", oder nach dem Physiologus, der den Menschensohn mit dem Löwen, dem König der Tiere, vergleicht, der im Schlaf noch sein Auge offenhält, um über die Tiere zu gebieten und ihnen zu zeigen, daß er ihr Herr ist. Christus-Adler, das ist die Empfindung eines Zeitalters, das an

S. 195 Gekreuzigter Christus aus Erp bei Köln ▸

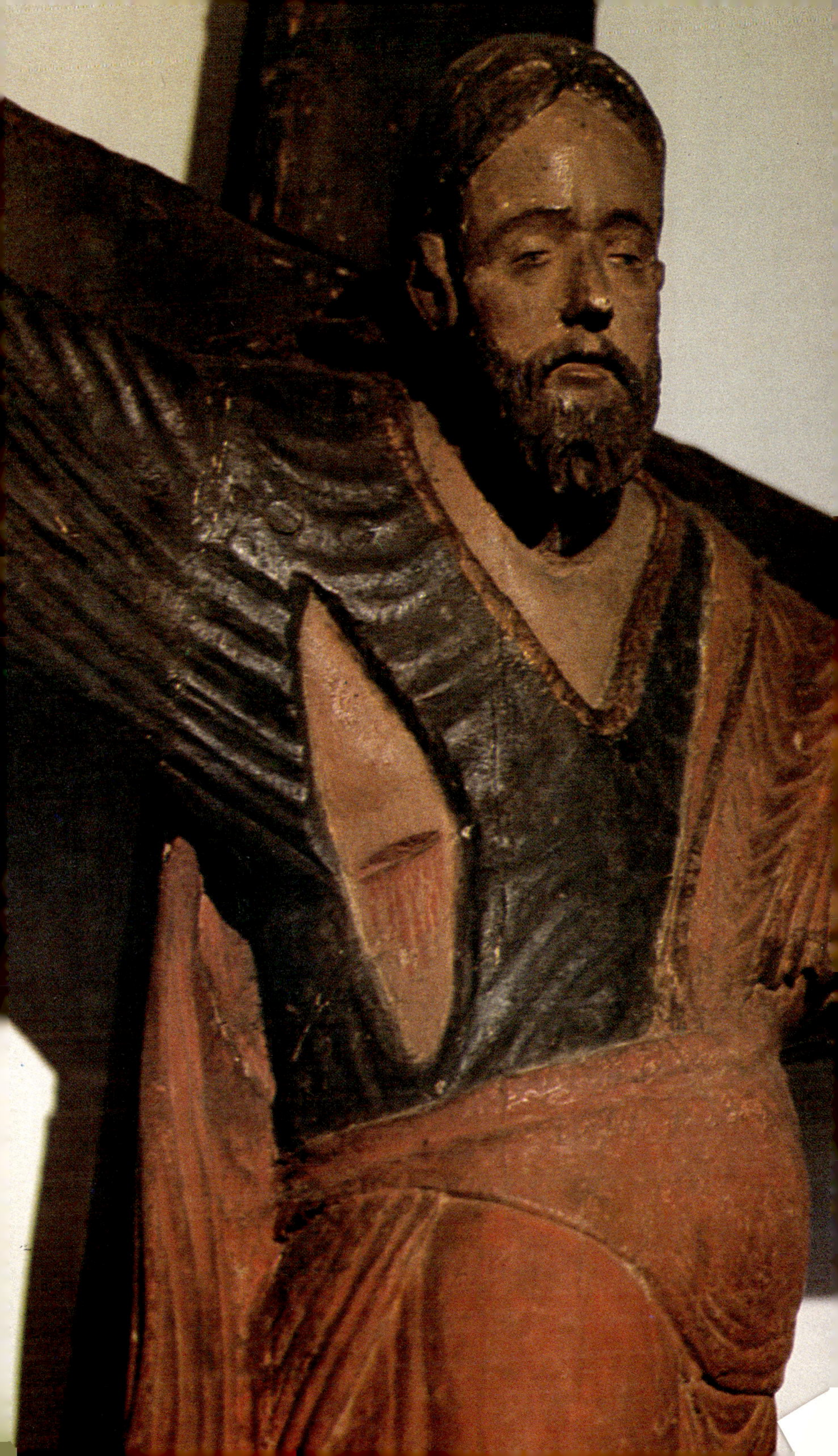

die Grenze der Erfahrung des einen wie des anderen Poles gelangte und nun versuchen möchte, beides zu einer gültigen Form ineins zu fassen.

HÖHLEN DER INNEWERDUNG

Romanische Krypten in Köln

Auch bei zwölf noch erhaltenen romanischen Kirchen in Köln steht man wie bei allen romanischen Kirchen vor der Frage nach dem Sinn der Krypta, denn fast alle erhaltenen und wiederhergestellten Räume sind mit einer Krypta, einem spärlich beleuchteten, durch Stützen und Wölbungen bis in kleinste Maße errichteten Gruftraum unter der Erde wie durch eine innere Notwendigkeit verbunden. Es erscheint wie selbstverständlich, daß ein Bau, der sich in Bögen schwingend über der Erde erhebt, schon unter der Erde seine innerste Entsprechung hat, als müsse die Erde wie eine Höhle gestaltet werden, um den höheren Bau im Licht zu tragen.

Natürlich beobachtet man heute, auch in Köln, die wachsende Tendenz, solche Räume aus reiner bautechnischer Notwendigkeit gegenüber den über der Erde liegenden Bauten mit ihren weiten Wölbungen anzusehen, aber schon aus vielen Beschreibungen der Räume unter der Erde erkennt man die Hilflosigkeit diesen Räumen gegenüber. Man kann sich nicht mehr vorstellen, was sie einst bedeuteten und warum es notwendig war, vom Kirchenraum oben aus auch unter die Erde in einen Gruftraum zu gehen. Denn sobald sich ein solcher Kryptenraum durch Maße und feinste Gliederungen, durch sichelartige Gewölbe und gestaltete Kapitelle zu erkennen gibt, müssen die rein bautechnischen Begründungen mehr oder weniger versagen.

Es scheint, daß in der abendländischen Romanik von Aarhus und Lund im Norden bis nach Süditalien, und von Spanien und Frankreich bis nach Polen die Krypta zum Wesen dieser Bauten gehört.

In der Gotik gab es keine Krypta mehr. Auch die Kirchen des christlichen Ostens bedürfen nicht der Krypta. Sie wölben in Kuppeln und Bildern ihren Himmel ausschließlich über der Erde. Welchen Sinn hat die romanische Krypta, die offensichtlich einzigartig notwendig zu dem darüberliegenden Bau gehört? Diese Frage erinnert an jene, die Konrad Weiss vor nahezu fünfzig Jahren in der Wiperti-Krypta von Quedlinburg im Harz gestellt hat: „Dieser Raum gibt uns, da wir wie in einer Höhle sind und doch die steinern geklärte Kraft von den Öffnungen auch innerhalb und vom Grundriß her empfinden, das Gefühl eines Fußpunktes und eines Vorstoßes in der Geschichte. Ein dunkler Bau, von Maßen durchbrochen und durch Zahlen in Ordnung gerückt, der seine Kapitelle wie Gewichte trägt, – hier könnte man wieder die Rechnung eines Ortes beginnen, dessen Aufsperrung nicht den Sinn der Zweckmäßigkeit hat. Welcher Sinn trägt über die Zwecke des Daseins sich selbst in eine steinerne Kammer, welche in Dunkelung und Hellung aufgespalten ist, um so nicht vom Gestirn, sondern vom Grunde her einen weiteren Bau ins Licht zu heben?“ (Deutschlands Morgenspiegel, München, 1950, 131)
Angesichts des karolingischen Baues von Corvey an der Weser sagt er:
„So ist es ja auch mit dem Raumgefühl einer Krypta, daß sie nicht die Stärke des Tragens, also nicht nur ein rationales Gesetz ausdrückt, sondern in der Gewalt einer Rückung schreitet, welche mächtig wird, indem sie sich in den Teilen bewegt. Und so ist überhaupt das rückende Grundgesetz, in welchem der romanische Raum der drei Schiffe innen vorgeht und zurückkommt, womit er aus der beständigen Bewegung die Gewalt des Stillstandes bekommt. Immer ist es das Vorgebot der Bewegung über die Ruhe, und all dies sagt, daß das Leben der Geschichte wesentlicher sei als die Behauptung des Seins.“ (a.a.O., 86)
Solche Gedanken mögen dem gegenwärtigen Betrachter zuerst rätselhaft und dunkel oder auch ganz unwirklich erscheinen, aber man erkennt hier einen genau betrachtenden Deuter, der sich im Erlebnis des Raumes ganz dem Vorgang stellt, den er am Raum abliest: Er kann seinen Sinn nicht aus bloßer Zweckhaftigkeit nehmen. Aber gleichzeitig ist er einem Gesetz innerster Bewegung verpflichtet, das die bloße Ruhe unter der Erde gänzlich aufhebt.

Als in der abendländischen Welt die Kryptenräume entstanden, war man offensichtlich von ihrer Notwendigkeit derart überzeugt, daß man ihre Deutung nicht beschreiben brauchte. Unter den wenigen Deutungen, die uns aus der Frühzeit erhalten sind, ragt die aus der Vita des Abtes Eigil von Fulda hervor, die den Bau der Michaelkirche und ihrer Krypta in der Erde beschreibt. Dort heißt es: „Im Rat und mit der Zustimmung der Brüder erbaute er eine kleine Rundkirche, wo die Leiber der verstorbenen Brüder zur Ruhe gelangen sollten. Man nennt sie nach dem Griechischen Coemeterium, lateinisch aber Stätte der Ruhe (Dormitorium).
Die Gestalt dieses Baues erhebt sich voll Kraft aus der Tiefe der Erde, wo er eine weiträumige Höhle umschreibt, über einer in die Mitte gesetzten steinernen Säule, durch Bögen nach hierhin und dorthin verbunden. Nach oben wird er durch acht Säulen errichtet und in seinem Gewölbe durch einen Stein geschlossen.
Der Apostel Paulus spricht von der Kirche Christi als von einem Bau aus lebendigen Steinen, der durch heilige Menschen zusammengefügt ist . . . Der Fürst und Gründer dieser Aufrichtung ist Jesus Christus, er ist das Fundament und die Säule, die unerschütterlich unverrückbar bleibt durch die Kraft seiner ewigen Erhobenheit. In ihm wächst jeder errichtete Bau zu einem heiligen Tempel im Herrn“ (Migne, PL t. 105, 1851, 397 BC).
Was man vom 9. Jahrhundert nicht im entferntesten erwarten konnte, wird hier ins Wort gebracht. Keine Schilderung von Zweckmäßigkeiten oder baulichen Notwendigkeiten, sondern stattdessen erlebt man einen geistlichen Sinn, der gerade im baulichen Eindringen in die Erde seine Stärke vermittelt. „Der Bau erhebt sich voll Kraft aus der Tiefe der Erde. Dort umschreibt er eine weiträumige Höhle, über einer in die Mitte gesetzten steinernen Säule, durch Bögen nach hierhin und dorthin verbunden.“ Die Säule wird zum Bild für den Menschensohn, für den einzigen unbeweglichen Beweger, den in der abgründigen Tiefe des Vaters ruhenden Herrn, der

S. 200 Krypta von St. Severin ▶
S. 201 Konfessio von St. Gereon ▶
S. 202 Krypta von St. Gereon ▶
S. 203 Krypta von St. Maria Lyskirchen (oben) und von St. Georg (unten) ▶
S. 204 Krypta von St. Maria im Kapitol ▶
S. 205 Krypta von St. Kunibert ▶

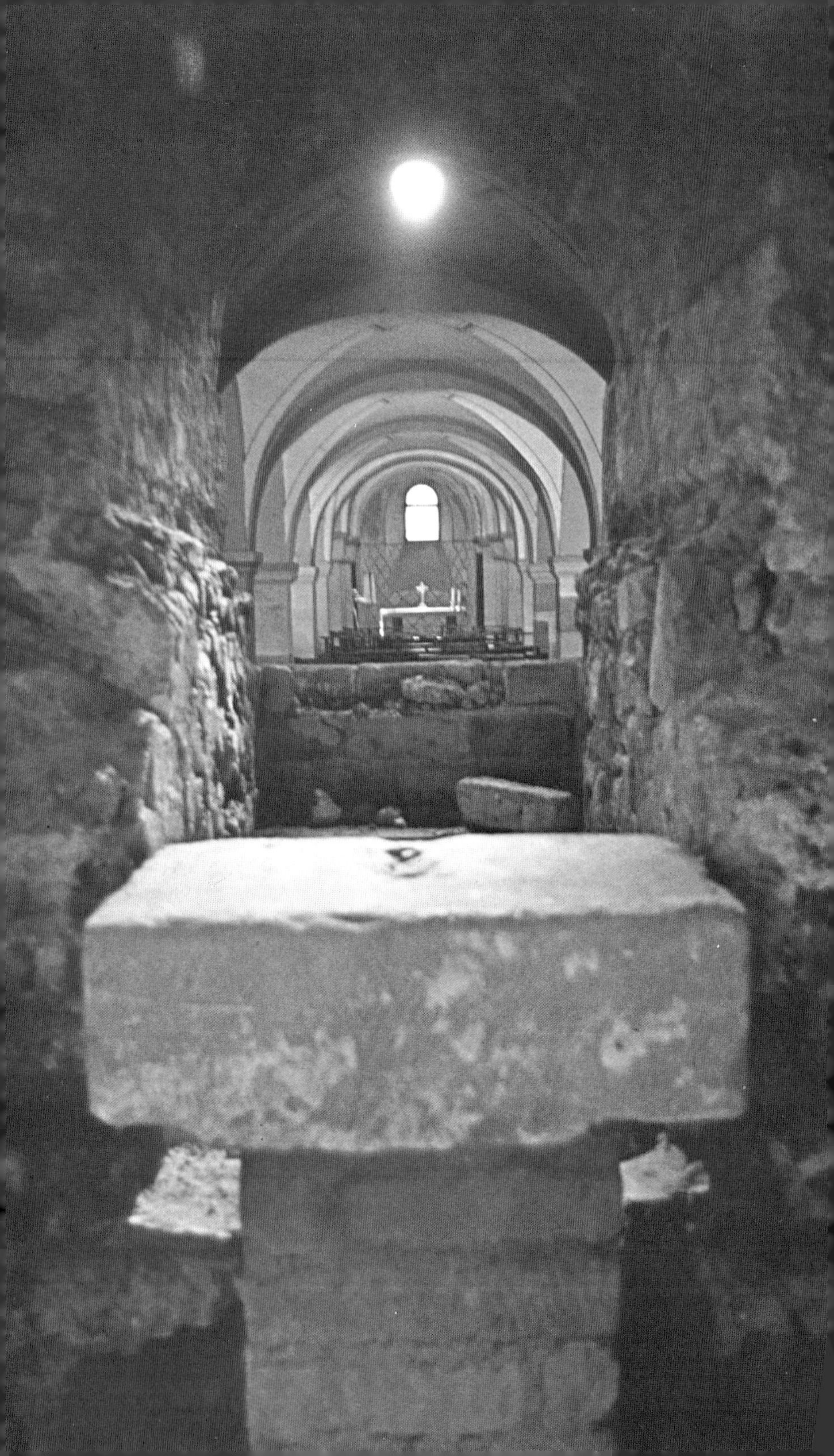

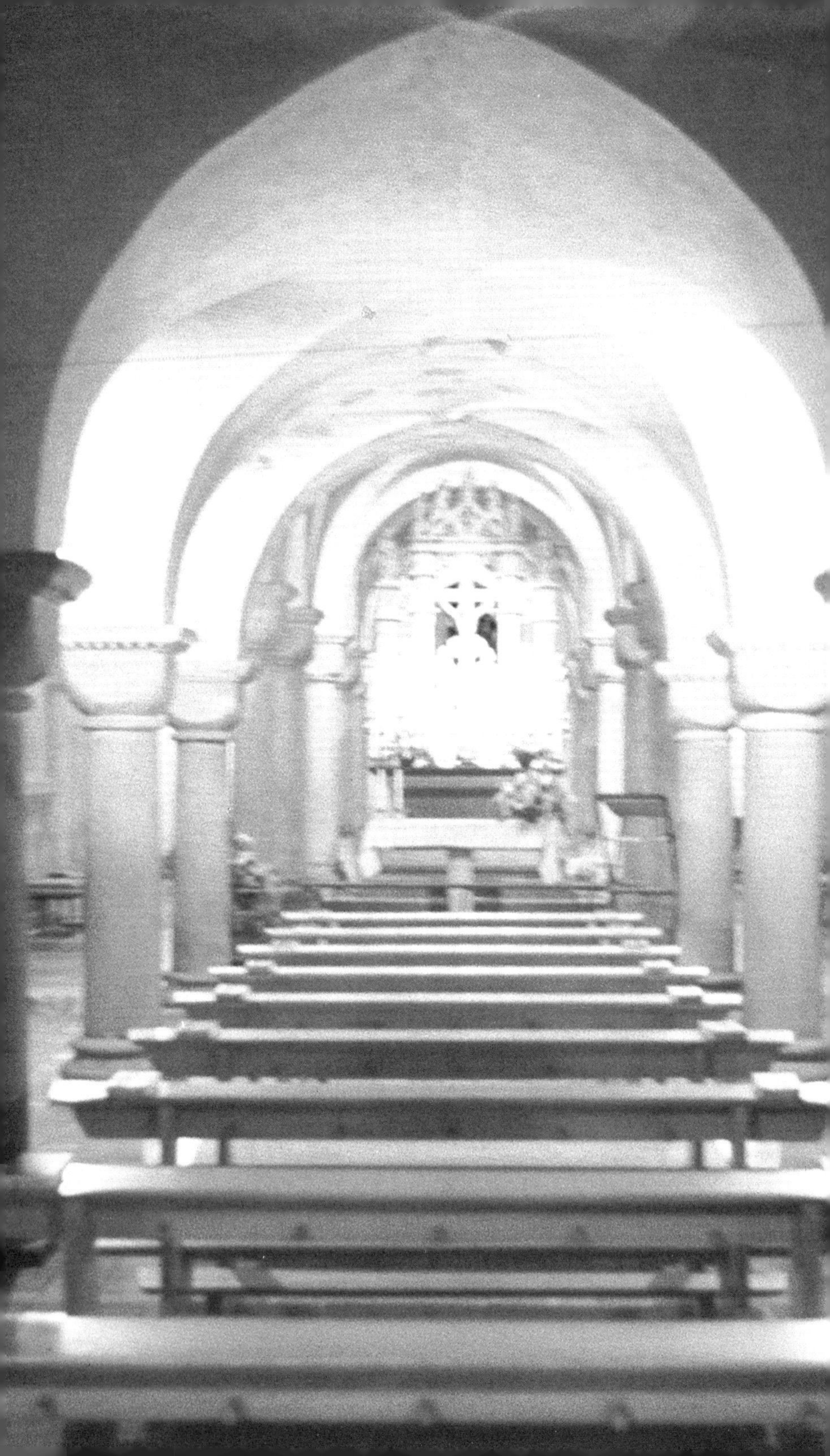

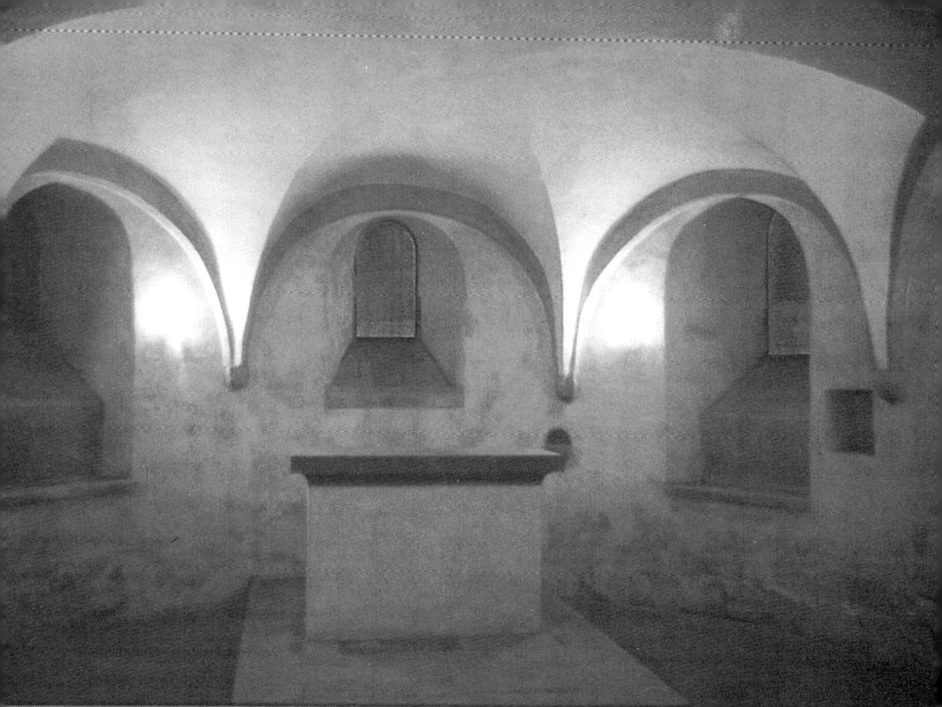

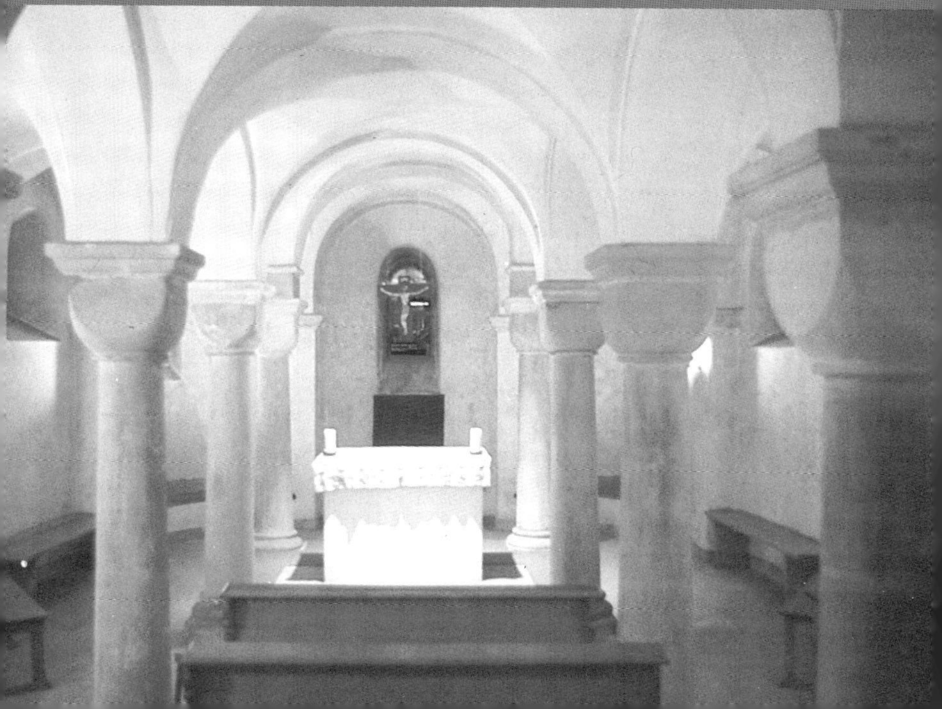

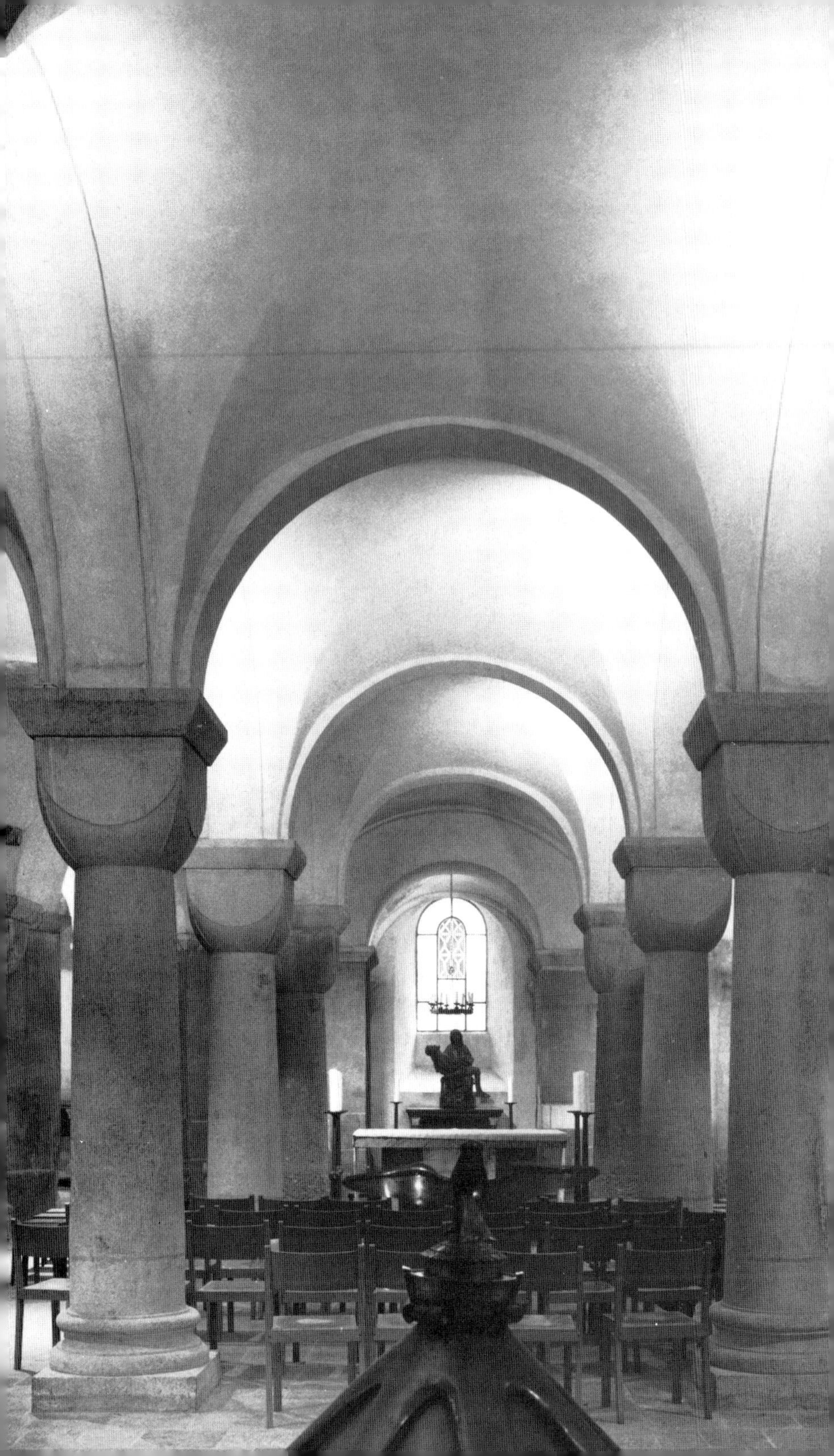

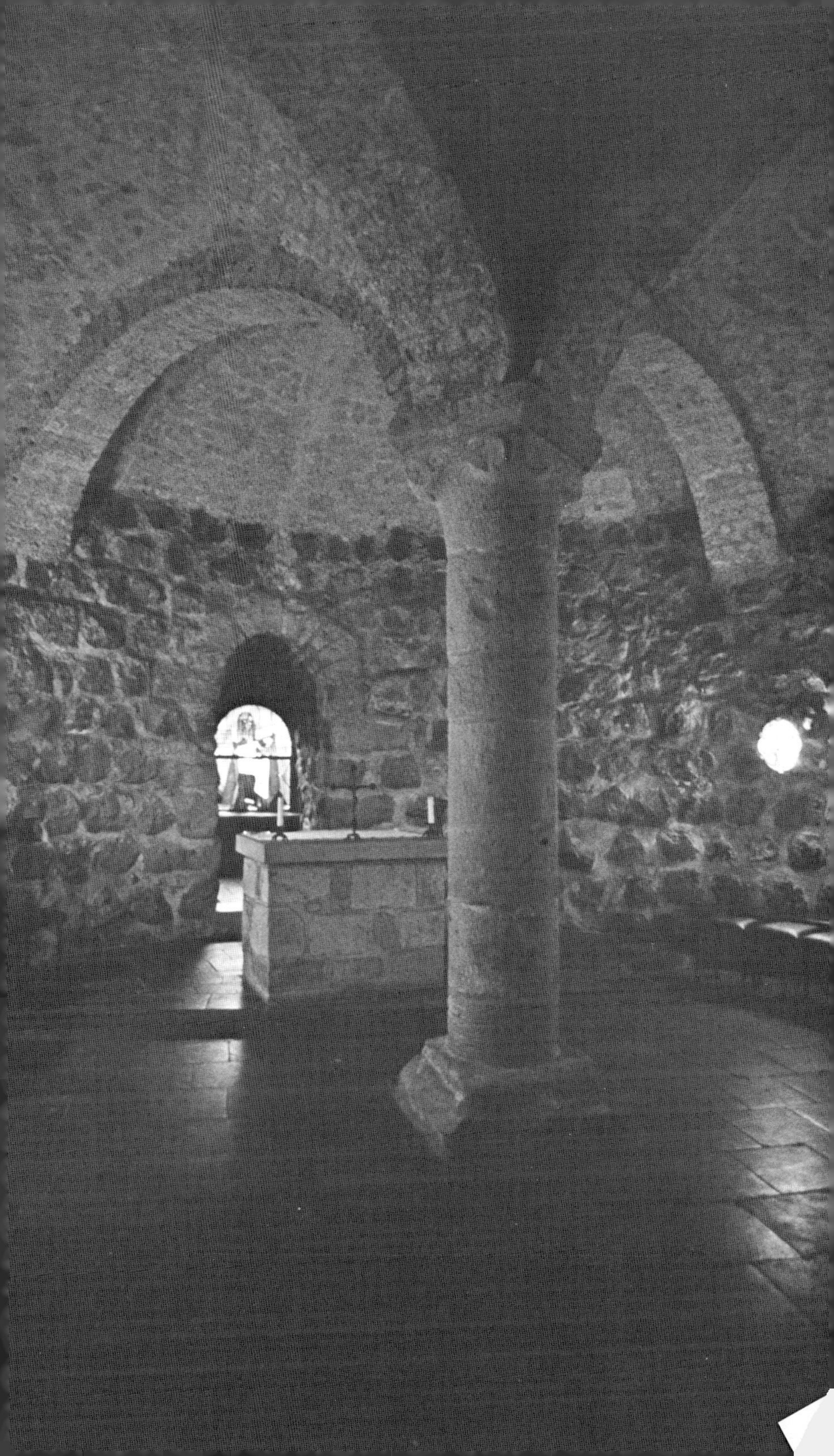

alle Geschicke der Welt lenkt. Man hat es hier mit einem spiegelbildlich vermittelten Bausinn zu tun, der nicht aus dem bloßen Gedanken bestimmt ist, sondern aus dem Eindringen in die Tiefe der Erde und den sich daraus ergebenden Maßen und Gewichten. Die Glaubwürdigkeit ersteht aus dem geschehenen Ereignis, im beschreibenden Wort noch wird es mit Staunen wahrgenommen.
Auch in den romanischen Krypten von Köln ist man von der Frage nach ihrem verborgenen Sinn umgeben. Dennoch scheint hier eine Antwort leichter, weil die meisten Räume mit einem Grab oder einem Reliquiar verbunden sind, so daß sie in der Tiefe der Erde auf einen Patron, Stifter oder Heiligen verweisen, um die man sich, wie in den Katakomben, etwa am Gedächtnistag versammeln kann. Aber indem man dies bedenkt, weiß man sogleich, daß ein solcher Raum weit mehr ist als der Ort eines Grabes, oder gerade durch die Grabstätte oder das Reliquiar eines Heiligen, mehr wird als eine „unterirdische Grabkammer". In St. Severin hat man das Grab des Bischofs Severin, hinter der ältesten Grabkirche auf dem spätrömischen Friedhof, nach Osten in eine Nische gehoben, die nunmehr auch durch den Prozessionszug der Gläubigen von beiden Seiten deutlich macht, daß es hier nicht nur um die Verehrung eines Heiligen, sondern um seine in die Geschichte wirkende Kraft geht.
Diese Krypta von St. Severin geht in ihrem westlichen Teil noch auf die ottonische Zeit zurück, als man im Jahre 948 die Gebeine St. Severins erhob. Dieser westliche Teil liegt als Confessio unter dem Querhaus des oberen Baues. Damit ist ein Fixpunkt des Raumes für unten und oben gegeben, das Grab St. Severins, des frühen Kölner Bischofs aus dem 4. Jahrhundert und Zeugen der Wahrheit. Die Gegenwart des Zeugen in seiner leiblichen Hülle (um die später ein kostbarer Schrein gewirkt wurde) und der nach Osten in Säulen und Gewölben fortpulsende Raum der Unterkirche gehen Hand in Hand. Die vielen Prozessionen der Frühzeit durch kölnische Kirchen bei Tag und bei Nacht suchten zuerst immer das Grab, das Reliquiar, die geheime Garantie irdischer Zeugenschaft für die Wahrheit des Glaubens. Die Urkraft der Erde, über der sich der gewaltige Raum erhob, war in der unteren Zone höhlenartig durch Gliederung einzelner Raumfelder gemäß der Sinnträchtigkeit von Maßen und Zahlen gebannt und geordnet. Erst dadurch konnte sich der obere Raum gleichsam schwingend erheben.

Dieses Raumverhältnis zwischen „unten“ und „oben“, zwischen gebändigter Urkraft der Erde und oberer lichthafter Wölbung wirkte sich natürlich noch stärker in St. Gereon, seiner Confessio und seiner Krypta aus, weil hier die seit der Frühzeit verehrten ruhmreichen Gebeine der heiligen Märtyrer der thebäischen Legion ihren Ort hatten und seit der annonischen Epoche in einem riesigen, selbst einer dreischiffigen Basilika ähnlichen, Steinsarkophag ruhten. Dadurch entstand an der Grenze zwischen dem ursprünglichen Dekagon und dem oberen Chorbau eine Confessio von nicht übersehbarer Eindringlichkeit, eine Scheide zwischen frühester Überlieferung und späterer Bezeugung in räumlichen Maßen nach Osten fortlaufend, als müsse man auch in den Räumen vom Ort des geschichtlichen Zeugnisses her dem wiederkehrenden Christus entgegeneilen.

Wie stark man die Macht der Zeugen empfand, mag aus jenem Bericht aus der Vita Annos entnommen werden (II.c.17, Gesch. d. Erzb. Köln, Bd. I, 1972[2], 32 f), demzufolge die Kirche St. Gereon sich nicht nur über dem Grabe St. Gereons mit seinen Gefährten erhob, sondern auch über einer Schar von 360 Märtyrer-Soldaten „ex Mauretania“, also Dunkelhäutigen, die aber im Laufe der Zeit in Vergessenheit gerieten. Sie hatten nur eine niedrige Krypta an der Südseite der Kirche. Erzbischof Anno träumt nun, daß er in einer Nacht zu den seligen Märtyrern entrückt wird. Die klagen laut über die Bischöfe, die ihre Verehrung nicht lebendig gehalten haben. Anno wird von ihnen zur Geißelung verurteilt und sehr geschlagen, so daß er am Morgen noch an seinem Körper die Striemen erkennt. Bei der Errichtung des großen Chores findet er sogar das Grab des Mauretaniers Gregorius, das er nun besonders erhebt.

Neben der Verehrung der Heiligen, wie sie der Festkalender gebot, standen diese örtlichen Zeugen und Patrone der Kirchen durch die Gegenwart ihrer Gebeine in einer besonderen Nähe zu den mittelalterlichen Menschen, die angesichts früher Sterblichkeit, Krankheit und Not das Geleit der Heiligen und ihren Beistand innig erflehten.

Unter den erhaltenen oder wiederentdeckten Krypten der romanischen Kirchen in Köln haben heute nicht alle mehr wie St. Severin und St. Gereon ein nachweislich hervorgehobenes Heiligengedächtnis, weil zu viele Stürme der Geschichte über diese Räume hin-

weggegangen sind, man darf aber annehmen, daß es überall ein solches Gedächtnis gab.
Das neuerstandene St. Martin bietet unter der Erde viele in der Abfolge ihrer Entstehung seit spätantiker Zeit genau bedeutete Räume, unter ihnen die mehrmals erweiterte Krypta. Gerade hier zeigt sich, wie wichtig in jeder Stufe der baulichen Erweiterungen über der Erde, auch die Fortbildung des unteren Raumes erschien.
In St. Cäcilien entstand eine frühe Krypta im Westen des Raumes, die sich von zwei Seiten zum oberen Bau nach Osten öffnet.
St. Maria Lyskirchen bewahrt in fünffacher Strahlung von Gewölbegraten einen bergenden und ganz auf den kleinen Altar konzentrierten Mittelraum mit zwei Seitenschiffen, die ältere Krypta unter dem späteren Chor.
In St. Aposteln wurde der mächtige Turm im Westen mit seinem herrscherlichen Innenraum nicht ohne eine Krypta gelassen, die in ihrer strengen Konzentration von Wölbung und Teilung dem Eintretenden die Ahnung der großen oberen Räumlichkeit vermittelt.
In St. Andreas hat man die wiederentdeckte frühe Krypta in ihren Maßen nicht neu aufgenommen, sondern „modern" umgestaltet. Von den älteren Gesetzen der Teilung des Raumes kann man nur noch in der Zone der Confessio mit dem Grab St. Alberts des Großen eine Ahnung erhalten.
Auch in St. Pantaleon hatte man im Zuge der gotischen Gestaltung des Chores die frühe Krypta zerstört. Die wiederentdeckten Teile, vor allem in den kleinbogigen Strukturen der Fensternischen, wurden jetzt zugänglich gemacht und mit der Offenlegung des Atriums aus römischer Zeit im Westen notdürftig verbunden. Im mittleren Raum hat Bischof Bruno, den Gründer des romanischen Kirchenkranzes in Köln, in einem frühen Sarkophag die Stätte seiner Ruhe gefunden.
Wie in einem eigenen Kapitel dieses Buches dargelegt wird, fand man in Alt-St. Heribert in jüngster Zeit eine offene Säulenkrypta auf 42 Säulen im Innern des Baues nach Osten, die gewiß aus der Vorstellung des Bischofs Heribert entstanden ist und von Abt Rupert reich ausgeschmückt wurde, ein Raum im Raum, dessen reines Zahlengefüge einem durch und durch geistlichen Sinn verschwistert war. Offensichtlich war das Dach über den Wölbungen, das durch zwei Treppen im Chorraum zugänglich war, für das

Chorgebet der Mönche vorgesehen, so daß es sich wie schwebend zwischen unterer und oberer Wölbung ereignete.

In St. Georg blieb aus annoischer Zeit eine fünfschiffige Krypta erhalten, einzigartig in den Formen ihrer Proportionen, voll von ablesbaren Gesetzen der Maße und der Zahl, die darauf hindeuten, daß dieser Ort unter der Erde als besonderes Heiligtum gehütet wurde.

Die Krypta von St. Maria im Kapitol, die in ottonischer Zeit als Säulenkrypta mit strahlenförmig angelegten Nischenräumen errichtet wurde, die größte nach dem Speyrer Dom in Deutschland, kann mit Recht die Königin unter den kölnischen Krypten genannt werden. Während schon der Grundriß in seinen Proportionen das Maß einer körperhaften Gestalt einer Orante gleich zu bedeuten scheint, wird diese Körperhaftigkeit im darüber errichteten Bau lauthaft eindringlich. Hier wird sichtbar, wie es einem Gesetz innerer Notwendigkeit entsprach, das gewaltige obere

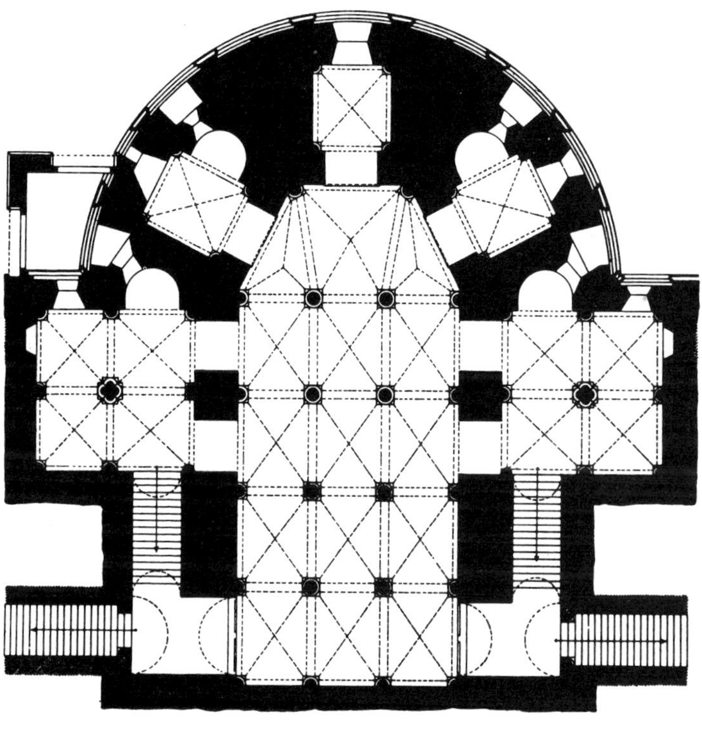

Raumkonzept der Dreikonchenanlage nur über einer solchen Krypta zu errichten. Das kölnische Bethlehem hatte also in dieser Stadt unter der Erde, einer eigenen Kirche gleich, die gewaltigste Grotte verborgener Entsprechung zum Geheimnis der Menschwerdung Gottes.

St. Kunibert birgt unter dem Hochchor des 1247 vollendeten Baues die unbekannteste, aber auch rätselhafteste Krypta Kölns, einzigartig in der abendländischen Baukunst. Sie muß lange vor dem jetzigen Bau entstanden sein und ist mit einem Brunnen an der westlichen Seite tief unter der Erde (der nicht mit dem Rhein in

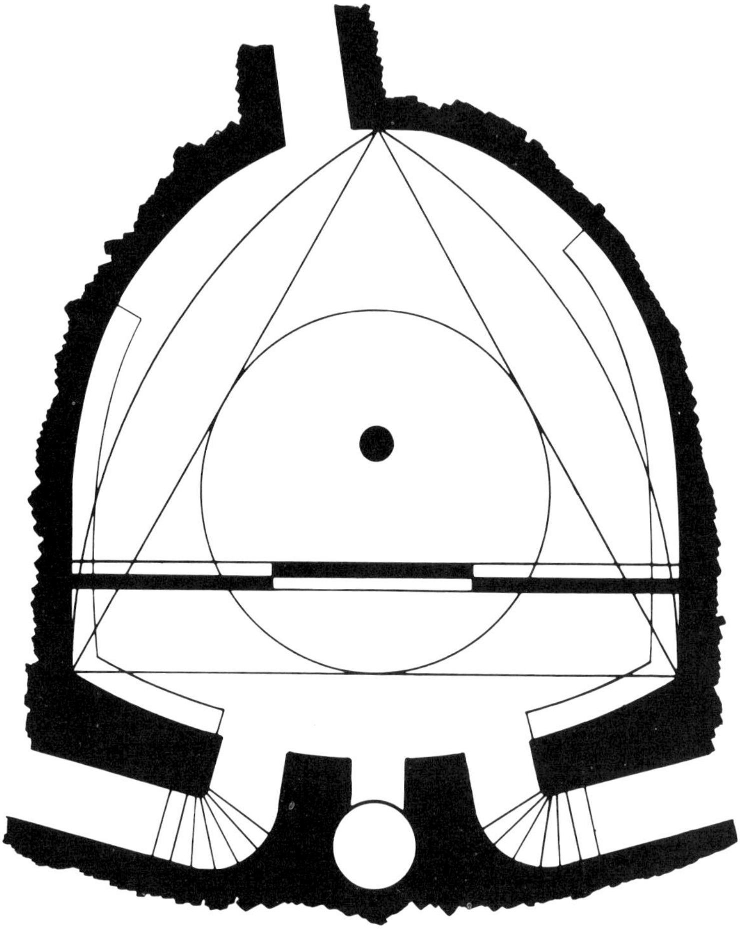

Verbindung steht) versehen, selbst eine Brunnenstube des kölnischen Wesens. Seit der Vollendung des oberen Chores gab es bis 1933 keinen Zugang zu diesem Raum außer wenn man oben den Brunnendeckel abhob und mit einer Leiter einstieg.
Als man 1933 die Krypta durch seitliche Treppen wieder zugänglich machte, war der Boden des Raumes mit Totengebein bedeckt, das man in den neu gemauerten Altar legte. Man muß annehmen, daß die Krypta noch aus dem älteren Bau stammt, aus der von Bischof Kunibert im 7. Jahrhundert an dieser Stelle errichteten Clemens-Kirche, die er mit einem Kollegiatsstift verband. Bischof Kunibert wurde 663 hier beigesetzt. 695 wurden die Gebeine der angelsächsischen Glaubensboten, der Brüder Ewaldi durch König Pippin in die Kirche übertragen. Am Grundriß kann man die einzigartige Gestalt dieser Krypta ablesen, wie es A. Kottmann (in seinem Werk: Das Geheimnis romanischer Bauten, Stuttgart 1971, S. 113) dargelegt hat: ,,Zwei Kryptawände sind in parabolischer Form um ein gleichseitiges Dreieck gelegt; die Westwand wurde über einem Kreisbogenstück errichtet. Der Kreisbogenabschnitt ist mit der Dreieckseite als Halbmesser um die im Scheitel der Parabel liegende Ecke des Dreiecks geschlagen. In die Krypta bezog man einen sicher viel älteren Brunnenschacht ein. Er liegt in der Parabelachse, zwei Fuß hinter der Westwand. Eine schmale, rundbogig geschlossene Öffnung verbindet Krypta und Brunnen.
Das alte Mauerwerk der Kryptawände, aus gespaltenen grauen Geröllstücken vom Rheinufer zusammengefügt, hebt sich von dem kleinsteinigen, hellen Mauerwerk des Gewölbes und der Ausbesserungen sichtbar ab. Ursprünglich hatte die Krypta ein Fenster gegen Osten, das etwas aus der Achse geraten war. Mit dem Bau des neuen Chors, der weiter gegen den Rhein vorgeschoben worden ist, wurde es in einen Stollen gerückt. Die Mittelsäule und das unvollendete, korinthisierende Kapitäl entstammen wahrscheinlich der ersten Bauzeit, da der gelbliche Sandstein beim Bau von St. Kunibert im 13. Jahrhundert nicht verwendet worden ist. Die groben Geröllbrocken der Kryptamauern eigneten sich nicht für derartige Steinmetzarbeiten.
Die Verwendung des Gerölls erlaubt keine Schlüsse auf die Bauzeit. Es findet sich in römischen und mittelalterlichen Bauwerken; auch die Fundamente des staufischen Chors von St. Kunibert sind in dieser Art gemauert.

Die Absteckung hat man sich folgendermaßen zu denken: Zunächst wurde die von Westen nach Osten gerichtete Achse der Krypta festgelegt. Sie verläuft durch den Mittelpunkt des älteren Brunnenschachts. In zwei Fuß Abstand vom Schachtrand liegt die Westwand der Krypta, der östlichste Punkt des Grundrisses 27 Fuß von dieser entfernt. Er ist gleichzeitig Ecke des gleichseitigen Dreiecks von 27 Fuß Seitenlänge, das in den parabolisch gekrümmten Grundriß einbeschrieben wurde. Die Westwand erhebt sich über dem Kreis um den Parabelscheitel, dessen Halbmesser gleich einer Dreieckseite ist.
Eine Einheit des Maßstabs entspricht 9 Fuß."
Als man die Krypta wieder zugänglich machte, sah man, daß die mittlere Säule aus gelbem Sandstein, über der sich die Bögen der Wölbungen wie ausgespannte Fächer auf die begrenzenden Mauern schwangen, mit einem Zwischenraum von ca. 5 cm frei dastand und die Gewölbe nicht berührte. Natürlich wurde dieser Zwischenraum sogleich ausgegossen. Insgesamt kann auf diesen Raum wie auf die Krypta von St. Michael in Fulda das obengenannte Deutewort der Vita des Abtes Eigil verwandt werden, daß ein Höhlenraum durch eine einzige Mittelsäule, über der sich steinerne Bögen schwingen, wie ein spiegelbildliches Zeichen der Kirche selbst und des Menschensohnes in ihrer Mitte, der ruhenden Säule gleich, empfunden und erlebt werden kann.
Die Legende, daß die Kinder, die im Sprengel dieser Kirche geboren werden, aus dem Brunnen der Krypta stammen, wo auf den Auen der Brunnenwiese Maria mit den Seelen der Ungeborenen spielt, bleibt hartnäckig am Ort bestehen, auch wenn sie präanimistische Züge trägt. Die Herkunft aus dem Brunnen wird hier eben mit dem Feuchten (humor), Lockeren, Heiteren, das dem Wesen der Menschen hier zu eigen ist, gleichsam durch die Sage verbrieft bestätigt.

Zu den einzelnen Kapiteln

Der Einklang von Wort und Bild
Die Tituli des Hitda-Meisters zu den Mysterien des Neuen Bundes

Auf dem größeren Hintergrund der karolingisch-ottonischen Buchmalerei habe ich bereits in meinen Büchern „Der heilende Christus" (Mainz 1977) und „Maria, geisterfüllte Kirche" (Mainz 1979) die hier dargestellten Tafeln abgebildet und ihre Tituli übersetzt. Die Textfassung ist neu und ganz auf die Entsprechung von Bild und Wort bezogen, ebenso die Abbildungen der Tituli-Seiten.

Zusammenspiel der Mysterien im Neuen Bund
Die Holztüren von Sankt Maria im Kapitol

Einen ersten Ansatz zu diesem Thema habe ich in meinem Buch „Irdisch hab ich dich gewollt" (Trier 1982, S. 105-114) unternommen, habe ihn hier aber umfänglich erweitert.

Heilige Übereinstimmung
Die Gewölberosen von Sankt Maria Lyskirchen

Bei der Darstellung der Bildzusammenhänge habe ich die umfangreiche Arbeit von Fritz Goldkuhle (Düsseldorf 1954) zu Rate gezogen und mit den Ergebnissen der letzten Restauration verglichen.

Die Entdeckung der Entsprechungen zur Theologie des Abtes Rupert von Deutz habe ich der mühevollen Lebensarbeit von Rhabanus Haacke OSB, Siegburg, zu verdanken, der die Werke Ruperts, des größten Schrifttheologen seines Jahrhunderts, neu edierte, vor allem das Werk De victoria Verbi Dei in den Monumenta Germaniae Historica, Weimar 1970.

Sanctos Aureos – zu den Goldenen Heiligen

Zur Neugestaltung des Dekagons von Sankt Gereon

Grundzüge dieses Kapitels erschienen bereits in der Zeitschrift FUSA (8/9, S. 21-33, Köln 1982), wurden aber hier umfänglich erweitert. Sie entsprechen den Darlegungen, die ich bei der Neugestaltung des Dekagons der großen Baukommission regelmäßig vorlegte und vortrug. Man darf erneut darauf hinweisen, daß durch die Gestaltung der pfingstlichen Kuppel und durch die Verglasung von Georg Meistermann die einzigartige Schönheit des wiederhergestellten Raumes entstand. In den Fenstern von Georg Meistermann ist die Glasmalerei dienend und hervorhebend mit der Architektur verschwistert, wie es in diesem Jahrhundert sicherlich nur hier gelang.

Deutz im Bannkreis der Geschichte des Heiles

Die wiedergefundene Säulenkrypta in Alt-Sankt Heribert

Die ersten Ansätze dieses Kapitels erschienen bereits in meiner Arbeit ,,Romanik, hohe Welt des Menschen“ (Leipzig/Trier 1980, S. 92 ff)

Farbige Siegel der Lebensstufen

Das Leben des Erzbischofs Heribert, Bild geworden auf seinem Schrein

Dieses Kapitel wurde zum ersten Mal in der Zeitschrift FUSA (8/9, 1982, S. 79-95, Köln 1982) veröffentlicht.

Die unermeßliche Einsamkeit

Romanische Kreuze in Köln

Die Abbildungen auf S. 192/3 entstammen meiner Arbeit ,,Heiliges Köln, Wallfahrten zu den Heiltümern der Frühzeit". Köln 1975, Abb. S. 188 wurde in meinem Buch ,,Maria, geisterfüllte Kirche" (Mainz 1979, S. 73), Abb. S. 195, mit dem dazugehörigen Text dem Buch ,,Romanik, hohe Welt des Menschen" (Leipzig/Trier 1980, Tafel 30 und S. 58 ff) entnommen.

Verzeichnis der Abbildungen

S. 19 Kreuzigung Christi, Sakramentar v. St. Gereon, a. a. O. fol 59 r.

S. 22 Titulus zum wiederkehrenden Christus, Evangeliar der Äbtissin Hitda v. Meschede, a. a. O. fol 6 v.

S. 23 Wiederkehrender Christus, Evangeliar der Äbtissin Hitda v. Meschede, fol 7 r.

S. 26/27 St. Maria im Kapitol, Köln, Grundriß mit grau eingeschriebenem Grundriß des Römischen Tempels des Jupiter Capitolinus und blau eingeschriebenem Grundriß der Geburtskirche von Bethlehem (6. Jhdt.) mit ihrer Krypta. Die beiden bei Wesenberg (Frühe mittelalterliche Bildwerke, Düsseldorf 1972, S. 30/31) maßstäblich verschiedenen Grundrisse von Bethlehem und St. Maria im Kapitol wurden hier auf einem einheitlichen Maßstab übereinandergelegt.

S. 31 Türen von St. Maria im Kapitol. 26 Nußbaumfelder auf Eichenbohlen mit Ornamentstäben gelegt, Höhe 4,85 m, Breite 2,86 m. Um 1050. Gesamtansicht.

S. 34-43 Türen von St. Maria im Kapitol, in den einzelnen Zusammenhängen der Felder der linken und rechten Seite zueinander (Parallelen im Neuen Bund); für diese Arbeit eigens aufgenommen von Celia Körber-Leupold.

S. 48 Maria auf der Flucht nach Ägypten; Türen von St. Maria im Kapitol, Ausschnitt.

S. 50 Johannes an der Brust Jesu beim Abendmahl; Türen von St. Maria im Kapitol, Ausschnitt.

S. 54 Der erhöhte Christus inmitten seiner Apostel am Pfingsttag; Türen von St. Maria im Kapitol, Ausschnitt.

S. 58 St. Kunibert, Köln, Innenraum.

S. 59 Östliches Fenster der Wurzel Jesse; um 1220. St. Kunibert, Köln.

S. 62 Schlafender Jesse, Ausschnitt.

S. 63 Prophet Naum, Ausschnitt.

S. 67 Verkündigung an Maria, Ausschnitt.

S. 72 St. Maria Lyskirchen, Köln, Blick in die Gewölberosen, von Osten nach Westen, um 1220.

S. 74-119 25 Einzelaufnahmen aller Parallelen zwischen Neuem und Altem Bund, unmittelbar nach der letzten Restauration entstanden; mit freundlicher Genehmigung des Stadtkonservators, Köln.

S. 121 Die vier Kardinaltugenden; St. Maria Lyskirchen, innere Wölbung der Westrose; mit freundlicher Genehmigung des Stadtkonservators, Köln.

S. 130/1 Aufriß von St. Gereon von Westen nach Osten. Neu aufgenommen von L. Hugot.

S. 134/5 St. Gereon, Grundriß des Dekagons, nach dem Plan von L. Hugot.

S. 137 St. Gereon, Blick aus dem Dekagon nach Osten.

S. 139 St. Gereon, Dekagon, Pfingstkuppel der Flammen des Geistes.

S. 143 St. Gereon, Apostelfenster von G. Meistermann.

S. 160/1 Alt-St. Heribert, Deutz, Versuch einer Rekonstruktion des 2. ottonischen Baues, nach G. Precht, 1975. Nachgezeichnet von Hendrikto Muliaba.

S. 162/3 Schrein des Heiligen Heribert, Köln, 12. Jhdt.

S. 169 Prophet Habakuk, Schrein des Heiligen Heribert, Köln, 12. Jhdt.

S. 173-184 Das Leben des Heiligen Bischofs Heribert in 12 Emailfeldern auf dem Dach seines Schreines. Die Fotos wurden vom Rheinischen Bildarchiv freundlich zur Verfügung gestellt.

S. 186 Kreuzigung Christi; Nische in der nördl. Chorseite von St. Kunibert; Anfang 13. Jhdt.

S. 188 Kreuzigung Christi, Hitda-Codex, um 1020, Darmstadt, cod 1640, fol 207 v.

S. 189 Kreuzigung Christi, um 1020; Codex von Gießen, (Cod 660, fol 188 r).

S. 190 Gekreuzigter Christus aus St. Georg, Köln, 1067, Schnütgen-Museum Köln.

S. 191 Gekreuzigter Christus, 10. Jhdt., Gero-Kreuz des Kölner Domes.

S. 193 Gekreuzigter Christus, um 1200, sogen. Christus von Erp, Filialkirche von St. Pantaleon Köln.

S. 200 Krypta von St. Severin, Confessio nach Osten.

S. 201 Krpyta von St. Gereon, Confessio des 11. Jhdt.

S. 202 Krypta von St. Gereon nach Osten.

S. 203 Krypta von St. Maria Lyskirchen, vor 1200.

S. 203 Krypta von St. Georg, 11. Jhdt.

S. 204 Krypta von St. Maria im Kapitol, 11. Jhdt., Aufnahme: Celia Körber-Leupold.

S. 205 Krypta von St. Kunibert, aus dem Vorgängerbau der spätromanischen Kirche.

S. 209 Grundriß der Krypta von St. Maria im Kapitol, Köln, aus: Stadtspuren, Denkmäler in Köln I, 1984, S. 352.

S. 210 Grundriß der Krypta von St. Kunibert, Köln, aus: A. Kottmann, Das Geheimnis romanischer Bauten, Stuttgart 1971, S. 113.

Alle nicht namentlich angegebenen Fotos wurden vom Verfasser aufgenommen.

Inhaltsverzeichnis

Vom gleichen Autor erschienen bisher:

Im Luthe-Verlag, Köln

HEILIGES KÖLN –

Wallfahrten zu den Heiltümern der Frühzeit

1975, brosch. 240 Seiten, 80 Bildtafeln, weiß-schwarz und farbig DM 19,80

DER DOM ZU KÖLN – Spiegel der Nähe Gottes

1980, gebunden 168 Seiten, 62 Bildtafeln, schwarz-weiß und farbig **Neuer** Preis geb. DM 14,50
brosch. DM 11,80

Im Spee-Verlag, Trier
Reihe Occidens, Horizonte des Westens

Bd. 5 ROMANIK – HOHE WELT DES MENSCHEN

1980, gebunden 114 Seiten, 56 Farbtafeln,
Großformat DM 68,—

Bd. 6 IRDISCH HAB ICH DICH GEWOLLT

Beiträge zur Denk- und Bildform der christlichen Frühe
1982, gebunden, 296 Seiten, 62 Bildtafeln,
schwarz-weiß und farbig DM 48,—